정의론과 ‑‑‑‑
　　　　대화하기

정의론과 대화하기

: 정의론이 한국 사회에 던지는 8가지 질문

1판 1쇄 발행 | 2021년 9월 30일
1판 2쇄 발행 | 2022년 8월 31일

지 은 이 | 목광수

펴 낸 이 | 김무영
편집 팀장 | 황혜민
담당 편집 | 조한나, 김경민
마 케 팅 | 주민서
디 자 인 | 이디레
독자편집 | 김준수, 김현섭, 류재한, 박상혁, 송기영
인   쇄 | ㈜민언프린텍
종   이 | ㈜지우페이퍼

펴 낸 곳 | 텍스트CUBE
출판등록 | 2019년 9월 30일 제2019-000116호
주   소 | 03190 서울시 종로구 종로80-2 삼양빌딩 311호
전자우편 | textcubebooks@naver.com
전   화 | 02 739-6638
팩   스 | 02 739-6639

ISBN 979-11-91811-01-8 (93190)

세상에서 가장 즐거운 읽기,
텍스트CUBE는 독자 여러분께 좋은 책과 더 좋은 책 경험을 드리고자 언제나 최선을 다하겠습니다.

이 책의 초고는 〈2019년도 서울시립대학교 기초·보호학문 및 융복합 분야 R&D 기반조성사업〉의 지원을 받아 집필되었습니다.

정의론과 대화하기

목광수 지음

텍스트
CUBE

차례

가상 인터뷰: 롤즈와 거닐며*

2021년 2월 21일. 오늘은 존경하는 롤즈John Rawls 선생님의 생일이다. 그분의 탄생 100주년과 대표작인 『정의론』 출간 50주년을 축하하기 위해 그분을 만나러 가는 길이다. 일찍 길을 나선 덕분에 여유롭게 거닐며 그동안 보지 못하고 지나쳤던 소소한 풍경과 정취를 만끽하고 있다. 고층 빌딩이 가득한 대로大路와 빌딩들 사이로 난 작은 골목길, 그 길에서 만나는 오래된 기억과 새로운 이야기가 빚어낸 고도古都의 자취는 『정의론』을 닮았다. 『정의론』은 오랜 서양 철학의 물음뿐만 아니라 롤즈 당대의 문제의식과도 대화를 나누었고, 지난 50년간 수많은 후학과도 여전히 대화를 나누고 있다.

대학교 4학년 때 처음으로 『정의론』을 만났다. 그때의 벅찬 감동은 20여 년이 지난 지금도 생생하다. 『정의론』에는 정의롭고 공정한 사회, 사람들이 자유를 향유하며 스스로를 존중하고 살 수 있는 사회에 대한 열망이 담겨 있다. 『정의론』은 21세기 한국 사회에 어떤 말을 전할까? 그리고 '사람 냄새 나는 세상'을 꿈꾸면서 이 땅을 살아가는 사람들은 『정의론』과 어떤 대화를 이어 갈 수 있을까? 롤즈 선생님과 『정의론』의 '바깥' 이야기부터 대화해 보고자 한다.

---

* 가상 인터뷰 내용은 여러 자료(Rawls 1991:38-47; Rawls 1999c:616-622; Freeman 2006:323-328; Pogge 2007:3-27)를 바탕으로 작성했다.

목광수(이하 M)　안녕하세요! 롤즈 선생님, 먼저 탄생 100주년과 『정의론』 출간 50주년을 축하드립니다. 1921년 2월 21일에 데이나셨으니, 올해(2021년) 2월 21일이 100주년이네요.

롤즈(이하 JR)　고맙습니다.

M　제가 알기로 첫 저서인 『정의론』은 전 세계 28개 언어로 번역되었고, 한국에는 1979년에 완역본이 나와서 오랫동안 많은 사람에게 사랑을 받고 있습니다. 저술할 당시 이렇게 20세기 고전으로 사랑받으리라고 예상하셨나요?

JR　정말 과분한 사랑을 받았습니다. 저술할 당시는 그런 생각을 조금도 하지 못했습니다. 아마도 그런 기대를 했다면 중압감에 글을 제대로 쓰지 못했을 겁니다.

M　주목을 받았으면 오히려 집필에 지장이 있었을 거라는 말씀이시네요. 소문처럼 남들 앞에서 주목받는 것을 부담스러워하시는군요. 케임브리지 출판사에서 논문집(The Cambridge Companion to Rawls, 2003)을 출판할 때, 관례에 따라 책 표지로 선생님의

사진을 쓰려고 했더니 반대하셔서 사모님이 그린 그림으로 대신했다는 일화를 들었습니다. (웃음)

JR 저는 왜 저자 사진을 책 표지에 넣는지 도대체 모르겠습니다. 그렇지만 그것이 해당 시리즈의 관례라는 것을 나중에 알게 되어 어쩔 수 없이 수용했습니다. 만약 미리 알았다면 해당 논문집 제작에 반대했을지도 모르겠습니다.

M 선생님이 인기나 명예를 추구하지 않으시다 보니 여러 상을 거부하셨다는 일화를 들었습니다. 상으로 처음 받은 국가 인문학 훈장National Humanities Medal도 1999년에서야 동의하셔서 클린턴 Bill Clinton 대통령이 수여했다고 하더군요. 일본 교토 상Japanese Kyoto Prize은 50만 달러 상금에도 불구하고 수상자가 되면 일본 천황과 식사를 하고 대중 강연을 해야 한다는 조건 때문에 거절하셨다는 일화가 꽤 인상적이었습니다. (웃음) 선생님은 그렇게 조용한 성품이시면서도 학문적 책임감은 크셨던 것 같습니다. 평생 '정의'라는 단일 주제만 연구한 학자로 평가되시는데, 집필 당시에는 『정의론』(1971) 출판 이후 다른 주제로 연구에 더 매진하고 싶으셨다고요?

JR 예, 그렇습니다. 원래는 『정의론』 제3부인 목적론 부분이 제가 관심이 많고 좋아하는 부분이어서, 도덕 심리학 부분을 더 연구하고 싶었습니다.

M 아하! 그래서 『정의론』 서문에서 제3부인 목적론을 제대로 이해하지 못하면 선생님의 정의론을 오해할 수 있다고 쓰신 것이 군요. 연구하고 싶어 하셨던 분야가 선생님의 박사 학위 연구 주제인 도덕의 근거와 판단 같은 주제와도 연결된 것 같습니다. 그런데 왜 당초 계획을 실행하지 못하셨나요?

JR 『정의론』 출판 이후 학계로부터 상당한 관심을 받았습니다. 당연히 그러한 관심에는 비판도 많았지요. 그러한 비판을 연구하고 이에 대응하다 보니 평생 정의라는 주제만 다루게 되었습니다.

M 말씀을 듣고 보니, 정의론 3부작으로 명명되는 『정의론』 (1971/1999a), 『정치적 자유주의』(1993), 『만민법』(1999)은 정말 학계의 비판에 대응하는 과정에서 등장한 책이네요. 2001년에 출간된 『공정으로서의 정의: 재서술』도 그러한 연장선상에 있고요.

학자의 자세와 태도: 비판과 성실한 대응

M 선생님은 방금 전 원래 계획과는 다르게 『정의론』에 제기된 비판에 대응하면서 평생 정의라는 주제만 다뤄 왔다고 하셨는데,

가상 인터뷰: 롤즈와 거닐며

어떤 학자들은 자신의 논의에 제기된 비판을 무시하기도 합니다. 특히 선생님처럼 대가의 반열에 오르신 분들은 말이죠. (웃음) 그런데 선생님의 글을 읽으면 지나칠 정도로 비판에 수용적일 뿐만 아니라, 실수로 보기 애매한 것마저도 인정하고 수정하시는 모습을 종종 보게 됩니다. 저는 선생님의 그런 태도가 '겸손'과 '진지함'의 미덕이라고 생각해 감동을 받았는데, 선생님 제자 중에서는 선생님이 너무 비판에 수용적인 것 같다고 투덜거리는 경우도 있더군요. (웃음) 선생님은 왜 그렇게 비판을 수용하고 대응하는 일에 골몰하시나요?

JR 저는 비판에 성실히 대응하는 것이 학자의 의무obligation라고 믿습니다. 학자들이 다른 사람의 비판을 수용하는 법을 배워야 한다고 생각합니다. 물론 어떤 비판은 오해에서 비롯된 것이라 무시해야 할 것도 있습니다. 그렇지만 대부분의 비판은 의미가 있고 오해에서 비롯된 것이더라도 귀담아들을 지점이 있습니다. 제 논의를 더 잘 이해하게 할 수 있는 문제제기로도 볼 수 있는 것이죠. 그래서 시간이 꽤 소요되더라도 비판에 대응해야 한다고 생각합니다. 예를 들어, 노직Robert Nozick이 『아나키, 국가, 그리고 유토피아』(1974)에서 제기한 비판은 제 정의론에 대한 적지 않은 오해의 산물이지만, 참고할 좋은 부분들이 있어서 1978년 논문(「The Basic Structure as Subject」)을 통해 답변함과 더불어 제 입장을 재정리하는 계기로 삼았습니다. 또한 하트H. L. A. Hart가 1973년 자신의

논문에서 제기한 비판도 오랜 시간 고민을 거듭하여 1982년 논문
("The Basic Liberties and Their Priority")에서 대응했지요.

M 성실하고 진지하게 연구하는 학자의 본을 보여 주시는 것 같
습니다. 그런데 오해에서 비롯된 비판에 대해서도 대응이 너무 부
드러워서 오해가 확산될 수도 있을 것 같습니다. 2002년 이후에
사모님이 제자들에게 선생님 소유의 책을 한 권씩 가져가도 좋다
고 하여서 제자 중 한 사람이 책을 한 권 가져왔다는 내용의 블로
그 글을 읽은 기억이 있습니다. 그 글의 저자는 노직의 책인 『아
나키, 국가, 그리고 유토피아』를 가져왔는데, 책 여러 곳에 선생
님이 "It is not Rawls!"라는 메모를 남겼다고 하더군요. 선생님도
1991년 인터뷰에서 노직이 오해한 부분이 적지 않다고 언급하셨
으니 그 내용이 사실일지도 모르겠습니다. (웃음) 한국에서는 선
생님의 정의론이 중고등학교 교과서에도 실릴 정도로 유명하고
대학 입학시험에도 종종 출제됩니다. 하지만 상당수가 『정의론』
을 직접 읽고 선생님의 정의론을 이해하는 것이 아니라, 노직이
왜곡한 정의론을 선생님의 정의론으로 오해하기도 합니다.

JR 『정의론』에 대한 오해는 분량이 너무 많아서 생긴 문제일 수
도 있습니다. 제가 처음 『정의론』을 집필할 때는 분량이 350쪽 정
도 될 것이라고 생각했었습니다. (웃음)

M 1971년에 발행된 초판이 587쪽이었죠. (웃음) '하버드의 성자'라는 선생님의 별명처럼 정말 남 탓을 안 하시는군요. 1971년에 출판된 『정의론』은 박사 학위를 마친 1950년 가을 무렵부터 자료를 수집하셨다고 들었습니다. 정의론의 간판처럼 불리는 '원초적 입장original position'도 1950년과 1951년에 이미 구상하셨고요. 미루어 집작컨대 선생님의 이런 독창적 연구는 고전에 대한 진지한 공부에서 나온 것 같습니다. 「나의 가르침에 대한 언급들 Some Remarks About My Teaching」(1993)에서 말씀하신 고전에 대한 선생님의 태도가 무척 인상적이었거든요. 몇 가지 규칙이 있더군요.

JR 그 규칙들은 제가 공부할 때 갖는 태도로 학생들에게도 권하는 자세입니다. 저는 연구와 공부에 매진하는 과거 철학자들이 항상 저보다 더 똑똑하다고 생각합니다. 만약 그렇지 않다면 제가 그들을 연구하는 것은 시간 낭비일 뿐이지요. 제가 그들의 논변에서 어떤 오점을 발견했다면, 그들도 그 부분을 이미 봤고 어딘가에서 대응하고 있다고 생각합니다. 그래서 어디서 그가 대응하는가를 열심히 찾아보고, 만약 찾을 수 없다면 시대적 차이로 대응할 필요가 없었던 것은 아닌지 검토해 봅니다. 이렇게 하다 보면 더 많은 것을 배울 수 있습니다.

M 학문에 대한 선생님의 진지한 태도가 『정의론』에 제기된 비판에 대응하는 선생님의 자세와 맞닿아 있는 것 같습니다.

실현 가능한 이상향

M 선생님은 『정의론』이 인기를 끈 이유로 베트남 전쟁 파병이나 민권 운동과 같은 20세기 중반의 사회적 환경을 꼽으셨습니다. 이는 윤리학이나 정치철학이 사회적 필요에 실제로 기여할 수 있다는 말씀처럼 들립니다. 혹은 적어도 사람들은 그러길 희망한다고 여기시는 것으로 보입니다. 어떠신가요?

JR 직접적인 방식은 아니겠지만 윤리학이나 정치철학이 사람들을 설득시킬 수 있다면 사회를 더 좋게 하는 데 기여할 수 있다고 생각합니다. 설령 더 좋게는 하지 못하더라도 더 나쁘게 되는 것은 막을 수 있을 것입니다. 그리고 그래야 한다고 생각합니다. (웃음)

M 『만민법』에서 "만약 정의가 사라진다면, 더 이상 인간이 지구상에 살 가치가 없다"라는 칸트Immanuel Kant의 글귀를 인용하셨는데 이것은 '실현 가능한 이상향realistic utopia'에 대한 선생님의 열망을 보여 준다는 생각이 듭니다. 어떤 학자는 선생님의 이런 태도를 종교적 관심과 관련짓기도 합니다.

JR 2002년 이후에 제 컴퓨터에서 발견된 「나의 종교에 대하여 On My Religion」(1997)라는 짧은 글과 제 학부 졸업 논문이 단행본으로 엮여 출판된 적이 있습니다. 이 단행본에 실린 1997년 글은, 프린스턴 대학 시절 신부를 꿈꿨던 제가 3년간의 전쟁 통에 종교적으로 어떤 변화를 겪었는지를 설명할 뿐입니다. 어떤 학자는 제가 제2차 세계대전의 경험으로 인해 종교를 버리고 철학으로 인생의 항로를 변경했다고 생각합니다. 그런데 저는 무엇이 저를 철학의 길로 이끌었는지 아직도 잘 모르겠습니다. 분명한 것은 제2차 세계대전이 제게 어떤 식으로든 영향을 끼쳤다는 사실입니다. 그리고 그 영향을 받아 성공회 신자의 길은 떠났지만, 여전히 칸트적 의미의 종교성은 제게 남아 있다는 것입니다. 그렇습니다. 저의 궁극적 목표는 실현 가능한 이상향을 제시하는 것입니다. 사람들이 현실에서 실천 가능하다고 받아들일 수 있는 그런 이상향 말입니다. 이런 이유로 집필 당시에 논란이 많았던 양심적 거부나 시민 불복종과 같은 내용을 『정의론』 제2부에서 일부 다뤘습니다. 저는 평생 실현 가능한 이상향을 꿈꾸며 연구를 해 온 것입니다.

M 그렇다면 이제 선생님의 뜻을 따르는 후학들이 계속 이 경주를 이어 나가야겠네요. 서구 사회에서는 선생님의 정의론을 현실에 적용하려는 사례가 적지 않았던 것 같은데, 한국 사회에서는 그렇지 못한 것 같습니다. 선생님의 정의론이 한국 사회에서는 어떤 함의를 가질 수 있을까요? 지금 한국 사회에는 아파트 가격 폭등, 교육의 공정성 훼손, 낮은 출산율, 경제적 불평등과 기본소득 문제 등 상당한 논의가 산적해 있습니다. 과연 『정의론』이 21세기 한국 사회의 다양한 윤리적 문제에 기여할 수 있을까요? 기여

할 수 있다면 어떤 방법이 있을까요?

JR 저는 『정의론』 자체가 모든 현실적 문제에 답을 줄 수 있다고는 생각하지 않습니다. 그러나 현실적 문제를 분석하여 대안을 제시할 때 『정의론』이 이론적 차원에서 기여할 수 있다고 생각합니다. 등대가 배를 직접 끌지는 않지만, 광활하고 어두운 밤바다에서 배가 방향을 잃지 않고 목적지에 도달하도록 돕는 것처럼 말입니다. 이런 이론적 기여는 철학을 공부하는 후학들의 의무이자 책임이라고 생각합니다.

M 그 말씀을 들으니 정신이 번쩍 납니다. 해 주신 말씀 마음에 깊이 새기며 정진하겠습니다. 1999년 봄 학기 강의실에서 제가 선생님의 이름을 처음 듣고 『정의론』을 읽으면서 선생님과 같은 꿈을 꾸게 되었다는 말은 꼭 전하고 싶었습니다. (웃음) 여기, 선생님의 바통을 이어받은 한국의 젊은 후학이 한국 사회 문제라는 배경 아래 선생님의 정의론을 재해석하며 연구한 결과물을 선물로 드립니다. 선생님은 자국인 미국이 정의로운 사회로 나아가길 바라며 50년 전에 『정의론』을 쓰신 것처럼, 한국 사회가 정의로운 사회로 나아가길 바라는 저의 마음을 담아 이 책을 썼습니다. 선생님의 탄생 100주년과 『정의론』 출판 50주년을 기념하기 위해 준비한 자그마한 선물입니다. 다시 한번 진심으로 축하드립니다.

『정의론』과 대화를 시작하기 전에*

　　롤즈의 『정의론』을 토대로 21세기 한국 사회를 들여다보는 이 책은 모두 8개 장으로 구성되었다. 장별로 특정한 주제를 중심으로 다루다 보니 정작 『정의론』을 전체적으로 이해할 기회가 없을 수도 있겠다는 우려가 들었다. 이를 보완하고자 『정의론』과의 본격적인 대화를 시작하기 전에 먼저 『정의론』과 필자의 만남, 롤즈에 대한 소개, 그리고 『정의론』의 전반적 내용을 개괄하는 시간을 갖고자 한다.

롤즈 그리고 『정의론』과의 개인적 인연과 연구 여정

　　학부 졸업을 앞두고 인생의 진로를 고민하고 있던 1999년 1학기 수업 시간에 처음 롤즈의 『정의론』을 만났다. 이 만남이 필자가 본격적인 학자의 길로 들어서는 계기가 되었다. 정의로운 사회, "사람 냄새 나는 세상"을 꿈꾸며 어떻게 더 나은 세상을 만드는 데 기여할 수 있을지를 고민하던 필자에게 롤즈의 정의론은 올바른 이정표로 보였다. 그해 가을 이러한 설렘을 안은 채 학부 졸업 논문 「정의론 연구: 롤즈, 노직, 그리고 왈쩌」를 써 나갔다. 이런 첫 만남 이후 필

---

*　이 글은 목광수(2017c)를 바탕으로 이 책의 목적에 맞게 수정 및 보완한 것이다.

자는 실제 대면한 적은 없지만 롤즈로부터 사숙私淑했다고 생각하여 은사 중 한 분으로 모시며 20여 년의 학문적 관계를 지속해 왔다.

필자는 학부 시절부터 현재까지 20여 년 동안 롤즈의 정의론에 대한 관심과 연구를 손에서 놓지 않았다. 학부 졸업 논문부터 현재까지 쓴 논문 가운데 롤즈의 논의와 직접적으로 관련된 논문과 글은 모두 20여 편에 이른다. 학부 시절 졸업 논문으로는 「정의론 연구: 롤즈, 노직, 그리고 왈쩌」를 썼으며, 석사 논문으로는 황경식 선생님의 지도 아래 롤즈의 『만민법』(1999)에 대한 연구를 토대로 「인권과 지구촌 정의론」(2002)을 제출했다. 롤즈에 대한 관심은 박사 과정 중에도 이어졌다. 에스퀴스Stephen Esquith 선생님의 지도 아래 쓴 박사 학위 논문 「Development Ethics as Recognition(2009)」의 제2장은 롤즈 정의론의 자존감 개념을 토대로 인정 개념과 역량 개념 등에 대한 연구를 담았다. 박사 과정 중에 주목한 롤즈 『정의론』의 제3부 목적론은 롤즈 정의론 전반에 대한 관심을 한 단계 높이는 계기가 되었다.

『정의론』의 저자 롤즈는 누구인가?

롤즈는 20세기를 대표하는 최고의 정치철학자이자 윤리학자로서 평생 정의justice라는 주제만 연구한 학자이다. 롤즈는 정의에 대한 자신의 견해를 세 권의 저서에 담았다. 『정의론』(1971/1999a), 『정치적 자유주의』(1993), 『만민법』(1999)이 바로 그것이다. 이 중 첫 번째 저작 『정의론』은 뒤이은 저작들의 토대 역할을 하는 저서로서, 자유주의 단일 사회에서의 정의 문제를 다루고 있다. 두 번째 저작 『정치적 자유주의』는 『정의론』에 대해 제기된 문제점과 비판에 대응할 목적으로 저술된 저서이다. 이 저서는 합당한 다원주의 사회에서의 정의 문제에 집중하고 있다. 세 번째 저작 『만민법』은 롤즈가 자신의 정의론이 국제 사회 또는 지구촌 사회로 어떻게 확장될 수 있는지를 보여 주기 위해 집필한 저서이다. 이 세 권의 저서는 정치철학사와 도덕철학사 등에 대한 그의 강의에 토대를 두고 있다. 다행스럽게도 롤즈가 하버드 대학교 철학과 교수로 재직하면서 강의했던 내용은 세 권의 단행본으로 출판되었다. 세 권의 저서는 다음과 같다: 『도덕철학사 강의』(2000), 『정치철학사 강의』(2007), 『공정으로서의 정의: 재서술』(2003). 이 저서들을 통해 우리는 롤즈 정의론의 도덕철학적, 정치철학적 토대를 알 수 있다. 이 밖에도 롤즈의 논문들을 모아 놓은 『논문집』(1999)은 롤즈 정의론을 이해하는 풍성한 자료가 된다. 또 다른 자료로는 롤즈 사후에 그의 컴퓨터에서 발견된 종교에 대한 글과 학부 졸업 논문, 그리고 이에 대한 후학들의 연구를 담은 단행본 『죄와 믿음의 의미에 대한 짧은 연구』(2009)가 있다. 이 저서는 롤즈의 정의론에 대한 종교의 의미를 탐구할 수 있는 단초로 보인다.

롤즈는 처음부터 철학을 평생 연구하리라고 생각하지는 않았다. 프린스턴 대학 시절에는 오히려 신부가 되려고도 했었는데, 지원병으로 참전했던 제2차 세계대전을 계기로 철학자의 길을 걷게 된다. 롤즈 사후에 그의 컴퓨터에서 발견된 「나의 종교에 대해서On My

Religion」라는 짧은 글에서 보면 롤즈는 자신이 종교를 떠난 계기가 된 전쟁 통에 겪은 경험을 세 가지 언급한다. 첫 번째는 전장에서 경험한 동료의 죽음, 두 번째는 병영에서 들은 미국의 승리를 기원하는 목사의 설교, 세 번째는 병영 영화관에서 접한 홀로코스트 뉴스이다. 특히 홀로코스트에 관한 뉴스를 보면서 롤즈는 신에게 기도할 수 있을지 강한 의심이 들었고 그 이후로 정의와 함께하지 않는 신의 뜻을 거부하게 되었다고 한다. 이러한 언급으로 미루어 롤즈는 정의에 대한 특별한 관심과 열정이 있었던 것으로 보인다. 롤즈의 전기 『존 롤즈*John Rawls*』(2007)를 쓴 제자 포기Thomas Pogge는 이러한 정의에 대한 그의 관심이 어린 시절에 경험한 두 동생의 죽음과 여성권 옹호와 인종차별에 반대하는 진보적인 어머니의 영향력과도 관련이 있다고 설명한다.

　　롤즈는 1950년 프린스턴 대학에서 스테이스Walter Stace 교수의 지도 아래 「윤리적 지식의 토대에 대한 연구: 품성의 도덕적 가치에 대한 판단과 관련한 고려*A Study in the Grounds of Ethical Knowledge: Considered with Reference to Judgments on the Moral Worth of Character*」(1950)라는 제목의 논문으로 박사 학위를 받은 후 1953년 코넬 대학에서 교수생활을 시작했고, MIT 대학을 거쳐 1962년부터 하버드 대학에서 교수를 지냈다. 롤즈는 학문적으로도 뛰어났지만, 성품 또한 온화하고 훌륭해 하버드의 성자Saint로 불렸으며, 후학들도 잘 지도하여 34명의 박사를 배출했다(Pogge 2007:24). 그런데 Philosophy Tree(https://academictree.org/philosophy/)에는 롤즈의 직속 제자가 15명으로 등재되어 있다.

어떤 자료가 정확한지는 알 수 없지만, 아마도 포기가 말한 34명에는 롤즈가 지도교수가 아닌 위원으로 참여한 경우도 포함된 것으로 추정된다. 어쨌든 롤즈의 영향을 받은 학자가 많은 것은 분명하며, 이들은 현재 윤리학, 정치철학, 칸트철학 등의 다양한 영역에서 미국의 철학계를 이끌어 가고 있다. 롤즈는 직접 사사한 제자뿐만 아니라, 많은 윤리학자와 정치철학자에게도 영향을 끼쳤다. 또한 학계에 끼친 영향도 지대해서 많은 이들이 롤즈로부터 사숙 私淑 했다며 롤즈를 자신의 스승으로 여길 정도이다. 롤즈의 영결식이 열리던 날(2002년 11월 24일), 그가 40여 년간 살았던 마을(매사추세츠주 렉싱턴시)의 배틀 그린Battle Green 공원, 미국의 독립 전쟁이 시작된 곳으로도 유명한 이 유서 깊은 공원에는 "많은 사람에게 지혜와 영예를 고취해 주었던 철학자 롤즈를 기리기 위해" 조기가 걸렸다(Pogge 2007:27). 이런 연유로 『정의론』이 출간된 지 50여 년, 롤즈가 죽은 지 20여 년 가까이 지났음에도 지금도 계속해서 롤즈 정의론에 대한 연구서와 논문이 발표되고 있다.

롤즈 『정의론』의 영향력은 어떠한가?

롤즈 『정의론』의 영향력은 크게 두 가지로 이야기할 수 있다. 첫 번째는 윤리학 영역에서 분석적 논의 중심의 메타meta 윤리학적 분위기를 규범normative 윤리학적 분위기로 전환했다는 점이다. 20세기를 주도했던 메타 윤리학은 롤즈의 정의론이 등장한 1971년 이후로는 쇠퇴의 길을 걸었다. 이후로는 규범 윤리학과 실천 윤리학practical ethics이 부흥하게 된다. 이러한 학풍의 전환은 롤즈가 계기였다고 할 수도 있지만 그보다는 먼저 사회 분위기가 규범 윤리학과 실천 윤리학을 요구하고 있었다고 할 수 있다. 20세기 중반에 들어서 서구 사회에서는 사회적 문제에 대한 관심이 고조되기 시작했다. 미국에서는 인종차별을 반대하는 민권 운동civil rights movement과 베트남 전쟁 반대 운동이 일어났으며, 유럽에서는 68혁명으로 불리는 보수적 가치에 대한 반대 운동이 일어났다. 이러한 사회적 변화를 어떻게 설명할 수 있을지, 그리고 이에 대해서 어떻게 대응하는 것이 바람직한지 등에 대한 실천적 물음이 학계에 요청되었다. 이러한 시대적 분위기에서 등장한 것이 바로 롤즈의 『정의론』(1971)이었다. 다시 말해 규범으로의 전환normative turn은 시대적 분위기와 관련되지만, 시대적 요청을 반영하여 이를 학문적 논의로 끌어낸 것은 롤즈의 『정의론』이라고 할 수 있다.

두 번째는 『정의론』에서의 정의 논의가 윤리학과 정치철학 분야에서 지속되고 있다는 점이다. 롤즈 정의론에 대한 비판과 논쟁이 『정의론』 출간 직후인 1970년대부터 시작되었다. 논쟁을 주도한 이들은 자유지상주의자들과 공동체주의자들이었다. 이러한 논쟁의 한 사례는 1971년 하버드 대학에서 자유지상주의자 노직Robert Nozick과 공동체주의자 왈저Michael Walzer가 공동으로 진행했던 강좌 "자본주의와 사회주의Capitalism and Socialism"에서 잘 나타난다. 이 수업은 롤즈 정의론을 비판하는 관점에서 이루어진 강좌였고 이 강좌의 결과물로 롤즈 정의론에 대한 대표적인 비판 저서인 노직의 『아나키, 국가, 그리고 유토피아』(1974), 왈저의 『정의와 다원적 평등』(1983)이 출판되었다. 이러한 논쟁은 1980년대 후반 들어 롤즈 정의론을 둘러싼 공동체주의와 자유주의 사이의 논쟁으로 번졌다. 자유주의 영역에서는 노직, 드워킨Ronald Dworkin, 라즈Joseph Raz 등이 논쟁을 이끌었고, 공동체주의 영역에서는 왈저, 테일러Charles Taylor, 매킨타이어Alasdair MacIntyre, 샌델Michael Sandel 등이 주도했다.

　　롤즈 『정의론』의 이러한 영향은 여러 분야의 정의 주제들로 확장되고 있다. 윤리학에서 가장 활발한 영역으로 꼽히는 생명의료윤리학 영역에서는 1980년대 이후부터 대니얼스Norman Daniels와 비치Robert Veatch 등이 정의론의 개념을 활용한 의료자원 분배정의론 등을 제시해 논의를 주도하고 있다. 또한 1980년 전후로 시작하여 1990년대 활발하게 제기되었던 국제 사회에서의 정의 문제 또한 『정의론』에 토대를 두고 전개되고 있다. 롤즈는 『정의론』에서 자신의 논의를 국내사회로 한정 짓는다고 전제하고 정의론이 잘 완성되면 국제사회로의 확장 가능성이 있다고 언급한 바 있다. 이를 토대로 롤즈의 후학들이 국제사회에서의 정의론을 제시한 것이다. 바이츠Charles Beitz는 1979년에 발표한 저서 『정치이론과 국제적 관계Political Theory and International Relation』에서 국제사회에서의 정의론을 제시했고, 포기는 1986년에 발행된 저서 『롤즈를 현실화하기Realizing Rawls』를 중심으로 이 분야를 주도해 가고 있다. 이러한 흐름 속에서 롤즈는 후학들의 논의가 의도와 다르다며 자신의 국제 사회에서의 정의론을 담은 논문을 1994년에 발표하고 이를 확장한 동일 제목의 저서 『만민법』(1999)을 출판하여 국제 사회에서의 정의론을 한층 더 확장된 논쟁으로 이끌었다. 2000년대 들어서는 기후변화와 같은 환경 문제 등의 영향으로 세대 간 정의intergenerational justice 논의가 활발한데, 이러한 정의 논의 역시 『정의론』에서 다루는 세대 간 정의인 정의로운 저축의 원칙just saving principle을 토대로 전개되고 있다. 이러한 학계의 흐름을 볼 때 롤즈 『정의론』이 정의론 영역에서 상당한 영향력을 행사하고 있음을 알 수 있다. 이러한 롤즈의 영향력은 롤즈의 대표적인 비판자 노직의 말에서도 잘 나타난다. 노직은 『아나키, 국가, 그리고 유토피아』에서 『정의론』 이후의 "정치철학자들은 롤즈의 문제의식 내에서 논의를 전개하거나, 왜 그러지 않은지를 설명해야만 한다"(Nozick, 1974:183)라고 단언한다. 물론 노직의 말이 21세기에도 여전히 유효한지에 대해서는 논란이 적지 않다. 더욱이 현재 정치철학과 윤리학의 주제들을 보면 노직의 말은 과장이거나 유효기간이 지난 것으로 보이기도 한다. 그럼에도 불구하고 정치철학과 윤리학 영역에서 롤즈의 영향력이 아직도 남아 있다는 말을 부인하기는 어렵다. 『정의론』의 보고에서 새로운 보물들이 여전히 계속해서 나오는 현실이 이러한 영향력을 보여 주기 때문이다.

롤즈 『정의론』의 전체 구조는 어떻게 되어 있는가?

　　롤즈의 『정의론』은 1971년 초판 원서 분량이 607쪽, 1999년 개정판 원서 분량이 538쪽, 개정판 한국어 번역서 분량이 782쪽에 이를 정도로 방대하다. 전체 구성은 3부 9장 87절로 이루어져 있다. 롤즈의 『정의론』 개정판이 출판된 것은 1999년이지만, 포기에 따르면 1971년 『정의론』 출판 이후 제기된 비판들에 대해 롤즈가 대응하는 과정에서 1975년에 이미 개정판 원고가 완료되었다(Pogge 2007:26). 제1부 원리론은 롤즈의 정의론이 무엇이며, 어떻게 정당화되는지를 규명하는 작업으로 이루어져 있다. 제2부 제도론은 제1부에서 도출된 정의의 원칙이 어떻게 제도로 구현되고 체계화될 수 있는지를 제시하고 있다. 제3부 목적론은 롤즈 정의론의 토대이면서 정의론이 안정성을 갖고 실현되도록 돕는 도덕철학적 개념과 논의를 다루고 있다. 『정의론』에 대한 관심은 주로 제1부에만 집중되는데, 이는 매우 우려할 만한 일이다. 롤즈는 『정의론』 서문에서 제2부 논의를 읽어야 자신의 이론에 대한 생생한 이해를 얻게 되며, 제3부를 고려하지 않으면 정의론을 오해할 여지가 있다고 언급하기 때문이다. 따라서 롤즈의 정의론을 제대로 이해하기 위해서는 반드시 제2부와 제3부도 함께 숙지할 필요가 있다. 필자는 『정의론』의 제1부, 제2부, 제3부를 상호 연결하여 통합적으로 독해하는 방식을 '입체적 독해'라고 명명하고자 한다. 이 책은 이런 입체적 독해에 토대를 두고 있다.

롤즈『정의론』제1부의 내용은 무엇인가?

　　『정의론』의 제1부 원리론은 3개 장으로 이루어져 있다. 첫째 장은 공정으로서의 정의, 둘째 장은 정의의 원칙, 셋째 장은 원초적 입장이다. 제1부는 롤즈의 정의론이 무엇이며 어떻게 정당화되는지를 규명하는 작업이다. 다시 말해 제1부는 롤즈 자신이 제시할 공정으로서의 정의justice as fairness를 이론적으로 정당화하는 데 주력한다.

　　롤즈는 제1부를 정의가 사회 제도의 제1덕목임을 역설하면서 시작한다. 롤즈는 이론이 아무리 정치하고 간명하다고 할지라도 진리가 아니면 배척되거나 수정되어야 하는 것과 마찬가지로, 법이나 제도가 아무리 효율적이고 세련되었다고 하더라도 그것이 정의롭지 못하면 개선되거나 폐기되어야 한다고 보았다. 이에 따라 모든 사람은 사회 전체의 복지라는 명목으로도 유린당할 수 없는 정의에 입각한 불가침성, 즉 더 큰 이익을 위해 소수의 자유를 빼앗는 것이 정당화될 수 없으며 다수의 이익을 위해 소수의 희생이 강요될 수 없는 존재라고 주장한다. 이러한 롤즈의 주장은 오랫동안 유력한 정치철학적 논의로 거론되는 공리주의utilitarianism를 겨냥한 것이다. 롤즈는 공리주의가 효율성이 높은 이론으로 자명하다고 할지라도 사회 전체의 이익을 위해 개인의 권리를 침해하는 제도, 예를 들면 노예제와 같은 명백한 부정의injustice마저도 효율성을 극대화한다는 명분 아래 용인할 수 있는 이론이라는 점에서 정의에 어긋난다고 비판한다. 그러면서 이러한 공리주의의 대안으로 공정으로서의 정의를 제시한다.

롤즈가 정의와 관련해서 주목하는 공정성은 자연적 우연성과 사회적 우연성에 따라 형성되는 부당한 영향력을 어떻게 극복할 것인가 하는 문제와 관련이 있다. 여기서 말하는 우연성contingency이란 도덕적으로 정당화될 수 없다는 점에서 행위자의 책임과는 무관하다. 자연적 우연성은 선천적이고 유전적인 요소, 예를 들면 지능, 체력, 재능 등을 의미하고, 사회적 우연성은 후천적인 요소, 예를 들면 가정 배경, 부모의 영향력 등을 의미하기 때문이다. 롤즈는 이러한 자연적 우연성과 사회적 우연성이 사회 구성원의 미래 삶에 지대한 영향을 끼친다고 분석한다. 그런데 이렇게 본인의 책임이라고 할 수 없는 우연성으로 인해 사람들의 미래 기대치가 결정되고 형성되는 것은 공정하다고 볼 수 없다. 이에 따라 롤즈는 공정으로서의 정의를 통해 이러한 우연성으로 인해 생기는 부당한 영향력을 막아야 한다고 주장한다. 롤즈는 이러한 우연성이 그 자체로는 정의롭다거나 정의롭지 않다고 말할 수 없는 자연적 사실에 불과하지만, 이러한 자연적 사실이 정당성을 확보하기 위해서는 사회 구성원의 공동 이익을 위해 사용될 때에만 가능하다고 주장한다. 따라서 롤즈는 우연성의 분배를 사회가 갖는 공동의 자산common asset으로 여겼다. 여기서 오해하지 말아야 할 것은, 롤즈가 공동의 자산이라고 주장하는 것이 개인의 재능 자체가 아니라 그 재능의 배분 방식을 말하는 것이라는 점이다. 롤즈는 공정으로서의 정의를 통해 사회 기본구조social basic structure인 주요 제도가 권리와 의무, 그리고 사회적 이익을 분배하는 방식이 정의롭도록 돕는다면 이러한 우연성의 부당한 영향력이 감소할 것으로 전

정의론과 대화하기

망한다.

　　자연적 우연성과 사회적 우연성의 부당한 영향력을 막아 공정으로서의 정의를 확립하려는 롤즈의 기획은 정의의 여건circumstances of justice을 전제한다. 정의의 여건이란 근대 영국의 경험주의 철학자 흄David Hume의 논의를 롤즈가 빌린 것으로 정의 논의가 성립할 수 있는 조건을 의미한다. 롤즈는 정의의 객관적 여건으로 재화의 적절한 부족상태를 들고 있다. 만약 사회 협동으로 얻은 산물인 재화가 너무 많으면 사회 구성원들 사이에서 정의롭게 분배하려는 필요를 느끼지 못할 수 있다. 더욱이 그러한 재화가 너무 적으면 정의로운 분배보다는 생사를 건 투쟁이 벌어질 가능성이 높다. 따라서 롤즈는 사회 구성원들로 하여금 공정한 분배를 하게 하는 객관적 조건은 사회 협동을 통해 얻은 재화가 적절히 부족한 상태라고 정의한다. 그런데 이러한 객관적 조건은 사회가 진보해 감에 따라 해결될 수도 있다. 롤즈는 그럼에도 불구하고 정의의 여건이 여전히 유지되는 또 다른 조건이 있다고 주장하는데, 그것은 바로 주관적 조건에 해당하는 인간의 심리상태이다. 정의의 주관적 여건은 사회 구성원의 욕구와 관심이 대체로 비슷하며, 이로 인해 각자가 자신의 인생 계획을 세우고 이를 실현하고자 자원을 이용하려는 과정에서 서로의 이해가 충돌한다는 점에 착안하고 있다. 롤즈는 사회 구성원이 서로의 협력을 통해 더 많은 결과물을 산출함에도 불구하고 그러한 결과물에 대해서 더 많이 갖고 싶어 하는 각자의 욕망 때문에 충돌할 수 있다고 분석한다. 이러한 까닭에 롤즈 정의론의 과제는 이익에 대한 일치와 상충이 동시에 발생하는 이런 협동체로서의 사회에서 사회 기본구조를 정의롭게 형성할 정의의 원칙을 어떻게 도출하고 정당화할지 여부이다. 따라서 정의의 여건으로 인해 사회 구성원은 공정한 정의의 원칙을 정립하고자 합의의 과정에 들어간다.

정의의 여건을 인정하는 사회 구성원이 공정한 정의의 원칙을 정립하고자 합의 과정에 들어갈 때, 그들이 관심을 두는 것은 그들의 인생 전체 과정에 중대하고도 지속적인 영향을 미치는 사회 기본구조이다. 사회 기본구조는 협력을 통해 모두에게 이익이 된다고 보는 상호성reciprocity의 관점에서 사회협동체로 간주하는 사회의 토대가 되는 구조이기 때문이다. 이런 사회 기본구조를 어떻게 형성하는 것이 정당한지를 결정할 원칙의 정당성을 위해, 롤즈는 비도덕적인 전제들을 토대로 도덕적인 결론을 도출하기 위한 가상적인 상황, 즉 원초적 입장original position에서의 합의라는 새로운 방법론을 제시한다. 이 방법론은 전통적인 사회계약론을 고도로 추상화한 것으로 자기 이익 증진에 관심을 가진 자유롭고 합리적이며 합당한 사람들이 자신이 속한 공동체의 기본 조건인 규범을 정립하기 위해 평등한 최초의 입장인 원초적 입장에 참여하는 실질적 방식이다. 원초적 입장의 합의 당사자는 상호 무관심적 합리성mutually disinterested rationality을 갖는 존재들이다. 합의 당사자가 합리적이라는 의미는 자신의 인생 계획과 목적을 추구하는 데 가장 효율적인 방법을 모색한다는 의미로 일반적인 사회이론에서 수용하는 의미이다. 상호 무관심적이라는 의미가 롤즈 논의에서 조금 독특한 부분인데, 이는 합의 당사자는 자신의 이익 증진에만 관심이 있지 다른 합의 당사자의 이익에 대해서는 무관심하여 모든 사람의 처지를 악화할 수 있는 시기심이 없다는 의미이다. 롤즈는 시기심으로 인해 자신의 인생 목적에 이익이 되지 않는 결정을 내리는 것은 합리적이지 않다고 생각하여 합리성을 충실히 유지하기 위해서는 상호 무관심할 필요가 있다고 판단한 것으로 보인다.

상호 무관심적 합리성을 갖는 합의 당사자는 공정성을 위해 무지의 베일veil of ignorance을 써 자신의 주관적인 특성을 배제하고 일반적인 고려 사항만을 기초로 여러 대안 가운데 가장 적합한 원칙을 선택하게 된다. 합의 과정에서 공정성을 상실하는 대부분의 경우는 자신의 개인적 이익만을 추구하려고 할 때인데 무지의 베일은 이를 극복하려는 장치이다. 무지의 베일에 의해 배제되는 주관적 특성은 자신이 속한 사회 계층, 성별, 인종, 시대뿐 아니라 자신의 자연적 재능, 취향, 특정 삶의 목표 등과 같은 주관적 가치관에 대한 정보이다. 원초적 입장의 합의 당사자는 자신에 대한 주관적 정보가 배제되고 결정되는 원칙이 삶에 지대한 영향을 행사한다는 사실을 알기 때문에, 이러한 불확실성 아래에서는 합의 이후에 알게 될 자신의 처지가 설령 사회에서 가장 불리한 상황에 있는 최소수혜자the least advantaged라고 하더라도 인간다운 삶을 누릴 수 있게 한다는 최소극대화 규칙 maximin rule에 따라 합의할 것으로 예상한다. 최소극대화 규칙은 위험을 회피하려는 인간이 갖는 기본적인 심리적 태도를 반영한 것으로 최악의 상황에서 최대의 효과를 추구한다는 규칙이다. 롤즈는 최소수혜자에게 이익이 되는 것이 연쇄 과정을 통해 사회의 모든 지위에 있는 사람들에게도 이익이 되리라고 전망한다.

　　롤즈는 원초적 입장에서 합의된 원칙이 사회 구성원의 직관을 통해서도 정당화될 수 있다는 것을 보이기 위해 넓은 반성적 평형 wide reflective equilibrium 이라는 방법론을 사용한다. 롤즈는 『정의론』에서 반성적 평형이라는 표현만 썼지만 제자인 대니얼스는 롤즈의 반성적 평형이 순환론 등의 비판에 대응할 수 있도록 "넓은"이라는 단어를 덧붙였다. 롤즈는 『공정으로서의 정의: 재서술』에서 이러한 대니얼스의 해석이 옳다고 인정한 바 있다. 그러므로 롤즈의 반성적 평형을 넓은 반성적 평형으로 부르는 것이 정당할 것이다. 넓은 반성적 평형은 어떤 특정 개인이 가진 세 가지 믿음, 즉 숙고된 도덕 판단, 도덕 원리, 관련된 배경이론의 3자 구도에서 조정하여 체계화되고 정합성을 확보하여 도덕 원리를 추론하여 정당화하려는 방법론이다. 롤즈는 숙고된 도덕 판단은 합의 당사자들의 모든 판단이 아닌 합당하게 선택되고 배제되는 여과 과정을 거친 도덕 판단이라고 말한다. 망설임, 자신감 없음, 당황함, 놀람 등을 유발하는 상황과 같이 평정을 유지하지 못한 상태에서 이루어진 도덕 판단은 초기 단계부터 신뢰할 수 없기 때문이다. 배경이론은 사회에서 관련 전문가들에 의해 폭넓게 받아들여지는 이론으로, 예를 들어 일반적인 도덕이론, 자연과학이론, 일반적 사회이론을 포함한다. 사회이론들은 우리 사회에 대한 그리고 사회에서 인간이 어떻게 살아가는가와 관련된 경험이론들 또한 포함한다. 넓은 반성적 평형론의 과정은 숙고된 도덕 판단, 도덕 원리, 도덕이론과 사회이론 등을 포함한 배경이론 사이의 조정 과정이다. 이런 조정 과정에서 특정한 숙고된 도덕 판단은 수정될 수 있고 심지어 폐기될 수도 있다. 또한 도덕 원리 역시 수정되거나 폐기되기도 하며, 새로운 도덕 원리가 채택되기도 한다. 그리고 때로는 배경이론조차 폐기되고 새로운 것이 채택되기도 한다. 넓은 반성적 평형의 과정은 정합적이고 일관된 도덕 원리에 도달하기 위한 조정 과정으로 모든 요소에 대해 광범위한 수정 가능성이 열린 과정이다. 롤즈는 원초적 입장에서 합의된 공정으로서의 정의가 이러한 넓은 반성적 평형론 과정을 통해 평형 상태에 도달함을, 다시 말해 사회 구성원의 직관을 통해서 정당화될 수 있음을 보여 주고자 한다.

원초적 입장을 통해 합의되고 넓은 반성적 평형을 통해 정당화되는 롤즈의 공정으로서의 정의는 두 가지 원칙으로 구성된다. 제1원칙인 자유의 원칙the liberty principle은 각 개인이 다른 모든 개인에게 유사한 자유의 체계가 소유되는 것과 양립 가능한 한도 내에서 최대한 광범위한 기본적 자유의 전체 체계에 대한 평등한 권리를 갖는다는 것이다. 제1원칙에서 롤즈가 언급하는 기본적 자유는 양심과 사상의 자유, 표현과 결사의 자유, 정치적 자유, 개인의 통합성을 위한 자유, 법치의 자유 등이다. 정의로운 제도 아래 개인들이 자유롭게 자신들의 가치관, 즉 합리적 욕구로 형성된 인생 계획을 추구할 수 있어야 한다는 자유의 원칙은 다른 어떤 원칙보다도 우선시된다. 이러한 우선성은 자유가 사회적 · 경제적 효율성에 의해 양보될 수 없다는 롤즈 정의론이 갖는 자유주의적 측면을 명시적으로 보여 준다. 제2원칙은 사회적 · 경제적 불평등이 아래의 두 가지 조건을 충족하는 한에서 허용된다는 원칙이다. 첫째는 공정한 기회균등의 원칙the fair equality of opportunity으로, 공정한 기회균등의 조건 아래 모든 사람에게 직책과 직위가 개방되어야 한다는 원칙이다. 동등한 능력과 의욕을 가진 사람들은 직책과 직위와 관련하여 동등한 삶의 전망을 할 수 있어야 한다. 둘째는 차등 원칙the difference principle으로 최소수혜자에게 최대의 이익이 돌아가야 하다는 원칙이다. 상위 원칙을 충족한다는 조건 아래 사회적 이익의 배분은 최소수혜자의 처지를 극대화하는 방향으로 체계적으로 조정되어야 한다. 제2원칙 내에서는 공정한 기회균등의 원칙이 차등 원칙에 우선한다.

롤즈의 공정으로서의 정의에서 가장 특정적인 원칙으로 주목받는 것이 차등 원칙이다. 그런데 롤즈는 『공정으로서의 정의: 재서술』에서 많은 학자가 차등 원칙을 최소극대화 규칙과 동일시하는 오해를 하고 있다고 불만을 토로한다. 롤즈는 양자가 뚜렷이 구별되는 서로 다른 논의라고 강변하면서 차등 원칙이 여러 대안 가운데 선택되는 것은 불확실성 아래에서의 결정이라는 최소극대화 성격 때문이 아니라 차등 원칙이 갖는 다음과 같은 세 가지 내용적 특성 때문이라고 주장한다. 첫째는 차등 원칙이 보상redress의 원칙이 추구하는 정신을 담고 있다는 점이다. 차등 원칙은 자연적·사회적 우연성에 의해 불우한 처지에 놓인 사람들의 처지를 개선하려고 한다는 점에서 불우한 우연성에 대한 보상의 정신을 담고 있다. 둘째는 차등 원칙이 상호성reciprocity을 추구한다는 점이다. 차등 원칙은 자연적·사회적 우연성에서 불우한 사람뿐만 아니라 그러한 우연성으로 인해 혜택을 보는 사람에게도 모두 이익이 된다. 유리한 여건에 있든 불리한 여건에 있든 사회 구성원은 사회협동체로서의 사회의 협력 과정에 참여함으로써 모두가 이익을 공유할 수 있기 때문이다. 셋째는 차등 원칙이 박애fraternity 정신을 담고 있다는 점이다. 롤즈에 따르면 박애는 복종과 굴종의 방식 없이 다양한 공공적 관습에서 나타나는 사회적 존중감social esteem을 어느 정도 동등하게 갖는 것이며 시민적 우애와 사회적 연대감도 의미한다고 기술하고 있다. 차등 원칙은 우리가 더 못한 처지에 있는 타인에게 이익이 되지 않는다면 더 큰 이익을 가질 것을 원하지 않는다는 의미에서 박애 정신을 담고 있다. 차등 원칙이 담고 있는 보상, 상호성, 박애 정신 덕분에 차등 원칙은 정의의 두 가지 원칙의 사회가 불운한 사람들이 경쟁에서 뒤처지도록 내버려 두는 식의 형식적 차원의 평등한 기회에 입각한 실력주의 사회meritocratic society로 가지 않는다고 롤즈는 주장한다. 이러한 정신을 담고 있기에 차등 원칙은 최소수혜자에게 조금의 이익이 있는 것만으로 심각한 경제적 불평등을 용인하는 것이 아니라, 최소수혜자를 포함한 사회 전체 구성원의 자존감이 유지될 수 있을 정도에 해당하는 적정 수준 이상의 경제적 수준을 유지하게 하는 기능을 할 것이다.

롤즈 『정의론』 제2부의 내용은 무엇인가?

『정의론』의 제2부 제도론 역시 제1부와 마찬가지로 3개 장으로 이루어져 있다. 3개 장은 평등한 자유, 분배의 몫, 의무와 책무로 구성된다. 제2부는 제1부에서 도출된 정의의 원칙이 어떻게 제도로 구현되고 체계화될 수 있는지를 제시한다. 롤즈는 자신의 정의의 원칙이 이론적으로 정당할 뿐만 아니라 현실적으로도 실현 가능하다고 주장한다. 롤즈의 공정으로서의 정의가 이론적으로 아무리 매력적이라고 하더라도 현실에서 작동할 가능성이 없다면 합리적이며 합당한 사람들에 의해 수용될 수 없다고 보았기 때문이다. 이런 의미에서 『정의론』의 제2부 제도론은 공정으로서의 정의가 실질적일 수 있음을 이론적으로 뒷받침하는 데 주력한다.

롤즈는 원초적 입장에서 채택된 정의의 두 가지 원칙이 어떻게 현실에 적용될 수 있을지, 다시 말해 합의 당사자들이 각자의 사회적 위치로 돌아가 자신들의 요구를 토대로 정의의 두 가지 원칙을 어떻게 재해석할 수 있는지를 4단계 과정the four-stage sequence을 통해 설명한다. 4단계 과정은 1단계인 원초적 입장 단계, 2단계인 제헌위원회 단계, 3단계인 입법 단계, 4단계인 법규 적용 단계로 구성된다. 각 단계는 무지의 베일이 조금씩 벗겨진 상태에서 현실적 상황을 고려한 참여의 방식으로 진행된다. 그리고 각 하위 단계는 각 상위 단계에서 합의된 내용의 지침과 방향성에 따라 해당 하위 단계에 맞게 인식되는 현실 상황을 고려하여 적절한 내용을 합의한다. 4단계 과정의 가장 상위 단계인 1단계는 원초적 입장으로 무지의 베일 아래에서 이루어지는 합의이다. 1단계 합의 내용은 제1부에서 검토했던 것처럼 사회 기본구조에 대한 정의롭고 공정한 정의의 두 가지 원칙이다. 무지의 베일을 조금 벗은 상태로 참여하는 2단계는 제헌 위원회 단계이다. 이는 여전히 개인의 주관적 정보에 대해서는 무지하나 사회이론의 제1원리들과 역사의 전개 과정, 그리고 그들 사회와 관련된 일반적 사실인 자연적 여건 및 자원, 그 경제 발전의 수준과 정치 및 문화 등은 인식하는 단계이다. 제헌 위원회에서는 정의의 두 가지 원칙이 바람직한 결과에 대한 독립적인 기준으로 작동하여 정의로운 결과를 보장하도록 편성된 정의로운 절차에 해당하는 정의로운 헌법을 제정한다. 다시 말해 가장 효율적이고 정의로운 헌법, 정의의 원칙들을 충족하면서 정의롭고 효율적인 입법을 가장 잘하게 해 주리라고 생각되는 헌법, 즉 정부가 갖는 헌법상의 권한과 시민의 기본권을 위한 체제를 구상하게 된다. 무지의 베일을 조금 더 벗은 상태로 참여하는 3단계는 입법 단계이다. 이 단계에서는 2단계에서 합의된 헌법의 제약 아래 여전히 개인의 주관적 정보에 대해서는 무지하지만 더 많은 정보를 바탕으로 정의롭고도 현실성이 있는 절차적 체제 가운데 효과적이고 정의로운 법적 질서를 형성할 가능성이 큰 법을 입법한다. 마지막 4단계는 무지의 베일을 모두 벗은 단계이다. 이 단계는 모든 사람에게 모든 사실이 완전히 개방되는 단계로, 3단계에서 합의된 입법이라는 틀 안에서 법관과 행정관에 의한 법규의 적용과 시민 일반이 법규를 준수하는 단계이다.

　　롤즈가 제시한 공정으로서의 정의는 이상론으로서 부정의가 여전히 존재하는 현실에서 4단계 과정을 통해 비이상론으로 작동할 수 있다. 그렇다면 이렇게 이론적으로 현실 가능성을 보여 준 정의의 두 가지 원칙은 현실의 어떤 체제와 가장 잘 어울릴까? 롤즈의 이

『정의론』과 대화를 시작하기 전에

론이 복지이론인 복지국가 자본주의에 적합할 것이라고 많은 사람이 생각했지만, 롤즈는 서구 역사에서 볼 때 공정으로서의 정의가 실현될 수 있는 사회 체제는 재산소유 민주주의property owning라고 주장한다. 재산소유 민주주의는 경쟁적 시장 체제를 인정하지만 시장의 불완전성을 바로잡고 분배적 정의의 토대가 되는 배경적 제도들을 유지하기 위한 적정 수준의 정부 개입을 옹호한다는 특징이 있다. 재산소유 민주주의의 배경적 제도들은 부와 자본의 소유를 분산하고 이를 통해 경제 영역뿐만 아니라 정치 영역까지도 독점 지배가 이루어지지 않도록 막는다. 이러한 특징은 롤즈의 두 가지 원칙 가운데 차등 원칙이 갖는 성격과 부합한다. 차등 원칙은 사후적 재분배를 옹호하기보다는 사회 기본구조를 정의롭게 만드는 배경적 제도들을 형성하는 데 기여한다. 이런 성격은 누진세를 적용하는 부분에서 재산소유 민주주의와 복지국가 자본주의의 차이를 명확하게 보여 준다. 복지국가 자본주의는 생산수단의 독점화 등과 관계없이 최종적인 총소득에 누진 과세를 적용하여 사회적 약자를 위한 복지 기금을 마련하는 사후ex post 재분배 정책이다. 그러나 재산소유 민주주의는 공정으로서의 정의의 정신에 따라 자유와 공정한 기회의 평등을 유지하기 위해 협동의 최초 상황을 공정히 하고자 상속, 증여 등의 불로소득에 대한 사전ex ante 재분배 정책으로 누진 과세를 부여한다. 재산소유 민주주의에 따른 이러한 사전 재분배 정책을 통해 사회 구성원은 상호성 원칙에 걸맞게 상호 이익을 위해 협력하게 된다.

    롤즈는 자신의 정의론이 부정의가 존재하는 현실에서 어떻게 작동할 수 있는지를 『정의론』 제2부에서 기술하는데, 현실적인 부정의에 대해 사회 구성원이 어떻게 대응할지를 부정의한 법을 준수할 의무, 시민 불복종, 양심적인 거부 등의 논의를 통해 제시한다. 롤즈는 정의로운 체제 아래서 제정된 정의로운 법을 준수할 이유를 설명하는 데는 아무런 어려움이 없지만 부정의가 존재하는 비이상적 상황에서 법을 준수해야 하는지의 문제는 다루기 어렵다고 고백한다. 그럼에도 불구하고 정의 기준에서 약간 벗어난 부정의한 현행 체제의 법을 준수해야 하는 의무와 시민 불복종을 논의한다. 비록 입법 과정에서, 예를 들어 다수결의 원칙을 적용하는 과정에서 지식의 결핍이나 판단의 오류로 인해 부정의한 법이 생겨났다고 하더라도 정의로운 제도를 지키려는 우리의 자연적 의무는 그러한 법이 어떤 한도를 벗어나는 것이 아닌 한 따르도록 하며, 적어도 불법적인 수단으로 그것에 반대하는 일이 일어나는 것은 막아야 한다고 롤즈는 주장한다. 사실상 헌법이 정의롭고 절차적 정당성이 확보되었다면 부정의한 법은 공정한 절차를 통해 정의로운 법으로 개정될 여지가 충분하기 때문이다. 그런데 거의 정의로운 사회임에도 불구하고 정의에 대한 다소 심각한 위반이 일어나는 사회에서는 좀 더 적극적인 방식, 즉 시민 불복종의 방식 등이 적용될 수 있다. 예를 들어, 현행 체제가 사회의 정의관이나 지배 계층의 입장에는 부합하지만 그러한 입장 자체가 부당하거나 많은 경우 부정의할 수 있는 경우가 그렇다. 롤즈는 시민 불복종을 법이나 정부의 정책에 변혁을 가져올 목적으로 행해지는 공적이고 비폭력적이며 양심적이지만 법에 반하는 정치적 행위로 정의한다. 이런 점에서 시민 불복종은 개인적 차원에서 직접적인 법령이나 행정적인 명령에 불순종하는 양심적 거부와는 차별화된다. 시민 불복종 행위는 비록 해당 법을 위반하긴 하지만 그 행위는 정의롭다고 해당 공동체 성원들의 정의감에 호소하는 사회적 방식이다. 롤즈는 시민 불복종 운동의 대상은 정의의 제1원칙인 평등한 자유의 원칙에 대한 심각한 위반이나 제2원칙인 공정한 기회균등의 원칙에 대한 분명한 위반에 국한해야 한다고 주장한다. 왜냐하면 제2원칙인 차등 원칙은 심각한 부정의인지 아닌지를 확인하기가 어렵기 때문이다. 또한 시민 불복종은 합법적인 다른 방식이 존재하지 않을 때 적용하는 최후의 대책임을 명시한다. 롤즈는 거의 정의로운 사회 체계를 전제한 비이상론을 전개하면서도 사회 기본구조가 심각할 정도로 부정의하다면 극단적인 변화나 혁명을 위한 방도까지 마련하도록 노력해야 한다고 언급한다. 이런 경우에는 무력에 의한 행위나 다른 종류의 저항도 분명히 정당화될 수 있다고 롤즈는 주장한다.

4단계 과정과 재산소유 민주주의 등의 논의는 공시적 입장에서 롤즈의 정의론이 현실에 실현될 수 있는 정의론임을 보여 주기에 적합하다. 그러나 이러한 정의관이 일시적으로만 실현될 수 있고 지속적이지 않은 것이라면 안정성을 갖기 어려워 불완전해진다. 이런 이유로 롤즈는 공정으로서의 정의가 세대 간의 정의 문제를 고려해야 한다고 생각한다. 공정으로서의 정의가 제대로 작동하도록 전체로서의 사회 체제가 만들어지는 데는 사회적 최소치social minimum가 설정되는 수준이 중요하게 작용하는데 이러한 사회적 최소치는 현세대가 미래 세대의 요구를 어느 정도 존중하는가와 관련되기 때문이다. 그런데 문제는 제1부 원리론의 추론 방식에서 볼 때 원초적 입장에서 세대 간 정의를 고려하기가 쉽지 않을 것 같다는 점이다. 원초적 입장의 합의 당사자들은 서로에게 무관심하며 합리적으로 자신의 이익을 추구하는 자유로운 존재들인데, 이들이 다른 세대의 문제를 고려할 합리적인 이유가 없기 때문이다. 이러한 한계를 수정하기 위해 롤즈는 합의 당사자들의 원초적 입장에서의 동기를 수정한다. 즉 원초적 입장의 당사자들은 채택할 원칙이 모든 선행 세대에 대해 그들이 따랐기를 바라는 바로 그런 원칙이어야 한다는 제한 사항과 합의 당사자가 가족의 대표head of family에 해당하여 자신의 당대뿐만 아니라 후손들에 대해서도 지대한 관심을 두고 있다는 동기를 전제로 추가한다. 이러한 수정을 통해 채택된 세대 간 정의가 바로 정의로운 저축의 원칙just saving principle이다. 정의로운 저축의 원칙에서의 목표는 질서정연한 사회well-ordered society를 위한 정의로운 기본 체제를 확립하게 하는 것, 그리고 해당 사회의 모든 시민이 가치 있는worthwhile 삶을 영위할 수 있는 사회 세계를 보장하는 것이다. 다시 말해 정의로운 저축의 원칙은 정의로운 제도와 평등한 자유를 충실히 구현하는 조건으로서 요구된다. 이런 맥락에서 롤즈가 정의의 원칙에서 최종적인 모습이라고 『정의론』에서 제시하는 제2원칙은 다음과 같다. 사회적·경제적 불평등은 다음 두 가지, 즉 (a) 그것이 정의로운 저축의 원칙과 양립하면서 최소수혜자에게 최대 이득이 되고, (b) 공정한 기회균등의 조건 아래 모든 사람에게 개방된 직책과 직위가 결부되게끔 편성되어야 한다는 것이다.

정의로운 저축의 원칙의 정신은 무엇인가? 롤즈에게 정의로운 저축의 원칙이 갖는 의미는 각 개인 또는 각 사회가 자율성을 가지고 살아갈 수 있게 해 주는 토대를 뜻한다. 개인에게 이러한 의미는 롤즈 정의론의 토대가 되는 가치 중 하나인 자존감, 그리고 사회에는 적정 수준decency을 갖춘 질서 정연한 사회 개념과 관련된다. 이러한 정의로운 저축의 원칙 논의는 『정의론』뿐만 아니라, 국제 사회에서의 정의를 다루는 『만민법』에서도 나타난다. 롤즈는 『만민법』에서 제시되는 원조의 의무 근거를 정의로운 저축의 원칙에서 찾고 있다. 각 사회가 자율성을 가지고 문화와 문명을 유지하고 발전해 나가기 위해서는 갖춰야 할 기본적인 수준이 필요한데, 이러한 수준이 정의로운 저축의 원칙과 관련되기 때문이다.

롤즈 『정의론』 제3부의 내용은 무엇인가?

『정의론』의 제3부 목적론 역시 3개 장으로 이루어진다. 각각의 제목은 합리성으로서의 좋음, 정의감, 정의의 좋음이다. 제3부는 롤즈 정의론의 토대가 되는 도덕철학적 개념과 논의를 다룬다. 제3부의 목적은 공정으로서의 정의를 구현하는 질서 정연한 사회가 사회 구성원에 의해 수용되는 안정된 사회라는 사실을 보이는 것이다. 다시 말해 롤즈는 제3부에서 사회 구성원이 자신의 정의론인 공정으로서의 정의에 의해 구현된 제도와 정책을 준수하고 유지하려고 노력하며 그러한 정의론을 자신들의 삶의 방식으로 수용하려 한다는 것을 보이고자 한다. 정의의 원칙이 정당하게 합의된다고 하더라도 그러한 원칙을 사회 구성원이 기꺼이 준수하려고 하지 않는다면 현실성을 상실한다. 따라서 정의론은 정당성뿐만 아니라 현실성을 확보하기 위해 정의의 원칙이 안정성을 갖고 있다는 점을 설득력 있게 제시해야 한다. 이런 중요성에도 불구하고 『정의론』 전체 논의 가운데 제3부 목적론은 학계로부터 홀대받아 왔다. 롤즈가 『공정으로서의 정의: 재서술』과 『정치적 자유주의』에서 『정의론』의 안정성 설명이 만족스럽지 않다고 기술한 것이 이러한 홀대의 한 이유일 것이다. 그러나 비록 제3부가 안정성 문제에서 취약한 부분이 있다고 하더라도 롤즈가 서문에서 강조했던 것처럼 『정의론』 전체를 오해하지 않기 위해서라도 제3부에 주목해야 할 가치는 여전하다고 할 수 있다.

　　제3부 목적론은 제1부에서 정의론을 도출하는 과정에서 중요한 역할을 감당한 사회적 기본재화social primary goods가 무엇인지를 규명하는 작업부터 시작한다. 이를 통해 롤즈는 다양한 인생 계획과 가치를 추구하는 사회 구성원이 그들의 차이에도 불구하고 공통으로 가진 합리성을 통해 공정으로서의 정의를 지지함을 보이고자 한다. 롤즈 논의에서 사회적 기본재화는 '좋음'에 대한 이론 가운데 기초 이론thin theory of the good과 관련된다. 좋음에 대한 기초 이론은 정의의 원칙을 도출하는 데 요구되는 전제들의 근거를 제시하는 논의로 원초적 입장의 당사자들이 갖는 동기와 사회적 기본재화를 설명하는 이론이다. 롤즈는 사회적 기본재화를 다섯 가지로 분류

하는데, 첫째는 근본적인 권리와 자유인 사상의 자유와 양심의 자유 등, 둘째는 이동의 자유와 다양한 기회의 배경 아래 갖는 직업에 대한 자유로운 선택, 셋째는 권력과 특권, 넷째는 소득과 부, 다섯째는 자존감의 사회적 토대이다. 이러한 사회적 기본재화는 모든 합의 당사자가 전 목적적all-purpose 수단과 사회적 조건으로서 더 많이 갖고 싶어 하는 재화라는 특징이 있다. 이 같은 특징은 사회적 기본재화가 사회 구성원으로 살아가는 합리적 개인들이 자신들의 인생 계획이 무엇이든지 간에 자신들이 원하는 것을 얻기 위한 수단으로서 원하는 재화이기 때문이다. 롤즈의 사회적 기본재화는 건강과 정력, 지력 등의 자연적 재화와 구분된다. 이는 사회적 기본재화가 사회 기본구조에 의해 직접 영향을 받는 사회의 협력적 구성원으로서의 시민이라는 정치적 관점에서 필수적이며 사회를 통해 분배될 수 있는 객관적 성격 또한 갖고 있기 때문이다. 이런 특징으로 인해, 롤즈는 『공정으로서의 정의: 재서술』에서 자신이 태도로서의 자존감 개념과 사회적 기본재화로서의 자존감의 사회적 토대를 『정의론』에서 명확하게 구분하지 못했었다고 고백하며 사회적 기본재화는 자존감이 아닌 자존감의 사회적 토대라고 명시한다.

롤즈는 자신의 정의론이 다양한 사회 구성원이 갖는 심리 상태와 가치를 통해 지지될 수 있음을 보이고자 한다. 이 중 하나가 자유와 자존감에 대한 논의이다. 롤즈 정의론의 토대가 되는 다양한 개념 중 하나는 자유가 어떤 가치보다 우선한다는 자유의 우선성 개념이다. 롤즈에게 자유는 사회적 기본재화로서 모든 사회 구성원이 더 많이 갖기를 바라는 가치이지만 동시에 다른 어떤 가치보다도 우선하고 양보될 수 없는 가치이다. 이러한 자유의 우선성은 사회 구성원의 가장 고차원적인 이해관심이 자유라는 논변에 근거를 둔다. 롤즈논의에서 인간은 자신의 인생을 계획하고 구성하며 추진하는 존재인데, 이와 같은 논의는 자유를 전제로 한다. 롤즈는 또한 자유의 우선성을 자존감 논의를 통해 정당화하고자 한다. 자존감이 없다면 어떤 것도 할 만한 가치가 없어 보일 것이며, 또 어떤 것이 우리에게 가치가 있다고 하더라도 그것을 추구할 의지를 상실할 것이라고 말한다. 롤즈에 따르면 자존감은 대단히 중요해서 원초적 입장의 합의 당사자들은 어떠한 희생을 치르더라도 자존감을 침해하는 사회적 조건을 피하길 바랄 것으로 전망한다. 이렇게 중요한 자존감이 확보될 수있도록 보장하는 가치가 바로 자유이다. 사회 구성원은 평등하게 분배된 자유로 인해 사회에서 동일한 공적 지위를 갖게 될 것이며, 이를바탕으로 많은 자유로운 공동체에서 충실하고 다양한 내적 생활을 해나갈 수 있어 자존감을 충족할 수 있다.

롤즈의 자존감 논의와 관련해서 언급되는 중요한 가치는 사회에 대한 관점이다. 롤즈는 자존감이 자신이 속한 공동체에 있는 다른구성원의 판단에 의해 영향을 받는다는 견해를 밝히고 있다. 만약 사회 구성원이 자유롭게 자신이 원하는 결사체를 구성할 수 없다면 자존감을 형성하고 고양할 수 없을 것이라고 보았기 때문이다. 롤즈는개인의 가치관에 따라 형성된 공동체들이 상호 연합하여 통합된 하나의 사회를 구성한다는 사회관을 갖고 있다. 또한 인간은 서로를 필

『정의론』과 대화를 시작하기 전에

요로 하며 적극적인 협력에 따른 사회적 연합을 통해서만 완전해질 수 있다는 사회성을 전제하고 있다. 따라서 사회적 연합체들의 사회적 연합social union of social unions에 해당하는 질서 정연한 사회에는 정의로운 제도가 잘 운용됨으로써 사회의 모든 구성원은 공동의 궁극 목표를 갖게 되며 그러한 제도적 형태는 그 자체로서 하나의 좋음으로 평가된다고 보았다. 이상에서 살펴본 것처럼 롤즈의 정의론은 사회를 전제하며 그러한 사회에서 사람들의 정의감이 고양된다고 주장한다. 이런 측면에서 보면 롤즈의 논의는 사회에 대한 관점을 토대로 두어야만 성립할 수 있는 논의라고 할 수 있다.

롤즈 정의론의 토대가 되는 또 다른 가치는 정의감이다. 롤즈의 정의론은 도덕적 가치가 비도덕적 가치로부터 도출되는 것으로 보이지만, 곰곰이 생각해 본다면 합의 당사자들이 합의 과정에 들어가는 근본적 이유와 무지의 베일을 벗은 사회 구성원이 가상 상황인 원초적 입장에서 합의된 내용을 준수하는 근본적 이유는 사회 구성원이 정의감을 갖고 있기 때문이다. 사회 구성원은 이미 어느 정도의 정의감을 가지고 있어서 합의된 내용을 수용할 수 있다고 볼 수 있다. 그렇다면 사회 구성원은 비록 높은 수준은 아닐지라도 어떻게 이런 정의감을 갖는가라는 의심이 생길 수 있다. 롤즈는 이런 의심을 도덕 심리학moral psychology을 통해 대응한다. 사회 구성원은 어느 정도 시간이 지나면 사람들의 합당성, 특히 정의감이 성장하는데 이러한 도덕 심리학적 사실은 정의로운 체제가 갖는 본질적이면서도 장기적인 경향이라고 롤즈는 주장한다. 이러한 경향성은 롤즈의 인간관과 관련이 있다. 롤즈에 따르면 인간은 두 가지 도덕적 능력을 갖추고 있는데, 하나는 가치관에 대한 것이고 다른 하나는 정의감에 대한 것이다. 가치관에 해당하는 합리성은 어떤 것이 자신의 삶에 더 부합하는지를 숙고하고 판단하는 방식으로 나타난다. 이러한 합리성의 능력은 사회 제도를 통해서 더 많은 정보를 습득하고 더 많은 경험을 통해서 점차 증진된다. 정의감 자체는 적어도 두 가지 방식으로 나타난다. 첫째로 정의감은 우리에게 적용되고 우리와 우리의 동료가 이득을 보게 되는 정의로운 체제를 우리가 받아들이게끔 해 준다. 따라서 비록 특정한 유대감으로 우리가 이득을 보게 되는 사람들과 결속되어 있지 않더라도 의무와 책무를 이행하지 못할 경우에는 죄책감을 느끼게 된다. 둘째로 정의감은 정의로운 체제를 설립하고 정의가 요구할 경우 현 제도에 대한 개혁을 위하여 일하고자 하는 각오나 적어도 반대하지는 않을 각오가 생겨나게 한다. 이러한 정의감은 정의로운 사회 제도와 개인의 도덕성의 긴밀한 상호 작용을 전제하는 도덕 심리학을 통해 발달한다. 롤즈는 나이가 어린 사회 구성원들이 자라나면서 정의감을 점차 습득한다고 여기기 때문이다. 개인은 먼저 가정을 통해 권위에 의한 도덕을 습득하고 이후에 공동체에 의한 도덕을, 그리고 원리에 의한 도덕을 습득해 나간다. 우리는 사회 제도의 원리가 우리의 가치관을 증진한다는 것을 인식하면 그 사회 제도의 원리를 받아들이고 그에 따라 행동하려는 욕구를 가지며, 그로 인해 정의감이 성장하기 때문이다.

『정의론』과의 본격적인 대화를 시작하며

이 책은 롤즈 『정의론』의 '안'과 '밖'을 두루 살피면서 이론과 현실 사이의 대화를 이어 주는 가교 역할을 하고자 한다. 여기서 '안'이라는 의미는 롤즈 『정의론』의 내적 논의와 출간 이후 지난 반세기 동안 진행된 이론적인 논쟁과 고찰을 반영한다는 의미이며, '밖'이라는 의미는 고전인 『정의론』이 21세기 현대 한국 사회라는 맥락과 어떻게 대화할 수 있느냐는 문제의식을 담고 있다는 의미이다. 이 책은 '안'과 '밖'의 관점을 체계적으로 담고자 현대 한국 사회의 문제와 관련된 윤리적 주제인 대학 입시와 교육, 기후변화와 환경, 갑질과 자존감, 부동산과 주거, 세월호와 국가, 여성주의와 가족 등에서 제기되는 자유와 공공성, 교육, 기후변화, 경제적 불평등과 기본소득, 가족 등의 문제의식을 기존 논쟁 속에 담았다. 이러한 내용을 『정의론』의 구성인 원칙론―제도론―목적론의 체계적 논의에 맞춰 정리한다. 이 책에서 다루는 여덟 가지 주제는 정의로운 한국 사회로 나아가기 위해 우선적으로 다뤄져야 할 시급한 주제라고 필자가 판단한 것들이다. 이제 『정의론』에 대한 기본 이해를 바탕으로, 21세기 한국 사회에서 주목해야 할 8가지 물음을 『정의론』과 대화하며 풀어가 보자.

1부

정의의 원칙, 공정으로서의 정의

『정의론』의 정의의 원칙인 공정으로서의 정의justice as fairness는 제1원칙인 자유의 원칙, 제2원칙인 공정한 기회균등의 원칙과 차등 원칙, 제2원칙의 조건으로서의 정의로운 저축의 원칙으로 이루어져 있다. 이 책의 제1부에서는 이들 원칙이 21세기 한국 사회의 문제들에 어떻게 적용 가능한지를 검토하고자, 필자가 한국 사회에서 시급하게 대응되어야 할 문제라고 생각하는 교육, 경제적 불평등, 기후변화 문제를 다룬다. 『정의론』과의 대화를 통해 공정으로서의 정의가 추구하는 민주주의적 평등을 실현하는 교육은 무엇인지, 경제적 불평등을 해소할 기본소득을 어떻게 정당화할 수 있을지, 세대 간 정의를 통해 어떻게 기후 정의를 추구할 수 있을지를 모색하고자 한다.

66

1장

교육

민주주의적
평등을
실현하는가?

99

* 이 장의 내용은 목광수(2020)를 바탕으로 이 책의 목적에 맞게 수정 및 보완한 것이다.

한국 사회에서의
교육 정의 논의

\# 2018년 대학입시에서 수학능력시험(수능)과 학생부종합전형(학종)의 비율과 관련한 사회적 논란을 해소하고 해결책을 도모하기 위해 시민이 참여하는 대입제도개편 공론화위원회가 구성되었다. 2018년의 공론화 과정에서 수능 정시 확대와 수능 상대평가를 주장한 1안이 52.5%, 전형 선발 비율은 대학 자율에 맡기고 수능 절대평가를 실시해야 한다는 2안, 즉 학종의 유지를 옹호하는 안이 48.1%의 지지도를 보여 공론화위원회의 최종 발표문에서는 두 안 사이에 통계적으로 유의미한 차이가 없다고 명시했다. 그러나 2018년 8월 대통령 직속 국가교육회의는 수능 상대평가를 유지하면서 수능 정시 30% 확대 안을 채택하여 정부가 공론화 결과와 무관하게 정책을 결정했다는 논란에 휘말렸다. 이러한 수능 정시 확대에 대한 정부의 입장은 2019년 조국 법무부 장관 후보자의 청문회 과정에서 제기된 자녀의 학종에 대한 논란으로 더욱 강화되고, 2019년 10월 대통령의 예산안 시정연설에서 정시 확대를 언급하면서 확정되었다.

\# 2019년 조국 민정 수석의 법무부 장관 내정으로 인사 검증을 하는 과정에서 자녀의 진학과 교육과정에 부모의 혜택이 있었던 것이 아니나는 법직·사회적 논란이 있었다. 법적 논란은 차치하고라도 평소 개혁과 진보를 주창해 온 조국 법무부 장관의 공정한 교육에 대한 신념에 어긋나는 것이 아닌가라는 비판이 젊은 세대와 학생들을 중심으로 제기되었다. 이런 공정성 논란에 대해 조국 법무부 장관은 청문회가 열리기로 예정되었던 9월 2일 기자 간담회 모두 발언을 통해 논란으로 상처를 입은 젊은 세대와 학생들에게 사과했다.

≡≡≡ 한국 사회에서의 교육과 공정성 문제

한국 사회에서 교육은 온 국민의 관심이 집중되는 특별한 의미를 지닌다. "개천에서 용 난다"는 표현에서 알 수 있는 것처럼 한국 사회에는 교육이 개인의 인생을 바꿀 기회, 즉 신분 상승의 특권 premium/privilege을 제공한다는 사회적 믿음이 깔려 있기 때문이다. 이로 인해 더 좋은 교육을 받으려는 사교육 열풍이 이는 등 과도한 교육열이 사회 문제로 부각되고 교육의 한 부분에 불과한 입시, 특히 대학 입학시험을 두고 사회적 논란이 끊이지 않고 있다. 예를 들어, 2018년에 4개월 동안 진행된 공론화 과정, 즉 수시 전형인 학생부종합전형과 정시 전형인 수능시험의 반영 비율을 결정하고자 구성된 심의 민주주의deliberative democracy 과정에서도 결정을 내리지 못할 정도였다.* 그러나 문재인 정부는 과거 정부에서 공교육이 붕괴하는 현

---

* 한국 학계에서는 deliberative democracy를 '심의 민주주의', '토의 민주주의', '숙의 민주주의' 등으로 다양하게 번역한다. 이 글은 언급한 공론화 과정이 개인적 차원의 단순한 숙고가 아닌 사회 구성원들 사이의 숙고를 바탕으로 한 토론이라는 특성을 강조하기 위해 이 글은 심의 민주주의라는 번역어를 선택했다. 공론화 과정이

실을 막기 위해 도입한 입학사정관제와 이를 계승한 학생부종합전형에 제기되는 공정성fairness 시비로 인해 학생부종합전형의 반영 비율을 낮추기로 결정했다. 교육과 입시에서 공정성은 대단히 중요한 요소이다. 그런데 여기서 말하는 공정성이란 무엇인가? 공정성 논란이 제기될 때마다 학문적으로 빈번하게 언급되는 논의는 롤즈의 정의론이다.** 이는 롤즈가 자신의 정의론을 공정으로서의 정의justice as fairness라고 명명하여 공정성의 중요성을 강조하기 때문인데, 롤즈의 공정성 개념을 활용하여 제시되는 한국 사회에서의 교육 정책 논의가 롤즈의 논의를 제대로 반영하고 있는지는 의문이다. 사실 롤즈의 논의를 교육에 적용하는 과정에서 체계적이고 종합적인 적용이 아니라 공정한 기회균등fair equality of opportunity 원칙이나 공정성 개념에만 국한하여 제시하는 경우가 많기 때문이다. 아래에서 논증하겠지만, 교육에 대한 롤즈의 입장을 종합적으로 논의하지 않고 부분에만 국한할 경우 롤즈 논의는 왜곡될 가능성이 다분하며 더 나아가서 롤즈

심의 민주주의로 볼 수 있는가라는 논쟁의 여지가 있지만, 공론화가 심의 민주주의를 지향했다는 점은 분명하다.

** 롤즈의 정의론을 교육에 적용한 논의를 몇 가지만 소개하면 다음과 같다. 허병기는 교육의 영역에 롤즈의 공정으로서의 정의를 적용하는 교육정의의 원칙을 제시한다 (허병기 2014:206). 유한길은 롤즈의 정의론을 교육정책, 특히 고교 평준화와 특목고 정책에 적용하여 어떤 정책이 정의로운지를 검토한다(유한길 2017). 이광현 등은 롤즈의 공정성 개념을 학생부종합전형에 적용하여 공정성을 검토하려고 한다 (이광현, 안선회, 이수정 2019).

1장 교육: 민주주의적 평등을 실현하는가?

가 명시적으로 거부하는 실력주의 사회meritocratic society를 롤즈의 목표라고 오해할 수 있다.*

롤즈는 교육 자체를 『정의론』에서 주도적으로 논의하지는 않는다. 그러나 롤즈 정의론에서 교육의 역할은 결코 작지 않다. 롤즈가 정의론이 구현되는 사회 체제로 제시하는 재산소유 민주주의property-owning democracy에서 교육의 역할이 지대함을 명시하고 있기 때문이다. 롤즈는 『정의론』 개정판 서문에서 만일 자신이 『정의론』을 다시 쓴다면 "원초적 입장으로부터 정의의 두 가지 원칙을 도출하는 논변을 제시하는 방식"과 "복지국가라는 관념과 재산소유 민주주의라는 관

---

* 한국 학계에서는 meritocracy를 '업적주의', '실력주의', '성과주의', '능력주의' 등으로 번역하거나 영어 발음인 '메리토크라시'를 그대로 사용한다. 이 단어를 처음 사용한 영국의 사회학자 영Michael Young이 실력merit을 지능과 노력의 결합으로 정의하면서 긍정적 측면과 부정적 측면을 모두 자신의 저서 *The Rise of the Meritocracy*(1958)에서 표현하는데, 이 글이 다루는 한국 사회의 교육 맥락에서는 긍정적 측면보다 후천적 노력의 의미를 강조하면서 나타나는 부정적 측면이 많아서 이를 잘 포착한다고 생각하는 '실력주의'를 번역어로 사용한다. 한국에서 빈번하게 사용되는 번역어 '능력주의'는 meritocracy의 긍정적 측면과 부정적 측면을 모두 담고 있어서 한국 사회 문제를 포착하기에는 부적절해 보인다. 영은 1994년 판본 서문에서 롤즈가 실력주의의 부정적 측면을 잘 포착했고 이를 차등 원칙을 통해 대응하려 한다고 언급한다(마이클 영 2000:19-20). 영은 혈통이나 신분과 같은 계급이 아닌 오로지 실력에 따라 부와 권력, 명예와 같은 사회적 재화가 분배되는 사회를 실력주의 사회라고 한다. 이러한 실력주의는 다양한 계층에 평등과 기회를 제공할 것이라고 약속했지만 실제로는 계급 사이의 갈등과 분열을 조장하여 불평등과 배제를 초래했다(Markovits 2019:ix). 본문에서 살펴볼 실력주의 사회는 기회균등이라는 자유주의의 가치를 토대로 하고 있어 자유주의 논의들이 지지하는

넘을 더욱 예리하게 구분하는 것"(Rawls 1999a:xiv)을 그 전과 다른 방식으로 다루고 싶다고 밝혔다. 그는 "재산소유 민주주의는 각 시기의 마지막에 적게 가진 사람들에게 소득을 재분배함으로써가 아니라, 말하자면 각 시기의 시작에서 생산 자산과 인간 자본(교육된 능력과 훈련된 기예)의 광범위한 소유를 보장함으로써 소수가 경제 및 간접적으로는 정치적 삶 자체를 통제하는 것을 피한다. 이 모든 것은 평등한 기본 자유와 공정한 기회균등을 배경으로 하여 이루어진다"(Rawls 1999a:xv 필자 강조)라는 점을 언급하며 복지국가와 재산소유 민주주의를 구분한다. 롤즈의 이러한 언급은 공정으로서의 정의, 특히 공정한 기회균등 원칙이 구현되는 교육 제도를 통해 재산소유 민주주의가 형성됨을 보여 준다. 그렇다면 롤즈의 공정한 기회균등과 교육의

목표일 수 있지만, 롤즈는 『정의론』 17절에서 실력주의 사회를 명시적으로 거부한다(Rawls 1999a:91-92). 실력주의는 도덕적으로 정당화될 수 없는 우연성에 토대를 두기 때문이다. 실력주의 사회의 도래는 자본주의와 신자유주의 발흥과 관련된다는 분석이 지배적인데, 장은주는 한국 사회에서 실력주의, 즉 메리토크라시의 발흥이 유교 문화와 관련되어 있다고 분석하면서 메리토크라시가 사회적 지배체제로 특권화되는 현상을 크렙토크라시kleptocracy(도적 지배 체제)라고 주장한다(장은주 2011:86). 이러한 장은주의 분석은 실력주의가 한국 사회에서 갖는 위치와 오해가 자유주의뿐만 아니라 전통문화인 유교주의와도 관련된 뿌리 깊은 논의임을 추측하게 한다. 비슷한 맥락에서 엄기호는 『특권』 해제에서 한국 사회는 특권층이 자신의 신분이 부여한 혜택을 출신이 아닌 '시험'을 통해 정당화되었다는 실력주의 신화를 재생산해 오고 있다고 분석한다(셰이머스 라만 칸 2019:386) 이 글은 이러한 실력주의에 대한 신화, 그리고 자유주의 가치에 입각한 실력주의 이해가 롤즈의 교육에 대한 논의를 한국 사회에서 오해하게 만든 심리적 기제라고 생각한다.

관계는 무엇인가? 또한 롤즈의 공정한 기회균등을 따른다면 교육은 어떻게 구현되어야 하는가? 롤즈의 논의에서 교육은 다른 원칙과 어떻게 관계를 맺는가? 이 글은 이와 같은 물음에 따라 롤즈의 정의론이 말하는 교육에서의 공정성 실현이 무엇이며, 그리고 정의론의 공정성 논의가 교육에 어떻게 기여할 수 있는지를 검토하고자 한다. 롤즈 교육론에 입각한 이러한 논의가 한국 사회에서 교육이 어떤 방향으로 공정성을 확보해야 하는지에 대한 이정표가 되길 기대한다.

━━━ 롤즈의 민주주의적 평등과 교육

　　본 절은 다음과 같은 물음을 기반으로 한다. 공정으로서의 정의라는 관점에서 교육을 어떻게 이해할 것인가? 특히 사회적 · 경제적 불평등과 관련된 제2원칙은 교육과 관련하여 어떻게 이해해야 롤즈의 정신에 부합하는 것일까? 본 절은 이러한 물음에 대한 답을 모색하기 위해 먼저 롤즈의 공정성 개념을 검토하고, 공정성이 구현되는 제2원칙의 민주주의적 평등과 교육의 관계를 논의하고자 한다.

1. 롤즈의 공정성 개념과 교육

　　롤즈는 자신의 정의론을 공정으로서의 정의라고 명명한다. 응분의 몫desert은 역사적으로 분배 정의에서 중요한 기준이었으며, 응분의 몫에 입각한 정의는 개인이 마땅히 받아야 할 것을 의미한다. 응분의 몫은 특정 주체의 특성에서 생긴 물건이나 지위에 대한 자격을 뜻하는데, 이러한 자격은 개인의 재능과 역량으로 한정된다(이양수 2015:157). 롤즈는 사회적 기본재화를 분배하는 기존 방식인 도덕적 응분의 몫moral desert 방식을 비판하고 정의는 절차적 공정성에 입각한 합당한 기대치legitimate expectation에 근거해야 한다고 주장한다.* 롤즈의 관점에서 볼 때 기존의 분배 방식인 도덕적 응분의 몫은 도덕적으로 임의적arbitrary인 사회적 우연성과 자연적 우연성에 근거한 방식이어서 정당화될 수 없기 때문이다(Rawls 1999a:276). 이런 의미에서 합당한 기대치는 본래적 가치intrinsic value가 아니다. 합당한 기대치는 공정한 절차와 규칙을 통해 정당성을 확보한 사회 기본구조에 따라 분배된 것에 대한 권리라는 점에서 사회 의존적인 가치이기 때문이다.

분배 정의에서 도덕적 응분의 몫을 부정하고 합당한 기대치를 옹호하는 롤즈의 정의론은 자연적·사회적 우연성으로부터의 공정성 확보를 중시한다. 롤즈는 "더 큰 천부적 재능과 그 발달을 가능하게 하는 우월한 성격을 가진 사람이 다른 사람의 이익에 기여하지

---

* 롤즈가 응분의 몫desert 일반에 대해 거부한다는 비판은 오해이다. 롤즈는 응분의 몫보다 더 좁은 의미에 해당하는 도덕적 덕성virtue의 정도에 의해 결정되는 도덕적 응분의 몫moral desert을 거부하는 것이지 응분의 몫 자체를 거부하는 것은 아니다(Mandle 2015:202). 일상에서 어떤 경기에서 승리했을 때 승리에 대한 응분의 몫이 있다고 말하는 것처럼 넓은 의미의 응분의 몫은 롤즈가 옹호하는 합당한 기대치, 즉 어떤 공정한 절차와 규칙에 따라 정당성을 확보하는 성취와 유사한 의미이다.

1장 교육: 민주주의적 평등을 실현하는가?

않는 방식으로 더 많은 이익을 얻도록 하는 협동 체제에 대해 권리를 갖는 것은 옳지 못하다. 우리가 사회에서 우리의 최초 출발 위치에 대해 응분의 몫을 갖는 것이 아니듯이, 천부적 자질의 배분에서 우리의 위치에 대해 역시 응분의 몫을 갖는 것은 아니다"라고 말한다(Rawls 1999a:89). 따라서 롤즈는 이러한 우연성이 도덕적 가치를 가질 수 없다는 숙고된 판단 아래, 이런 우연성을 줄이거나 제거하는 것이 공정성을 확보하는 것이라고 주장한다. 한국 사회는 좋은 집안이나 가문의 영향력과 같은 사회적 우연성에 대해서는 민감하면서도 개인이 갖는 자연적 우연성, 예를 들면 머리가 좋다거나 똑똑하다는 등의 재능에 대해서는 관대하다. 더욱이 개인의 노력에 대해서는 노력한 사람이 노력의 대가를 받는 것이 마땅하다는 정당성, 즉 도덕적 응분의 몫을 부여하려고까지 한다. 이런 경향성으로 인해 교육 혜택, 다시 말해 교육을 통해 자신의 능력과 재능이 계발되어 자아실현을 도달하는 혜택이 이후 권력이나 경제적 혜택으로 전이되는 것을 자연스럽게 인정한다.* 그러나 롤즈는 이러한 노력에 대해서도 도덕적 응분의 몫이 아니라고 주장한다. 롤즈에 따르면, "능력을 갈고닦게 하는 우리

---

* 이 장의 57쪽 각주 *에서 언급한 것처럼 한국 사회에서의 이러한 경향성은 자유주의와 유교주의의 영향뿐만 아니라 '시험'을 통하면 정당하다는 신화의 재생산과 관련된다. 이러한 경향성은 한국 사회뿐만 아니라 서구 사회에서도 일반적인 것으로 보인다. 칸Shamus Rahman Kahn은 미국 명문 고등학교에서의 현장 연구를 통해, 자신의 혈통과 신분 자체에 대한 특권 의식entitlement에 사로잡힌 귀족주의와 과거 엘리트주의가 사라지고 민주주의적 개방성과 교육을 매개로 한 실력주의의 발흥으

의 우수한 특성이 우리의 몫이라는 생각 역시 문제가 있다. 이와 같은 특성은 대부분 자신의 공로라고 주장할 수 없는 어린 시절의 운 좋은 가정과 사회적 여건에 달려 있기 때문이다. 응분의 몫 개념은 여기에 해당하지 않는다"(Rawls 1999a:89). 예를 들어, 공부할 분위기가 갖춰진 가정에서 자란 아이와 그렇지 않은 가정에서 어린 시절을 보낸 아이는 공부에 대한 태도와 습관, 노력하려는 자세에서 상당한 차이가 있다. 가정환경이 학생의 자기학습량과 학업성적에 지대한 영향을 미친다는 경험연구는 이를 뒷받침한다(손진희, 김안국 2006:256-259). 롤즈는 "도덕적 응분의 몫을 보상하는 데 직관적으로 가까워 보이는 규칙은 노력에 따른 분배, 아마도 더 나은 표현으로 양심적인 노력에 따른 분배이다. 그러나 재차 말하지만, 한 개인이 자발적으로 행하는 노력도 타고난 능력, 숙련된 기술, 그가 선택할 수 있는 대안에 영향을 받은 것으로 보인다"라고 강조하여 노력이 우연성과 관련 깊음을 강조한다(Rawls 1999a:274). 더욱이 롤즈에 따르면, 사회적 우연성과

로 인해 새로운 엘리트층이 부상하고 있으며, 이들은 자신들의 성취가 노력에 대한 정당한 보상이라는 특권privilege을 체화와 편안함을 통해 자연화한다고 분석한다(세이머스 라만 칸 2019:358, 377-382). 비슷한 맥락에서 피케티Thomas Piketty는 교육을 통한 학문적 노력과 능력을 맹신하는 새로운 엘리트를 "브라만 좌파"로 명명하며 이러한 실력주의의 문제를 분석한다(토마스 피케티 2020:815-819). 새로운 엘리트들은 자신들의 업적이 정당하다고 생각하기에 특권 의식을 고집하는 과거 엘리트들을 경멸할 뿐만 아니라 성취를 이루지 못한 사람들에 대해 노골적인 경멸을 드러내고 자존감을 훼손하게 하는 차별주의 태도로 새로운 민주주의적 불평등을 심화한다.

자연적 우연성은 상호 연결되어 다른 우연성에 영향을 끼친다. 이런 연결성으로 인해 자연적 우연성이나 사회적 우연성 하나만을 극복하려는 시도는 불안정하다(Rawls 1999a:64).

롤즈의 자연적·사회적 우연성에 대한 일반적 입장에는 상당한 공감대가 이루어지지만, 롤즈의 노력에 대한 입장에 대해서는 적지 않는 비판이 제기된다. 주동률은 "노력의 분배 관련성을 인정한다면 최대한 그것에 따른 분배와 보상을 시도하면서 최대한 노력의 외적 지표/대응물proxy을 찾아서 노력에 따른 보상을 실시한 이후에, 혹은 노력의 판단이 완전히 불가능한 지점에서 평등이나 최소수혜자 우선적 분배를 시도하는 것이 분배정의론의 마땅한 노선이다"라고 주장하며 "롤즈는 원칙적 측면에서 이러한 노력이 최소한 분배적 관련성을 갖는다는 점을 인정할 듯하다"라고 분석한다(주동률 2012:50-52). 그런데 이러한 주장과 분석은 롤즈의 『정의론』의 문헌적 지지를 받지 못하는 외재적 비판에 해당한다.* 뒤에서 검토하겠

---

* 롤즈도 노력이 분배적 관련성을 갖는다고 인정하는 것으로 보인다고 주장하는 주동률이 문헌적 근거로 제시하는 문장은 앞 단락에서 인용한 문장 가운데 일부인 "도덕적 응분을 보상하는 데 직관적으로 가까워 보이는 규칙은 노력에 따른 분배, 아마도 더 나은 표현으로 양심적인 노력에 따른 분배이다"이다(Rawls 1999a: 274). 그러나 앞 단락의 인용문에서 확인할 수 있는 것처럼 롤즈는 이 문장 바로 다음에 노력도 우연적임을 명시한다. 이 글은 롤즈의 노력에 대한 외재적 비판 자체가 논의할 가치가 있음을 인정하지만, 이 글의 목적과는 거리가 있을 뿐만 아니라 이 글의 지면상 제약으로 다루지 않는다.

지만, 교육과 관련해서 노력을 어떻게 규정할 수 있을지에 대한 검토가 중요한 이유는 롤즈의 논의에서 노력이 우연성이 아니라 개인의 책임에 의해 주어진 것이라면 노력의 대가인 부나 권력이 응당한 몫으로 도덕적 정당성을 획득하게 되기 때문이다. 한국 사회에서 자신의 노력으로 공부를 잘하여 획득한 부는 정당하다고 여기는 배경에는 이러한 논리가 작동한다. 한국 사회에서 실력주의는 노력의 대가가 도덕적 응분의 몫이라는 공평성 개념과 결합하여 정당화되는 분위기이다. 그래서 사회적·경제적 불평등을 비판하는 사람들조차 노력의 대가에 대해서는 인정해야 한다는 생각에 형식적 차원의 기회 균등만을 추구하려고 한다.** 그런데 롤즈는 자신의 공정성 개념을 통해 노력이 도덕적 응분의 몫이라는 개념을 비판하며 실력주의 사회를 『정의론』에서 거부하고 있다(Rawls 1999a:91-92).

이상의 논의에서 확인했듯이, 롤즈의 공정성 개념에 따르면 교육과 관련된 재능이 있거나 이를 발휘하는 노력도 우연성과 관련된 것이어서 도덕적 응분의 몫이라고 볼 수 없다. 그러나 이러한 이해가

** 한국 사회에서 이런 생각은, 누구나 노력하면 성취할 수 있다는 실력주의의 약속에 대한 믿음을 반영한다. 그러나 최근 들어 노력이 성취를 약속하지 않는다는 경험과 생각이 드러나면서 실력주의에 대한 의심이 부분적으로 제기되고 있다(조한혜정, 엄기호 외 2016; 하완 2018). 그러나 이러한 논의마저도 노력이 성취를 약속하는 사회에 대한 열망을 부분적으로 담고 있다. 이런 입장은 실력주의 자체를 거부하기보다는 실력주의의 부작용을 교정하려는 대응으로 나아갈 수 있는데, 롤즈의 입장은 이런 입장과 다르다.

개인의 노력으로 나온 산출물에 대해 개인이 정당한 권리를 가질 수 없다고 말하는 것은 아니다.* 도덕적 응분의 몫과 합당한 기대치가 구분되기 때문이다. 앞으로 보겠지만, 롤즈는 개인의 노력에 의한 산출물이 정의로운 사회 기본구조에 의해서, 즉 공정한 기회균등 원칙과 차등 원칙이 결합하여 이루어지는 민주주의적 평등에 만족한다면 합당한 기대치에 해당하여 정당하다는 입장이다.

2. 롤즈의 제2원칙에 대한 해석 논의

롤즈는 원초적 입장에서 합의 당사자들이 자신들의 우연성에 대해 무지한 상태에서 합의한 최초의 원칙은 가설적인 것으로 다음과 같은 일반적 정의관이라고 언급한다. "첫째, 각자는 다른 사람의 유사한 자유의 체계와 양립할 수 있는 평등한 기본적 자유의 가장 광범위한 체계에 대하여 평등한 권리를 가져야 한다. 둘째, 사회적 · 경제적 불평등은 다음과 같은 두 가지 조건을 충족하도록, 즉 (a) 모든 사람의 이익이 되리라는 것이 합당하게 기대되고, (b) 모든 사람에게 개방된 직위와 직책이 결부되게끔 편성되어야 한다"(Rawls

---

* 맨들은 어떤 것에 대해 응분의 몫이 있다고 주장하려면 그러한 주장의 근거가 응분의 몫에 해당해야 하나, 노력에 대한 논증에 따르면 어떤 것도 응분의 몫이 있다고 할 수 없으니 아무것도 응분의 몫으로 정당화될 수 없다는 것으로 롤즈를 이해하는 논의가 많은데, 이것은 오해라고 주장한다(Mandle 2015:203). 롤즈는 더 우월한 우연성을 가진 사람들이 차등 원칙이 허용하는 것보다 더 큰 이익을 향유하는 것이 응분의 몫이라고 주장하는 것을 반대하는 입장이기 때문이다.

정의론과 대화하기

1999a:53). 롤즈는 이러한 최초의 정식은 애매한 구절들이 있어서 보다 정확하게 규정될 필요가 있다고 언급하면서 특히 제2원칙의 "모두에게 이익이 됨"이라는 구절과 "평등하게 개방됨"이라는 구절의 의미를 해석하고 [표 1-1]과 같이 정리하여 비교한다(Rawls 1999a:57).

		모두에게 이익이 됨	
		효율성 원칙	차등 원칙
평등하게 개방됨	재능 있으면 출세	자연적 자유 체제 (natural liberty)	자연적 귀족 체제 (natural aristocracy)
	공정한 기회균등	자유주의적 평등 체제 (liberal equality)	민주주의적 평등 체제 (democratic equality)

[표 1-1] 제2원칙의 해석과 네 가지 사회 체제

롤즈는 두 개의 애매한 구절이 해석될 수 있는 내용을 조합하여 네 가지 체제, 즉 자연적 귀족 체제, 자연적 자유 체제, 자유주의적 평등 체제, 민주주의적 평등 체제를 비교한다. 이러한 네 가지 체제를 교육과 연결하여 해석해 보면 교육이 역사 속에서 어떻게 진보적으로 변천해 왔는지를 볼 수 있으며 앞으로 어떤 방향으로 나아가야 하는지를 전망할 수 있다.** 자연적 귀족 체제는 형식적 기회균등

** 조경원은 역사적으로 교육 기회균등은 자연적 자유 체제에서 자유주의적 평등 체제로 변화되어 왔다고 언급한다(조경원 1991:121). 이 글은 이러한 설명 방식을 다른 체제로 확장한 것이다. 비슷한 맥락에서 롤즈는 자연적 자유 체제, 자유주의적 평등 체제, 민주주의적 평등 체제의 순서가 직관적이라고 언급한다(Rawls 1999a:57).

이라는 이상이 요구하는 사회적 우연성을 규제하기 위한 노력은 이루어지지 않지만, 귀족에게는 귀족의 의무가 있다는 사회적 관념으로 인해 귀족의 이익은 사회의 다른 구성원의 이익을 증진하기 위해 제한된다. 자연적 귀족 체제에서의 교육은 형식적으로는 모두에게 개방되어 있지만, 실질적으로는 천부적 재능이나 능력과 상관없이 혈통적 우연성을 기반으로 하는 특정 계급인 귀족에게만 한정되어 이루어진다. 그런데 롤즈에 따르면 이러한 교육은 불공정하다. 롤즈는 천부적 능력의 계발에 대해 아리스토텔레스적 원칙Aristotelian principle을 전제하고 있어서 모든 사회 구성원이 자신의 능력과 재능을 계발할 수 있어야 한다고 주장하기 때문이다(Rawls 1999a:374). 다른 조건이 같다면 인간은 자신의 능력, 즉 그들의 천부적이거나 습득된 능력이 현실화되어 행사되는 것을 즐거워하며, 이러한 즐거움은 그러한 능력이 실현됨에 따라, 그리고 그 복잡성이 커짐에 따라 더욱 증가한다는 것이 아리스토텔레스적 원칙이다. 롤즈는 아리스토텔레스적 원칙을 자아실현self-realization의 원동력이 되는 동기 유발의 원칙에 해당하는 심리적인 자연적 사실로 이해한다(Rawls 1999a:378). 이런 이해에서 볼 때 자아실현을 위한 계기를 다른 사회 구성원에게 평등하게 제공하지 않는 자연적 귀족 체제는 부정의한 체제라고 할 수 있다.

자연적 자유 체제는 사회 기본구조가 자유 시장 논리에 입각한 효율성을 추구할 뿐만 아니라 재능이 있으면 출세할 수 있다는 형식적 기회균등의 개방된 사회 체제에 해당한다. 이러한 자연적 자유 체제는 사회적·자연적 우연성의 영향을 크게 받는다. 따라서 자연적 자유 체제에서의 현존하는 소득과 부의 분배는 자연적 우연성인 천부적 재능이나 능력의 선행적 분배가 사회적 여건과 행운이나 불행 등의 우연적 변수들에 의해 계발되거나 실현되어 누적된 결과에 해당한다. 자연적 자유 체제에서의 교육은 자연적 귀족 체제에서와 마찬가지로 형식적이지만 균등하게 교육 기회가 주어진다. 이는 귀족제와 같은 신분제가 없으므로 실질적으로는 소수의 귀족에게만 제한되었던 자연적 귀족 체제보다는 더 많은 사람들에게 교육 기회가 주어질 가능성이 크다는 점에서 진보한 것으로 보인다. 그러나 자연적 자유 체제에서의 교육은 능력에 따라 자신의 능력을 계발할 기회가 모두에게 주어지는 반면, 이에 대한 비용은 개인이 부담하기 때문에 실질적으로 교육의 기회는 비용을 부담할 수 있는 사람들에게만 한정된다. 롤즈의 공정성 관점에서 볼 때 이러한 체제는 불공정하다. 자연적 자유 체제는 도덕적으로 자의적인 자연적·사회적 우연성에 의해 사회 기본구조가 설정되어 교육의 기회가 경제적 여건에 따라 실질적으로 제한되기 때문이다. 더욱이 이 체제에서의 교육은 이러한 우연성의 누적 결과를 고착하고 심화하여 불공정에 기여한다.

자유주의적 평등 체제는 재능이 있으면 출세할 수 있다는 조건에 공정한 기회균등이라는 조건을 추가하여 자연적 자유 체제가 갖는 형식적 차원의 기회균등을 극복하고자 한다. 자유주의적 평등 체제에서 교육은 유사한 능력과 재능을 가진 사람들이 유사한 인생의 기회를 가질 수 있도록 교육 기회에 대한 비용을 사회가 지불하여 실질적 기회균등을 도모한다. "평등하게 개방됨"이라는 구절을 "공정한 기회균등"으로 해석하는 자유주의적 평등 체제에서는 실질적 기회균등을 도모하기 때문에, 공립이든 사립이든 학교 제도는 계급의 장벽을 철폐하도록 기획된다(Rawls 1999a:63). 즉 사회 기본구조는 가정의 경제적 능력과 상관없이 자신의 천부적 능력에 따른 교육을 받을 수 있도록 사립이든 공립이든 교육 지원을 해야 한다. 예를 들어, 가난한 가정의 자녀도 자신의 뛰어난 재능과 능력을 계발하기 위해 비싼 수업료를 지불해야 하는 사립학교에서 배울 기회가 사회적 지원 아래 이루어져야 한다. 자연적 자유 체제가 자연적·사회적 우연성에 의해 강한 영향을 받았다면, 자유주의적 평등 체제는 사회적 우연성의 영향력을 약화하거나 제거하도록 기획된다. 그런데 이러한 자유주의적 평등 체제는 자유 시장 논리에 토대를 둔 효율성 원칙과 결합한 체제여서 여전히 자연적 우연성에 의한 경제적·사회적 불평등을 야기한다. 예를 들어, 자유주의적 평등 체제에서는 가난한 집안에서 태어났지만, 천부적 지능과 능력이 뛰어난 사람은 사회에서 제공되는 교육 기회를 통해 교육 혜택을 향유하게 되고 이를 자유 시장 체계에서 발휘하여 소득과 부를 획득할 수 있다. 그런데 롤즈의 공정성 관점에서 볼 때, 이렇게 부자가 된 사람은 여전히 도덕적으로 정당화될 수 없는 임의적 요소에 불과한 자연적 우연성, 즉 천부적 지능과 재능으로 인해 혜택을 누리고 있다는 점에서 불공정하다. 이는 앞에서 검토했던 것처럼 이러한 재능을 계발하려는 노력조차 우연적 요소에 상당한 정도로 영향을 받기 때문이다. 이런 의미에서 롤즈는 공정한 기회균등이 그 자체로는 불완전하다는 사실을 인정한다(Rawls

1999a:64). 자유주의적 평등 체제는 자연적 우연성의 영향력을 저지하는 데 무기력할 뿐만 아니라, 앞 절에서도 언급했던 우연성들 사이의 영향력 때문에 자연적 우연성이 사회적 우연성에도 영향을 끼쳐 공정성 훼손을 도모하기 때문이다.

민주주의적 평등 체제는 공정한 기회균등과 차등 원칙의 결합으로 이루어진다. 롤즈의 공정한 기회균등 원칙은 다른 원칙들과의 체계적 관련성 속에서 이해해야 한다(Freeman 2007:94). 롤즈는 개인의 자연적 능력을 제거하는 것은 원천적으로 불가능할 뿐만 아니라 인위적인 제거 그 자체가 옳지 않다고 본다. 따라서 롤즈는 공정한 기회균등이 공정으로서의 정의를 실현하기 위해서는 자연적 우연성에 의해 산출되는 이익의 차등을 효율적으로 조정하는 방식, 즉 차등 원칙에 의한 조정이 필수적이라고 생각한다. 이것이 민주주의적 평등이다. 자유주의 평등 체제가 공정한 기회균등을 통해 사회적 우연성 감소에 지대한 공헌을 했음에도 불구하고 자연적 우연성에는 무기력한 체제였다면, 민주주의적 평등 체제는 자유주의 평등 체제가 허용한 자연적 우연성 또한 극복하려는 시도이다. 즉 공정한 기회균등은 절차적 공정성만을 추구할 수밖에 없기에 결과적으로는 자연적 우연성으로 인해 불공정을 산출할 수밖에 없는데, 민주주의적 평등 체제는 이러한 불공정을 완화하거나 극복하기 위해 차등 원칙을 적용한다. 차등 원칙은 사회적 · 경제적 불평등이 최소수혜자the least advantaged에게 이익이 될 경우에만 정당화된다는 원칙이다. 차등 원칙에 의해 합당성을 확보한 최소수혜자의 이익은 사회 구성원 사이의 연쇄 관계와 긴밀한 관련성으로 인해 사회 전체 구성원에게 혜택으로 돌아 간다. 민주주의적 평등 체제에서의 교육은 직접적으로는 공정한 기회균등과 관련되며 차등 원칙은 공정한 기회균등 내에서 교육이 초래하는 사회적 · 경제적 불평등 완화와 관련된다. 즉 롤즈의 제2원칙은 교육 혜택을 허용하면서도 교육 혜택이 경제적 혜택과 사회적 혜택으로 과도하게 전이되어 부정의를 초래하지 못하게 하는 방식으로 실력주의 사회를 거부하고 공정한 사회를 추구한다.

　　현재 한국 사회의 교육은 사회적 우연성을 완화하기 위한 노력을 부분적으로 기울이고 있지만 여전히 불충분하며, 특히 사교육이나 특목고 등에서 나타나는 소득 수준과 교육기회의 상관성에 주목해 본다면 자연적 자유 체제에서 자유주의적 평등 체제로의 전환 과정에서 정체된 형국이라고 볼 수 있다. 교육부와 통계청이 2020년 3월 11일에 발표한 '2019년 초중고 사교육비 조사' 결과에 따르면 고소득층일수록 사교육비 지출 및 참여율이 높았으며, 자사고 · 특목고 진학을 희망할수록 사교육비 지출이 많았다. 특히 2007년부터 2019년까지 기간의 소득과 사교육비의 관계를 분석해 볼 때, 고소득층일수록 더 많은 사교육비를 지출했다는 사실을 알 수 있다. 이는 유사한 능력을 갖춘 사람도 가정 형편이 좋지 못하면 더 높은 수준의 교육을 받지 못한다는 점에서 실질적인 차원에서 공정한 기회균등이 이루어지지 않았으며, 결국 이러한 교육 혜택의 차이가 사회적 · 경제적 불평등으로 나타나는 자유 시장 논리의 효율성에 영향을 받는다는 사실을 시사한다. 이렇게 볼 때, 한국 사회에서의 교육은 롤즈가 경계했던 실력주의 사회에 일정 부분 기여하고 있다고 할 수 있다. 더욱이 한국 사회의 교육 지향점이 과거 체제보다는 진일보했냐고 평가되지만 그러한 진일보가 자유주의적 평등 체제, 즉 출신 대학을 따지는 학벌이 아니라고 하더라도 스펙을 따지는 식의 학력에 근거한 사회라면, 롤즈는 한국 사회가 자신이 부정의하다고 비판한 실력주의 사회를 지향한다는 점에서 비판할 것이다.

≡≡≡ 롤즈의 제2원칙과 교육의 공정성

앞에서는 롤즈의 공정성과 민주주의적 평등이 교육과 어떻게 관련되는지를 검토했다. 본 절은 롤즈의 제2원칙인 공정한 기회균등 원칙, 차등 원칙의 성격과 특성에 대한 논의를 통해, 이러한 원칙이 구체적으로 교육의 공정성을 위해 어떻게 적용되는지를 검토하고자 한다.

1. 공정한 기회균등 원칙과 교육

공정한 기회균등 원칙은 차등 원칙과 결합하여 민주주의적 평등을 이룬다. 알렉산더Larry Alexander는 공정한 기회균등 원칙을 잊힌 원칙이라고 비판하고 폄하하지만, 공정한 기회균등 원칙이 없다면 롤즈의 공정으로서의 정의는 이루어질 수 없다(Alexander 1985:197). 공정한 기회균등 원칙은 차등 원칙의 토대이며 자유 원칙을 구체화하는 방식인 동시에 조건이기 때문이다. 더욱이 공정한 기회균등 원칙은 교육과 관련해서 매우 중요한 역할을 한다. 공정한 기회균등 원칙은 비록『정의론』에서 논의된 빈도수가 상대적으로 적다고 하더라도 적어도 교육과 관련해서는 두 가지 측면에서 정의론에 기여한다 (Freeman 2007:91-92). 첫째, 공정한 기회균등 원칙은 자존감 고양에 기여한다. 이는 자유롭고 평등한 시민으로서의 평등한 지위equal status 를 보장하기 위한 제1원칙과 마찬가지이다. 롤즈는 자존감에 대해 다음과 같이 강조한다.

> "자존감이 없다면 어떤 것도 할 만한 가치worth가 없어 보이며, 또한 어떤 것이 우리에게 가치value가 있더라도 그것들을 추구할 의지를 상실하게 된다. 모든 욕망과 활동은 공허하고 헛된 것이 될 것이며, 우리는 무감각하고 냉소적인 상태에 빠지게 될 것이다. 따라서 원초적 입장의 당사자들은 어떤 희생을 치르더라도 자존감을 침해하는 사회적 조건들을 피하길 바랄 것이다"(Rawls 1999a:386).

롤즈에 따르면, 자존감이 상실되면 파괴적 감정인 시기심의 경향성이 강화되어 사회의 정의와 공정성이 훼손되기 쉽다. 이런 측면에서 롤즈는, 공정으로서의 정의가 다른 어떤 정치 이론보다도 자존감을 한층 확고하게 지지해 준다고 주장한다(Rawls 1999a:470). 자존감은 사회의 공적 영역의 토대를 마련하는 정의의 제1원칙인 평등한 자유의 원칙과도 관련되기 때문이다. 또한 공정한 기회균등뿐만 아니라 물질적 재화의 최소치를 보장하면서도 경제적 인센티브의 심리적 경향성을 충족하는 차등 원칙과도 관련된다. 특히 공정한 기회균등 원칙은 사회 구성원이 자신의 인종, 성별, 종교, 가정 형편 등으로 인해 사회에서 배제되는 현상을 방지함으로써 사회 구성원의 존엄성을 보존하여 자존감의 사회적 토대 마련에 기여한다. 예를 들어, 공정한 기회균등 원칙은 자존감의 사회적 토대를 구성하는 의미 있는 일 meaningful work을 할 기회나 권력, 교육 등을 분배한다. 공정한 기회균등 원칙에 입각한 교육은 자존감을 고양하고 궁극적으로는 평등하고 자유로운 시민으로서의 지위를 보장하는 데 기여한다.

둘째, 공정한 기회균등은 자아실현the realization of self에 기여한다. 롤즈는 공정한 기회균등을 갖지 못한 사회 구성원은 "어떤 직책이 주는 외적 보상으로부터 제외되었다는 것뿐만 아니라 사회적 의무를 유능하고 헌신적으로 수행하는 데서 오는 자아실현의 경험을 저지당하게 된다. 그들은 인간적인 좋음의 주요 형태 중 하나를 박탈당한 것이다"라고 분석한다(Rawls 1999a:73). 여기서 말하는 인간적인 좋음의 주요 형태 중 하나가 아리스토텔레스적 원칙이다. 앞 절에서 언급했던 것처럼, 롤즈는 사회 구성원 각자가 자신의 능력과 재능을 충분히 계발하는 것이 바람직하다는 아리스토텔레스적 원칙을 전제한다. 따라서 롤즈의 공정한 기회균등 원칙은 교육을 통해 인간 각자가 갖는 잠재력을 발굴하는 것, 즉 탁월성을 획득하는 것을 목표로 한다. 롤즈는 탁월성이 인간 발전의 조건으로 그 자체가 좋음에 해당하며 자존감의 조건들과 관련된다고 기술한다(Rawls 1999a:389). 따라서 자아실현에 대한 기여는 자존감에 대한 공정한 기회균등의 기여와도 관련된다. 자존감은 자기 자신에 대한 가치감과 계획을 실현할 수 있다는 자신의 능력에 대한 자신감을 의미한다. 롤즈는 자신의 가치에 대한 확신은 개인의 타고나거나 교육된 능력이 더욱 복잡하고 세련된 방법으로 실현되고 조직되었을 때 더 커진다고 말한다. 이러한 언급은 롤즈가 자아실현을 자존감과의 관련성 속에서 바라보고 있음을 보여 준다. 롤즈는 "천부적인 재능의 분배를 가정할 때, 동일한 수준의 재능과 능력, 그리고 이러한 자질을 이용하려는 동일한 수준의 의욕을 가진 사람들이 자신들의 출신 사회계급, 즉 그들이 태어나서 성인이 될 때까지 성장하는 계급과 관계없이 동일한 성공의 전망을 가져야" 하는 것이 공정한 기회라고 언급하여 자아실현을 위한 교육을 강조한다(Rawls 2001:44).

공정한 기회균등이 사회 구성원의 자존감과 자아실현에 기여한다고 할 때, 롤즈의 교육은 자존감 보장을 위한 최소한의 교육 성취를 목표로 하는 보편 교육을 지지하는 입장, 그리고 재능과 능력의 다양성과 탁월성을 인정하는 특별 교육을 지지하는 입장이 공존할 것으로 보인다. 즉 롤즈에게는 공정한 기회균등 원칙이 교육에 적용될 때, 적어도 교육은 모든 사회 구성원에게 평등한 사회적 지위를 확보할 수 있는 기본 수준의 보편 교육을 제공할 뿐만 아니라 각자의 재능과 능력을 계발하는 데 필요한 특별 교육, 즉 탁월성인 수월성 excellency 교육의 기회 또한 제공해야 한다. 보편적으로 제공되는 기본

교육은 사회계급과 인종 등으로부터 발생하는 부정적 영향력을 감소시키는 하나의 방식으로 자존감의 사회적 토대를 제공해 줄 뿐만 아니라 민주주의적 숙고능력 형성을 위한 민주주의적 최소치democratic threshold와 관련된 최소한의 교육 성취 수준에 도달할 수 있도록 최소치충족sufficiency을 위한 사회적 기본재화 분배와 관련된다(Daniels 2003:250). 특히 불우한 자연적 우연성, 즉 교육의 재능과 능력이 낮은 학생에게는 더 많은 교육 재화를 투여하여 그들의 자존감이 함양되고 민주주의 시민으로서의 자질을 함양하는 최소치충족 방식으로 교육이 이루어져야 한다. 아울러 자유롭고 효과적이며 의무적인 기본교육은 천부적 능력과 재능, 그리고 사회적 여건의 차이가 숙련도의 불평등으로 나타나는 정도를 감소시키는 방식에 기여해야 한다(Van Paris 2003:221). 이런 점에서 공정한 기회균등 원칙은 교육에 대한 함의를 통해 그리고 인종과 계급의 부정적 효과를 극복하기 위해 기획된 어린 시절의 교육을 통해 사회적·경제적 불평등 감소에 기여한다(Daniel 2003:261).

　　동시에 롤즈는 아리스토텔레스적 원칙에 따라 각자의 재능을 충분히 계발할 수 있도록 사회 제도가 구축되어야 한다고 주장한다. 공정한 기회균등 원칙이 실현되기 위해서는 동등한 능력과 재능이 있다면 사회적 여건에 의한 차별, 예를 들면 가정 형편으로 기회를 갖는 못하는 부당한 차별이 없어야 한다(Rawls 1999a:63). 이를 위해서 사회 구성원은 자신의 능력을 실현하기 위해 필요한 교육 기회를 사회로부터 제공받아야 한다.* 이런 의미에서 고려한다면, "교육의 좋음은 이런 제도 아래서는 불평등하게 분배된다"라고 볼 수 있다(Nagel 2002:127). 롤즈의 공정한 기회균등 원칙은 교육과 관련해 공립학교뿐만 아니라 사립학교도 이러한 제공 대상이 될 수 있음을 명시하고 있기 때문이다(Rawls 1999a:65). 그런데 공정한 기회균등 원칙은 이런 과정에서 자연적 우연성으로 인한 격차를 더 벌릴 수 있다. 롤즈에게 자신의 자연적 우연성을 계발하는 것, 즉 자아를 실현하는 것은 그 자체로 가치 있고 의미 있는 일이기 때문이다. 이러한 입장에 대해 교육과 관련된 능력이 높은 사람, 즉 자연적 우연성에서 유리한 위치에 있는 사람에게 더 많은 재화를 공적으로 투여한다는 것이 공정하냐는 반론이 제기될 수 있다. 공정한 기회균등 원칙은 선천적으로 더 재능 있는 사람에게 더 많은 교육 혜택을 줌으로써 불평등을 조장할 수 있다는 반론, 실력주의를 초래한다는 반론이 있을 수 있다(Arneson 1999:85-86). 아너슨Richard Arneson은 롤즈의 공정한 기회균등 원칙이 실력주의를 초래한다고 비판하면서, 천부적 능력이 있는 사람이 더 큰 보상을 받는 것과 능력에 맞는 지위를 부여받는 것 모두를 실력주

---

* 롤즈의 공정한 기회균등 원칙이 소수자 우대 정책affirmative action과 관련될 것으로 생각하기 쉽다. 롤즈의 공정한 기회균등 원칙이 출생에 의한 기회 제한을 거부하고 세습 귀족 사회를 거부하려는 평등의 가치와 정신에 입각해 있다는 점에서 이런 생각은 일견 그럴듯하다. 그러나 롤즈의 공정한 기회균등 논의는 민주주의 자유 사회의 시민이라는 관점에서 개인을 중심으로 평등의 가치를 실현하려는 원칙이며, 이런 점에서 집단을 대상으로 제시되는 소수자 우대 정책과는 상이한 측면이 있다(Freeman 2007:90-91).

의로 규정한다. 이에 대해 린드블롬Lars Lindblom은 실력주의 규정의 앞부분은 롤즈가 차등 원칙을 통해 대응하고 있고, 뒷부분은 그 자체가 실력주의로 보기 어렵다고 대응한다(Lindblom 2018:245-247).

공정한 기회균등 원칙에 입각한 교육이 불평등을 조장한다는 반론은 공정한 기회균등 원칙을 보상 제도로 오해하는 데서 기인한 것으로 보인다. 그래서 공정한 기회균등 원칙은 재능 있고 우연성이 좋은 사람과 그러지 못한 사람이 경쟁할 수 있게 하기 위해 전자의 교육을 제한하려는 원칙으로 오해한 듯하다(Freeman 2007:93-94).**

** 김효빈은 롤즈의 정의론을 통해 교육 기회균등을 조망하면서 "정부의 이런 식의 정책은 … 오히려 잘하고 있는 아이들을 더욱 챙기고 있는 것이다 … 롤즈의 정의론이 지금 우리 한국의 교육현장에 줄 수 있는 교훈은 … 잘하는 사람은 알아서 내버려 둬도 잘하는 것이므로 정부는 못하는 사람을 우선적으로 챙겨야 되는 것이다"라고 주장하는데, 이러한 해석은 롤즈의 공정한 기회균등 원칙의 일면만을 강조하는 것으로 보인다(김효빈 2011:135). 이러한 롤즈의 공정한 기회균등 원칙에 대한 부분적 오해는 역설적이게도 롤즈가 거부하는 실력주의 사회를 옹호할 수 있다. 김효빈은 논문의 마지막 단락에서 "개천에서 용 나는 사회가 다시 되었으면 좋겠다고 희망하는 바"라고 명시하여 실력주의 사회를 옹호한다(김효빈 2011:136). 비슷한 맥락에서 문재인 대통령은 2019년 새해 기자회견에서 "개천에서 용 나오는 사회를 만들겠다"라고 말한다. 이러한 입장은 학벌에 토대를 둔 실력주의가 아닌 학력에 토대를 둔 실력주의여서 진일보한 것으로 볼 수 있지만, 이러한 신일보한 실력주의조차 롤즈의 정의론이 추구하는 민주주의적 평등이 아닌 자유주의적 평등 체제에 불과하다. 더욱이 롤즈의 정의론에서 볼 때 학력에 토대를 둔 실력주의 또한 도덕적으로 정당화될 수 없으며, 앞에서 언급한 것처럼 실력주의의 승자들이 패자들에 대해 노골적인 경멸을 드러내고 자존감을 훼손하게 하는 차별주의 태도로 더욱 심각한 민주주의적 불평등을 초래한다.

1장 교육: 민주주의적 평등을 실현하는가?

공정한 기회균등 원칙은 능력이 있는 사람이든 그렇지 않은 사람이든 자신의 재능을 실현하는 것에 초점을 맞춘다. 교육과 관련해서 롤즈가 우선적으로 생각하는 부정의인 불공정함은 자신의 능력을 사회적 여건으로 인해 계발할 기회를 얻지 못하는 것이다. 따라서 자연적 우연성에서 유리한 사람에게 더 많은 재화를 투여하는 것은 공정성을 훼손하지 않는다. 이러한 공적 재화 투여가 자연적 우연성에 토대를 둔 교육 혜택에서 더 많은 격차를 나타낼 수 있겠지만, 롤즈는 이러한 격차 자체가 문제라고 생각하지 않는다. 다만 이러한 격차가 교육에 머물지 않고 사회적·경제적 특권으로 전이되어 불평등을 야기한다면 부정의하다는 것이 롤즈의 입장이다. 예를 들어, 교육을 통해 더 많은 교육을 받은 사람이 그러한 많은 교육이 필요한 직업을 갖는 것 자체는 문제가 아닐 수 있지만, 그러한 직업을 통해 지나치게 큰 경제적 혜택을 독점하고 사회적 권력을 갖는 것은 부정의할 수 있는 것이다. 따라서 롤즈의 민주주의적 평등은 공정한 기회균등 원칙의 이러한 부수 효과side-effect를 차등 원칙을 통해 교정하고자 한다.

2. 차등 원칙과 교육

롤즈의 정의 원칙들은 개별적이 아니라 상호 연결되어 함께 작동해야만 효과를 낼 수 있으며 그 함의를 제대로 이해할 수 있다. 롤즈는 이를 위해 원칙들 사이에 서열을 두었으며, 제2원칙의 경우는 세부적인 두 가지 원칙을 함께 묶어서 표현하고 있다. 공정한 기회균등 원칙은 차등 원칙을 보충하며, 차등 원칙은 앞 절에서 제기된 반론과 같은 공정한 기회균등 원칙의 부수 효과에 대응한다. 롤즈에 따르면, 공정한 기회균등 원칙은 사회 협력체계가 순수 절차적 정의의 체제이도록 보장하는 역할을 한다(Rawls 1999a:76). 따라서 공정한 기회균등 원칙이 충족되지 못하면, 차등 원칙은 작동할 수 없다. 이러한 이유로 롤즈는 공정한 기회균등 원칙이 차등 원칙보다 우선한다고 주장한다. 만약 공정한 기회균등 원칙을 차등 원칙과 연결하여 이해하지 않으면, 앞 절에서 공정한 기회균등 원칙이 교육에 적용되어 나타나는 모습은 롤즈가 경계했던 실력주의 사회일 수 있다. 한국 사회에서 능력 있는 사람들이 다른 사회 구성원에 대한 고려 없이 자신들이 경제적 혜택을 많이 향유하는 것이 당연하다고 주장하는 것, 공부 잘하는 아이들이 좋은 대학에 가서 좋은 직장을 얻어 부를 독점하는 것은 부당하지 않다고 주장하는 것 등이 실력주의 사회의 모습이다. 롤즈는 이러한 실력주의 사회를 차등 원칙을 통해 극복하고자 한다. 예를 들어, 차등 원칙은 사회에서의 세금 체제뿐만 아니라 월급과 임금 구조 통제를 통해 정의로운 사회를 구현하고자 한다(Lindblom 2018:242).

앞 절에서 제기된 반론은 공정한 기회균등 원칙이 실력주의 사회를 초래할 수 있다는 것이다. 공정한 기회균등 원칙은 교육 혜택을 인정하여 천부적으로 능력과 재능을 가진 사람의 자아실현을 위해 교육의 기회를 제공하기 때문이다. 이와 관련하여 네이글Thomas Nagel은 공정한 기회를 제공하여 이로 인해 사회적 불평등이 나타난다면 그것은 불평등한 것이 아니라고 주장한다(Nagel 2002:127). 자유주의 정치철학이 개인의 선택, 노력, 책임을 강조하면서 강한 의미의 실력주의 사회를 이상화하기 때문이다(이양수 2015:152). 더욱이 기회균등은 이를 정당화하는 핵심적 이념이다. 이런 입장에서는 각자의 재능과 역량은 당연히 포상받아야 할 도덕적 응분의 몫에 해당한다. 도덕적 응분의 몫 개념에 입각한 실력주의 사회는 특정 주체의 재능, 역량, 노력으로 얻어 낸 것을 자신의 것으로 인정하는 권한과 자격이 강조된다(이양수 2015:158).* 반면 롤즈는 자연적 자유 체제나 자유주의적 평등 체제가 초래할 수 있는 실력주의 사회를 경계한다. 앞 절에서 검토한 것처럼, 롤즈의 공정성 개념에 따르면 천부적 재능이나 능력, 심지어 노력조차도 도덕적 관점에서 임의적이며 자의적이어서 도덕적 응분의 몫에 해당하지 않기 때문이다.

롤즈는 『정의론』 17절에서 차등 원칙의 특징을 세 가지로 제시하는데, 이러한 특징은 교육 혜택이 사회적·경제적 혜택으로 과도하게 전이되어 부정의를 초래하지 못하게 한다. 롤즈에 따르면 차등 원칙은 보상redress의 원칙이 추구하는 정신을 담고 있다. 보상의

---

* 롤즈가 거부하는 것은 도덕적 자격인 도덕적 응분의 몫에 따른 보상 체계, 즉 형식적 기회균등을 통해 자기 소유를 정당화하는 실력주의 사회일 뿐, 개인의 선택과 책임, 노력과 능력의 차이가 자기 실력에 기반을 둔다는 점은 인정한다. 즉 롤즈는 능력의 차이가 사회적 보상을 통해 정당화되지 않기 때문에 실력을 인정하면서도 불평등을 산출하지 않는 정의로운 사회를 추구한다(이양수 2015:173). 이러한 측면은 이 장의 54쪽 각주 *에서 기회와 평등을 보장한다는 실력주의의 약속과 관련된다.

원칙은 정당화될 수 없는 자연적·사회적 우연성으로 인한 사회적·경제적 불평등은 부당하고 이러한 불평등은 어떤 식으로든 보상되어야 한다는 의미이다. 앞 절에서 검토한 것처럼 교육 혜택을 누릴 수 있는 조건인 천부적 재능이나 능력은 자연적 우연성에 해당하고, 이를 계발하려는 노력도 상당한 정도로 우연성에 영향을 받는다. 따라서 차등 원칙은 보상의 원칙 정신을 따라 이러한 우연성이 사회적·경제적 불평등을 초래하지 않게 교육 혜택이 경제적 특권으로 전이되는 것을 제한할 것이다. 또한 차등 원칙은 상호성reciprocity을 추구한다. 롤즈의 정의론은 유리한 여건에 있든 불리한 여건에 있든 사회 구성원은 사회협동체로서의 사회 협력 과정에 참여함으로써 모두가 이익을 공유할 수 있다는 사회관에 토대를 두고 있다. 교육 혜택이 경제적·사회적 특권으로 전이되는 사회는 사회 협력체계를 유지할 수 없기 때문에 차등 원칙은 상호성을 추구하는 사회적 협력이 가능한 정도에서의 경제적·사회적 불평등만을 허용할 것이다. 마지막으로 차등 원칙은 박애fraternity 정신을 담고 있다. 롤즈에 따르면 박애는 복종과 굴종의 방식 없이 다양한 공공적 관습에서 나타나는 사회적 존중감social esteem을 어느 정도 동등하게 갖는 것이며, 시민적 우애와 사회적 연대감도 의미한다. 차등 원칙은, 우리가 더 못한 처지에 있는 타인에게 이익이 되지 않는다면 보다 큰 이익을 가질 것을 원하지 않는다는 의미에서 박애 정신을 담고 있다. 차등 원칙은 그것이 담고 있는 보상, 상호성, 박애 정신으로 인해 사회가 불운한 사람들이 경쟁에서 뒤처지도록 내버려 두는 식의 실력주의 사회로 가지 않게 한다고 롤즈는 주장한다. 이러한 정신을 담고 있기에 차등 원칙은 최소수혜자에게 조금의 이익이 있는 것만으로 심각한 경제적 불평등을 용인하는 것이 아니라, 최소수혜자를 포함한 사회 구성원 전체의 자존감이 유지될 수 있을 정도에 해당하는 적정 수준 이상의 경제적 수준을 유지하게 하는 기능을 담당할 것이다.

　　실력주의 사회로 나아가지 않게 하는 롤즈 정의론의 성격은 교육과 관련해서 공정한 기회균등 원칙이 차등 원칙보다 우선성을 가진다는 입장에서 잘 나타난다(Freeman 2007: 92-93). 우선성을 가진다는 의미는 첫째, 공정한 기회균등 원칙으로 인해 차등 원칙이 허용하는 불평등 수준을 제한한다는 것을 의미한다. 앞 절에서 언급한 것처럼 공정한 기회균등 원칙은 보편적인 기본 교육을 통해 교육의 최소치를 높여 사회적 · 경제적 불평등 감소에 기여한다. 더욱이 공정한 기회균등 원칙이 차등 원칙보다 우선성을 가지기 때문에 공정한 기회균등을 저해하는 사회적 · 경제적 불평등은 비록 그러한 불평등이 최소수혜자에게 혜택이 된다고 하더라도 허용될 수 없다. 이러한 입장은 능력과 재능이 많은 사람의 교육 기회를 허용함으로써 더 큰 불평등을 야기하지 않는 방식을 의미하는데, 이러한 방식은 교육 혜택이 경제적 혜택으로 과도하게 전이되어 부정의를 초래하지 못하게 하는 방식이다. 공정한 기회균등이 기여하는 자존감 보장과 사회적 지위가 경제적 효용보다 더 중요하기 때문이다. 둘째, 공정한 교육 기회가 최소수혜자의 더 큰 부와 소득을 위해 제한될 수 없다는 것을 의미한다. 만약 차등 원칙이 더 우선성을 갖는다면 교육 기회를 포기하고 경제적 혜택을 누리려고 할 것인데, 이것은 롤즈에 따르면 자아실현의 기회를 박탈하는 것이어서 바람직하지 않다(Freeman 2007:95-96). 더욱이 공정한 기회균등은 사회 구성원의 자존감과 자아실현에 기여하는 중요한 원칙이기 때문에 경제적 혜택에 의해서 양보될 수 없다.

≡≡≡ 민주주의 평등을 위한 교육을 향하여

롤즈의 민주주의적 평등 관점에서 한국 교육을 조망해 본다면, 한국 교육에서 입시와 관련된 논쟁은 롤즈의 입장에서 핵심적인 논란의 대상이 아니다. 사교육 열풍 또한 그 자체로는 문제가 아니다. 오히려 천부적 재능이나 능력이 있는데도 경제적 여건이 마련되지 않아서 더 많은 교육을 받지 못하는 것이 롤즈에게는 부정의 문제일 수 있다. 롤즈는 공정한 기회균등 원칙을 통해 이런 경우가 없도록 사회 기본구조를 조정해야 한다고 주장한다. 이런 문제를 해결하고자 한국 사회는 교육방송EBS이나 장학금 제도 등을 통해 노력하고 있지만 여전히 미흡한 상황이다. 실질적으로 공정한 기회균등 원칙이 실현되기 위해서는 사회적 차원의 정책을 마련하고 지원을 강화하여 자신의 능력을 충분히 발휘할 실질적 교육 기회를 제공해야 한다. 그렇다면 롤즈의 정의론에서 볼 때, 한국 교육에서의 진정한 문제는 대학의 학벌이 가져오는 사회적·경제적 불평등이 사회 최소수혜자에게 혜택이 되지 못하는 사회 기본구조이다. 일부 교육 시민단체가 출신학교 차별금지법을 추진하고 있는데, 이것이 차등 원칙의 구체적인 전략의 하나가 될 수 있을 것이다. 여기에 덧붙여, 최저임금을 높이고 기본소득을 제공하는 방식, 그리고 직업군들 사이의 소득 격차를 낮추는 방식 등도 교육의 민주주의적 평등을 실현하려는 구체적인 전략이 될 것이다.

롤즈 정의론에 따르면, 중요한 것은 개인이 갖는 재능과 능력을 사회 제도에 기여하게 하는 사회 협력체계를 만드는 것이다. 한국 사회는 교육 영역의 공정성을 실현하기 위해 대입 제도를 통해 학교 교육에 영향을 미치려는 전략을 구사하고 있다. 그런데 이러한 방식은 개인의 자유 침해, 더 재능 있는 학생에 대한 억압, 하향평준화 levelling down 등의 비판을 받는다. 롤즈는 이러한 전략과 다른 시각에서 교육 문제에 접근하고 있다. 오히려 롤즈는 대입 제도나 대학 서열화, 특목고 등의 재능 있는 학생들이 더 많이 공부하려는 방식, 더 나아가서 사교육을 통해 공부를 더 많이 하려는 방식을 허용할 수 있다고 주장한다. 그러나 이러한 허용은 공정한 기회가 제공될 뿐만 아니라 교육의 혜택이 경제적 혜택으로 전환되지 않게 하는 것, 교육이 사회적 · 경제적 특권이 되지 않게 하는 정책과 함께 제시되어야 한다는 것이 롤즈의 입장이다. 롤즈가 교육과 관련해 꿈꾸는 사회는, 사회 구성원의 평등한 사회적 지위와 자아실현을 도모하기 위한 교육 기회가 충분히 제공되는 동시에 교육의 혜택이 경제적 불평등과 사회적 불평등으로 전이되지 않게 하는 민주주의 평등 체제이다. 이 글에서 다룬 롤즈의 교육 논의가 한국 사회에서 교육이 어떤 방향으로 공정성을 확보해야 하는지에 대한 이정표가 되길 기대한다.

66

2장

차등 원칙

기본소득은
정당화될 수
있는가?

99

* 이 장의 내용은 목광수(2019a)를 바탕으로 이 책의 목적에 맞게 수정 및 보완한 것이다.

한국 사회에서의
기본소득 논의

한국 사회에서 기본소득 논의가 처음 등장한 것은 2000년대 중반이다. 이후 경제 민주화, 경제적 평등, 인공지능 시대로 인한 일자리 부족 등의 사안이 언급될 때마다 기본소득은 효과적인 대안으로 주목받으며 사회적 관심을 불러일으켰다. 한국 사회에서 기본소득은 2016년 성남시의 청년배당, 2019년 경기도의 청년배당과 중앙정부의 아동수당 등의 형태로 부분적으로 시행되었지만, 시행될 때마다 사회적 논란이 적지 않았다. 논란이 여전한 가운데 2020년 코로나19 팬데믹이라는 초유의 재난에 대응하기 위한 방안으로 기본소득이 부상하고 있다. 2020년 4월 몇몇 지자체에서 재난 기본소득이라는 이름으로 시작된 기본소득 정책이 중앙정부 차원으로 확장되었다.

2009년에 창립된 "기본소득한국네트워크"는 한국 사회에서의 기본소득에 대한 학문적ㆍ사회적 논의와 운동을 주도하고 있다. 기본소득 논의는 서구 사회에서도 학문적으로 논의가 활발한데, 『21세기 자본론』의 저자인 피케티Thomas Piketty는 2020년에 발표된 후속 저작 『자본과 이데올로기』에서 기본소득의 일종인 자산 소득을 '사회적 상속' 방안으로 내놓으며 현대 자본주의 병폐의 대안으로 제시하여 기본소득 논의의 지평을 확장하고 있나. 나양한 학문직 논의 기운데 기본소득의 정신은 조금씩 삶이 현장으로 다가오고 있다.

═══ 기본소득의 도덕적 정당성 문제

　　기본소득basic income은 인간의 생존에 필요한 최소 소득이 보장되어야 한다는 기본적인 생각에 토대를 두고 있다.* 이 같은 정신은 역사적으로 자유주의, 평등주의뿐만 아니라 자유지상주의liberatarianism 등 다양한 전통의 학자들에 의해 꾸준히 논의되어 왔지만 사회적 관심이 증폭된 것은 최근의 일이다. 지방 정부 차원에서 실행된 적이 있었던 기본소득 정책이 특수한 여건으로 인해 비록 통과되지는 못했지만 2016년에는 스위스에서 국민투표를 통해 개별 국가 차원에서 논의되기도 했다. 이러한 실질적인 논의가 진행된 데는 현대 기술의 급속한 발전이 영향을 미쳤다. 인공지능artificial intelligence, 이하 AI과 빅데

---

*　이 장에서 말하는 기본소득이란 조건 없이 누구에게나 현금으로 지급되는 무조건적, 보편적 기본소득이라는 일반적 정의를 의미한다(권정임 2016:31). 기본소득 정신을 따르면서도 현금 지급에 대한 염려로 인해 현금이 아닌 현물을 통해 지급하는 것이 도덕적일 뿐만 아니라 실질적인 효과가 있다는 주장이 있다. 이러한 주장에 비판하면서 현금 분배에 초점을 둔 기본소득이 더욱 현대 사회에 적합하고 정당하다는 주장이 최근 들어 증가하고 있다. 이러한 실례와 정당화 논의에 대해서는 제임스 퍼거슨의 『분배정치의 시대』(2017)를 참조하기 바란다.

이터big data 기술의 발전으로 AI 또는 AI 로봇이 인간의 노동을 대신할 것이라는 사회적 전망의 대응책으로 기본소득이 거론되는 까닭이다. 미국 백악관이 2016년 12월 20일에 발표한 보고서 『인공지능, 자동화 그리고 경제Artificial Intelligence, Automation, and the Economy』는 AI가 노동시장에 미칠 부정적 영향을 우려하고 있다. 예를 들어, 해당 보고서는 자율주행자동차automated vehicle가 등장하면, 220만 명에서 310만 명이 실직 위기에 놓일 것이라고 예측한다. AI와 빅데이터 기술의 발전은 실직 문제뿐만 아니라 소득 격차를 더욱 심화할 것으로 예견된다. 이에 따라 많은 학자가 AI로 인한 실업과 소득 문제, 그리고 소비력 감소로 인한 경제 악화 등에 대한 해결책의 하나로 기본소득을 거론한다. 이들 학자의 의견에 힘입어 세계적으로 기본소득에 대한 관심이 집중되고 있다. 더욱이 2020년 이후 코로나19 팬데믹이라는 위기 상황을 극복하기 위한 방안으로 기본소득이 진지하게 고려되고 있다. 인간의 생존에 필요한 최소 소득 보장이라는 근원적 사고 및 AI와 같은 과학기술의 발전이라는 시대적 여건, 그리고 코로나19 팬데믹이라는 위기 상황 속에서 기본소득의 필요성에 공감하는 사람들조차 기본소득 현실화에 주저하는 이유 중 하나는 기본소득이 도덕적으로 정당화될 수 있겠느냐는 의심 때문이다(다니엘 라벤토스 Daniel Raventos 2016:50). 이러한 의심에는 열심히 일한 사람이 낸 세금을 게으른 사람에게까지 무조건 나눠 준다는 것이 불공정할 뿐만 아니라 노동에 대한 열의를 떨어뜨릴 수 있다는 우려가 담겨 있다. 이와 같은 도덕적 의심에 대해 기본소득 논의가 만족할 만한 답변을 제시하지 못한다면 기본소득이 가져올 사회적·경제적 혜택을 내세우며 그 필요성을 아무리 강조하더라도 관련 정책은 실현되지 못할 것이다. 규범적으로 정당화되지 못한 정책 실행이 가져올 사회적 가치의 붕괴는 그 파급 효과가 크고 장기적이어서 소탐대실 小貪大失에 해당하기 때문이다.

이 장에서는 기본소득의 도덕적 정당화의 토대를 롤즈의 정의론에서 모색하고자 한다. 롤즈의 정의론은 현대의 대표적인 정의관일 뿐만 아니라 기본소득의 정당성에 동의하지 않았다고 해석됨에도 불구하고 기본발상을 바탕으로 기본소득에 대한 정당성을 확보할 수 있다면 기본소득의 도덕적 정당성을 확보하는 데 다른 논의보다 더 효과적일 수 있기 때문이다. 이런 이유 때문인지 그동안 롤즈 정의론을 통해 기본소득을 정당화하려는 시도가 꾸준히 있어 왔다. 그러나 이러한 논의의 대부분은 롤즈 정의론이 기본소득 논의와 양립 가능하다거나 정의론의 일부 내용이 기본소득을 정당화하는 데 효과적이라는 제한적 논의에 불과했다. 더욱이 이러한 논의조차 롤즈 정의론의 토대가 되는 호혜성 또는 상호성reciprocity* 논의와 노동labor 또는 일work과 관련된 사회 협력체계social cooperation 논의, 그리고 여가leisure

---

*   이 장에서는 롤즈의 reciprocity 개념을 호혜성이 아닌 상호성으로 번역하고자 한다. 롤즈 논의에서 reciprocity 개념은 경제적 가치 창출의 의미뿐만 아니라 사회공동체에 대한 참여적 성격도 담고 있기에, 호혜성으로 번역하는 것은 전자의 의미가 지나치게 부각될 여지가 있기 때문이다(조현진 2015).

논의 등에서는 여전히 롤즈의 정의론이 기본소득에 배타적일 수 있음을 회피하거나 묵인해 왔다.** 이 장에서는 이러한 개념을 분석적으로 검토하여 롤즈 정의론의 상호성, 일과 여가 개념에 대한 논의를 통해 롤즈 정의론이 기본소득을 거부한다는 오해를 해소하고자 한다. 또한 이러한 개념을 기반으로 하는 재산소유 민주주의property owning democracy 논의를 통해 볼 때 롤즈 정의론이 기본소득 논의를 정당화하는 효과적인 이론으로 해석될 수 있다고 주장하고자 한다. 해당 논의는 롤즈가 명시하지 않았던 일, 노동, 여가 등의 의미에 대한 체계적 분석을 제시할 뿐만 아니라, 롤즈의 논의가 경제적 가치를 산출하는 활동만을 의미 있는 일로 보아 가사나 돌봄과 같은 비경제적 가치와 관련된 활동을 경시했다는 오해, 그리고 재산소유 민주주의가 경제적 불평등을 조장한다는 오해에 대한 하나의 해명이 될 것이다.

=== 기본소득과 관련된 롤즈『정의론』에서의 혼란과 오해

기본소득과 관련된 롤즈 정의론 논의는 두 가지 이유에서 오해

** 매키넌은 상호성에 입각한 비판이 기본소득을 정당화하는 논의에서 가장 큰 걸림돌이라고 주장한다(McKinnon 2003:153-155). 비슷한 맥락에서 권정임은 "노동 의무에 기초하는 호혜성"에 입각한 기본소득에 대한 롤즈의 반론을 극복하지 않는다면 기본소득론은 이론적 약점을 갖는 것이라고 지적한다(권정임 2016:37).

와 혼란을 초래한다. 첫 번째 이유는 롤즈의 일부 논의를 전체 맥락에서 이해하지 않고 일부 논의의 문구에 집착하여 해석한다는 것이다. 롤즈가 생산적인 일과 구별되는 여가 개념 제시, 여가의 사회적 기본재화social primary goods 포함 가능성, 말리부에서 온종일 파도타기를 즐기는 사람에게 사회의 공적 부조public funds를 제공할 수 없다는 논의 등을 제시한 배경은 정의론에 제기된 특정 비판에 대한 답변과 사회적 기본재화의 확장 가능성 전망이라는 부분적 논의에 불과하다. 답변은 비판에 초점을 맞추고 있어 전체 맥락에서 재검토되어야 하며, 전망은 전체 논의와의 일관성 아래 점검되어야 오해를 줄일 수 있다.

두 번째 이유는 서로 다른 층위에서 이루어지는 개념을 같은 층위에서 연관 지어 이해한다는 것이다. 기본소득과 관련된 롤즈 논의에서 사용되는 개념은 일과 노동, 여가, 상호성, 공적 부조, 파도타기 등이다. 앞의 네 가지 개념이 이론적 층위라면 파도타기는 현상적 층위여서 선행 개념과의 연결은 사회적 여건에 의존적이다. 또한 앞의 네 가지 개념도 서로 다른 층위로 여가 개념은 롤즈 자신도 상세화가 필요하다고 언급할 만큼 정리되지 않은 개념이다(Rawls 1974:654). 따라서 본 절은 이러한 혼란과 오해를 해소하기 위해 전체 맥락에서 논의되는 개념을 재정립하고, 이러한 재정립을 통해 기본소득에서 제기되는 롤즈 논의에 대한 비판이 정당한지를 검토하고자 한다.

1. 롤즈 정의론에서의 상호성과 사회 협력체계 그리고 일과 노동

1) 롤즈 정의론에서의 상호성과 사회 협력체계

롤즈 정의론은 사회 협력체로서의 사회, 즉 상호성에 입각한 사회를 전제한다. 롤즈는 사회 협력체계social cooperation에서 사회 구성원을 "사회 협력적 구성원normal and fully cooperating members of society"이라고 규정하며, 이러한 규정은 "모든 사회 구성원이 기꺼이 일하려고 하며 사회적 삶의 부담을 공유하는 데 각자의 역할을 기꺼이 하려 한다는 것all are willing to work and to do their part in sharing the burdens of social life"을 함축한다고 말한다(Rawls 2001:179).* 이러한 규정은 일하려는 것과 각자의 역할을 하려는 두 부분으로 분석되는데, 이러한 두 부분을 구분된 의미로 볼 것인지 아니면 동일한 의미로 볼 것인지에 따라 기여와 관련된 상호성에 대한 이해가 달라질 수 있다. 만약 이 둘을 구분된 것으로 본다면, 롤즈가 강조하는 상호성 개념은 경제적 가치에만 한정되지 않는다. 앞선 규정의 전자는 경제적 의미로 해석될 수 있지만, 후자는 전자와 구분된다는 의미에서 경제적 의미를 넘어선 사회적 기여로 볼 수 있기 때문이다. 후자의 의미에서는 사회 구성원의 정

---

* 롤즈의 사회 협력체계에 대한 정의가 돌봄care, 장애인, 여성 등의 논의에서 주목하는 주체들을 배제한다는 비판이 있다(Nussbaum 2003:511-514). 이 글은 이러한 비판이 부분적으로 상호성과 일을 경제적 가치와의 관련성에서만 이해하는 입장에 바탕을 두고 있다고 판단하며, 이 글이 해석하는 상호성과 일 개념은 이러한 비판에 효과적으로 대응할 수 있다고 주장한다.

2장 차등 원칙: 기본소득은 정당화될 수 있는가?

치 참여, 입법 준수 등의 다양한 행위를 상호성에 입각한 사회적 기여로 볼 수 있다. 예를 들어, 롤즈는 사회 구성원이 상호 합당하고 정당한 정치적 결정을 내리게 만드는 방법을 상호성의 기준the criterion of reciprocity에서 찾는데, 상호성 기준의 역할에는 입헌민주정체에서의 구성원 사이의 정치적 관계를 시민적 우정civic friendship의 관계로 규정하는 것이 포함된다(Rawls 1993:xliv-xlv, xlix). 프리만Samuel Freeman은 롤즈가 경제적 가치를 창출하는 일하기를 거부하는 것이 공정성의 원리the principle of fairness를 침해한다고 말하기를 거부했던 이유를 들어 사회 구성원이 사회에 기여하는 방식이 다양함을 설명한다(Freeman 2007:23). 즉 임금 노동에 참여하지 않는 사람도 시민으로서의 의무인 선거 참여 등을 통해 사회적 기여를 한다는 것이다. 이러한 해석을 바탕으로 볼 때 롤즈 정의론에서의 상호성은 넓은 의미의 사회적 기여와 관련된다고 해석할 수 있다.

상호성을 넓은 의미의 사회적 기여와 관련해서 해석하는 입장은 롤즈의 상호성을 경제적 기여, 즉 임금 노동과 일과의 관련성에서만 규정하려는 시도와 상충한다. 이러한 시도는 앞에서 언급한 규정에서의 두 부분을 동일한 의미로 해석하는 입장에 토대를 두고 있다. 정태욱은 롤즈의 차등 원칙difference principle이 적용되어 혜택을 볼 수 있는 최소수혜자the least advantaged는 해당 사회에서 생산적인 일에 종사하는 사람들, 즉 상호 협동적인 협력체계의 구성원으로 자격을 갖춘 사람에게만 한정된다고 주장하여 상호성과 임금 노동 또는 일을 동일시한다(정태욱 2016:34). 비슷한 맥락에서 젤레크Almaz Zelleke는

정의론과 대화하기

"일하지 않는 사람은 더 이상 최소수혜자에 포함될 수 없다"라고 주장한다(Zelleke 2005:11). 이러한 해석을 옹호하는 사람들은 롤즈가 임금 노동을 하지 않는 사람을 상호성의 대상인 사회적 최소수혜자로 보지 않는다고 해석할 수 있는 『정의론』 구절에서 근거를 찾는다(홍성우 2013:302). 특히 "임금을 고려하면서 최소수혜자 집단의 기대치를 최대화하는 점에서 사회적 최소치가 결정된다. 양도액(예컨대, 보조적인 소득 급여액의 크기)을 조정함으로써 보다 불리한 사람들의 전망과 (그들의 임금과 양도액의 합계로 측정된 것과 같은) 사회적 기본재화의 지수를 증감함으로써 기대치의 최대화라는 바람직한 결과를 달성할 수 있을 것"이라는 언급은 대표적인 근거 구절이다(Rawls 1999a:252). 그런데 이 구절이 언급된 맥락은 롤즈가 『정의론』의 44절 세대 간 정의에서 제시되는 사회적 최소치에 대한 명시적 기준 설정이 어렵다는 불만족을 인정하면서도 제한적으로 설정하는 구체적 방안 가운데 하나로 괄호 안에 임금과 관련된 부분을 넣은 것이어서, 이 구절이 임금과 최소수혜자 집단 사이의 내적 연관성을 보여 준다는 주장의 근거로 보기는 어렵다. 인용문에서도 언급된 것처럼 최소수혜자는 소득과 부뿐만 아니라 자유, 기회, 자존감의 사회적 토대social bases of self-respect 등을 조합한 사회적 기본재화의 지수index를 통해 결정하는 것이지 기본재화 중 하나인 소득만으로 결정하는 것은 아니기 때문이다.

　상호성을 넓은 의미의 사회적 기여로 보는 사회 협력체계로서의 사회 개념은 인간에 대한 롤즈의 이해와도 맥락을 같이한다. 롤즈는 인간을 서로 결속할 수 있게 하는 상호성을 인간이 갖는 깊은 심리적 사실로 규정한다(Rawls 1999a:433). 또한 롤즈는『정의론』79절 사회적 연합의 관념에서 인간의 사회성sociability을 사소한 것으로 이해해서는 안 된다고 강조한다(Rawls 1999a:458). 롤즈는 사회성을 단지 인간 생활을 위해 필요하다거나 권장하는 방식으로 이해하지 않는다. 그보다는 인간에게는 사실상 공동의 궁극적 목적이 있으며 자신들의 공동 제도와 그 자체로서 좋음이 되는 활동을 귀중하게 여길 뿐만 아니라, 우리 자신을 위해 참여하는 생활 방식 속에서 동반자로서 서로를 필요로 한다고 보았다. 따라서 타인의 성공과 즐거움은 우리 자신의 좋음을 위해 필요하며 상보적인 것으로 이해한다. 이러한 입장에서 롤즈는 인간 공동체community of humankind 개념에 이르며, 이러한 공동체는 세대 간의 공동 기여로도 확장된다(Rawls 1999a:459). 따라서 롤즈는 사람들은 상대방을 필요로 하며, 자신의 능력을 완전히 발휘하는 것, 즉 완성하는 것은 타인과의 적극적인 협동 속에서만 가능하다고 주장한다(Rawls 1999a:460). 이러한 협동이 꼭 임금 노동이나 일일 필요는 없다. 만약 그렇지 않다면 임금 노동에서 배제되는 사람들, 예를 들면 가정주부나 가족을 돌보는 사람 등은 인간으로서의 사회성 자체를 갖지 못한 존재로서 자기실현을 할 수 없는 존재로 전락할 것이기 때문이다.

이상의 논의에서 볼 수 있는 것처럼, 롤즈 논의에서 상호성 개념은 다양한 의미로 해석될 여지가 있으며 넓은 의미의 사회적 기여와 관련된 개념으로 해석하는 것이 롤즈 정의론의 전체적 맥락과 일관성 측면에서 더 적절하다. 상호성을 넓은 의미의 사회적 기여로 보는 사회 협력체계로서의 사회 개념은 롤즈 정의론이 임금 노동 또는 일과 무관한 활동을 하는 사람들을 배제한다는 비판에 효과적으로 대응할 논리적 토대를 마련해 준다.

2) 롤즈 정의론에서의 일과 노동

롤즈에게 일은 상호성을 표현하는 하나의 방식이다. 일 개념은 경제적 가치만을 산출하는 좁은 의미와 경제적 가치뿐만 아니라 다른 사회적 기여를 포함하는 활동을 의미하는 넓은 의미로 구분해 볼 수 있다. 롤즈 논의에서는 일을 임금과 관계된 경제적 활동으로만 규정하려는 시도가 대부분이다. 예를 들어, 쉐이Nien-hê Hsieh는 롤즈 정의론의 일 이론을 정립하면서 일을 가정 밖에서 보상받는 고용과 생산이라고 규정한다(Hsieh 2009:397). 롤즈 정의론의 일 개념을 모두 이런 좁은 의미로 해석해도 큰 무리는 없다. 그러나 이러한 일 개념은 중요한 인간의 활동을 일에서 제외한다는 비판에 직면한다. 예를 들어, 로빈스Ingrid Robeyns는 롤즈 논의가 경제 개념을 시장과 동일시하고 있어서, 돌봄 노동을 진정한 일real work로 간주하지 않으며, 여가 활동의 범주에 포함하고 있다고 비판한다(Robeyns 2012a:168). 이러한 비판에 대응하기 위해서는 롤즈의 일 개념을 경제적 활동뿐만 아니라 사회적 상호기여를 가져오는 비경제적 활동도 포함하는 넓은 의미로 볼 필요가 있다. 이러한 필요성에도 불구하고 롤즈 정의론에서 경제적 보상을 넘어선 사회적 기여를 갖는 활동을 일이라고 명시한

2장 차등 원칙: 기본소득은 정당화될 수 있는가?

구절을 찾기는 어렵다. 다만 롤즈가 정의로운 사회는 경제적으로 높은 수준을 전제하는 것이 아니라고 주장하면서, "사람들이 원하는 것은 타인과의 자유로운 결사를 통해서 의미 있는 일meaningful work을 하는 것"이라는 구절은 경제적 의미의 활동으로 해석할 수도 있지만, 인용문 앞의 내용과 연결해서 이해한다면 경제적 활동을 넘어선 의미로도 볼 여지가 있다(Rawls 1999a:257). 또한 "완전론full theory에서 합리적인 계획은 정의의 원칙에 부합해야 하기 때문에 인간적인 선goods도 유사한 제약을 받게 된다. 사적인 애정과 우애, 의미 있는 일과 사회적 협동, 지식의 추구 및 미적 대상의 형성과 관조 등이 지니는 잘 알려진 가치들은 우리의 합리적인 계획에서 두드러진 것일 뿐만 아니라, 그것들은 대체로 정의가 허용하는 방식으로 달성될 수 있다"라는 구절도 맥락상 두 가지 의미로 해석할 수 있다(Rawls 1999a:373). 이러한 구절은 경제적 보상이 없지만 사회 기여적인 활동도 넓은 의미에서 일로 볼 여지가 있으며, 이렇게 해석하는 것이 변화하는 현대 사회에 더욱 적합하다. 예를 들어, 아직 경제적 가치를 창출하지 못하는 과학 기술 개발이나 예술 활동, 경제적 가치 보상이 없는 가족 사이의 돌봄과 가사 활동, 자원봉사 활동이 사회적 기여가 있음에도 불구하고 일이 아니라고 언급하는 것은 우리의 언어생활에도 맞지 않을 뿐만 아니라 시대착오적으로 보이기 때문이다. 따라서 롤즈의 일 개념은 경제적 활동뿐만 아니라 비경제적 활동도 포함하는 것으로 해석하는 것이 가능하며, 이러한 탄력적 해석이 현대 사회에서는 요청된다. 롤즈 자신도 아이를 출산하여 양육하고 돌보는 가정에서의 재생산적 노동reproductive labor이 사회적으로 필요한 노동이라고 말하고 있다(Rawls 2001:162). 이렇게 롤즈의 일 개념을 탄력적으로 해석한다면, 환경보호운동이나 자원봉사처럼 롤즈 스스로도 사회적으로 필요한 노동이라고 언급하는 각종 무급 노동을 포함한 다양한 행위가 일에 포함될 수 있을 것이다(권정임 2016:60).

롤즈 논의에서 일을 좁게 해석하든, 아니면 넓게 해석하든 롤즈에게 일은 의미 있는 것이어야 한다.* 의미 있는 일이 자존감의 형성에 중요한 사회적 토대가 되기 때문이다. 롤즈는 자존감이 없다면 어떤 것도 할 만한 가치가 없고 추구할 의지가 없어 삶이 공허하고 헛되게 될 것이기에 원초적 입장의 합의 당사자는 어떤 희생을 치르더라도 자존감을 보존하려고 노력할 것이라고 말한다. 롤즈는 이렇게 중요한 자존감을 고양하기 위해 사회적 기본재화에 자존감의 사회적 토대를 포함하지만, 그것의 구체적인 내용은 제시하지 않는다. 그럼에도 불구하고 많은 학자는 의미 있는 일이 자존감의 사회적 토대에 포함된다고 주장한다. 예를 들어, 모리아티Jeffrey Moriarty는 롤즈가 『정치적 자유주의』 서문에서 의미 있는 일과 직업의 기회를 얻지 못하는

---

* "'어떤 일이 의미 있다'는 판단은 개인의 주관석 관심에 의존하지만, 동시에 지기실현과 같은 객관적인 근거에 의존하기도 한다(Hsieh 2012:153). 쉐이는 아리스토텔레스의 원칙, 즉 "인간은 (자신들의 내적 또는 훈련된 능력으로서의) 실현된 가능성을 향유하는데, 이러한 향유는 그러한 가능성이 더 많이 실현되면 실현될수록 또는 그러한 가능성이 더 많이 복잡하면 복잡할수록 증가한다"라는 원칙이 의미 있는 일과 관련된다고 언급한다(Hsieh 2009:406).

2장 차등 원칙: 기본소득은 정당화될 수 있는가?

것은 시민들의 자존감에 파괴적이라고 주장했던 부분을 근거로 의미 있는 일과 직업의 기회가 자존감의 사회적 토대에 새롭게 포함될 수 있는 내용이라고 주장한다(Moriarty 2009:441).

롤즈가 일과 노동을 정확히 구분되는 의미로 사용한 것 같지는 않다. 그러나 롤즈가 의미 있는 일과 자존감을 훼손하지만 경제적 가치를 산출하는 단조롭고 반복되는 노동을 구분한 것은 분명해 보인다. 롤즈는 질서 정연한 사회가 초래하는 노동 분업the division of labor 자체를 포기하지는 않지만, 노동 분업이 갖는 가장 나쁜 측면이 극복되어야 함을 명시한다. "아무도 타인에게 노예처럼 의존할 필요가 없으며 그 누구도 인간의 사고나 감수성을 무디게 하는 단조롭고 천편일률적인 직종을 선택할 필요는 없다. 각자에게는 그의 본성이 갖는 상이한 요소들이 적절히 표현될 수 있는 다양한 직무가 제시될 수 있어야 한다"(Rawls 1999a:464). 롤즈는 이러한 노동 분업이 초래한 자존감 훼손은 각자가 자기 자신에 있어서 완전해짐으로써 극복되는 것이 아니고, 모든 사람이 자기 의사대로 자유로이 참여할 수 있는 사회통합체의 정의로운 사회적 통합 속에서 뜻에 맞는 의미 있는 일을 함으로써 극복된다고 주장한다(Rawls 1999a:464). 이런 언급으로 미루어 롤즈가 생각하는 의미 있는 일은 경제적 가치를 창출하지만 자존감의 토대를 훼손하는 활동, 즉 단조롭고 일상적인 노동에 반대되며, 개인의 자존감을 증진하는 활동으로 볼 수 있다.

이상의 논의에서 본 것처럼, 롤즈 논의에서 사회적으로 기여하는 비경제적 활동도 넓은 의미의 일에 포함될 수 있으며, 상호성 개념도 경제적 기여뿐만 아니라 비경제적 기여도 포함하는 넓은 의미로 이해될 수 있다. 이러한 이해는 롤즈의 정의론이 비경제적 활동을 하는 사람에게 주는 기본소득을 거부한다는 비판에 효과적으로 대응하게 한다.

2. 기본소득과 관련된 롤즈의 여가 논의 검토

롤즈가 논문과 저서를 통틀어 여가를 언급한 것은 모두 세 차례이다. 첫 번째는 『정의론』을 출판한 이후인 1974년에 머스그래이브R. A. Musgrave가 제기한 여가와 소득의 상쇄에 관한 비판에 대해 학회지에 답글을 남긴 것이다.* 여기에서 롤즈는 2쪽을 할애해 머스그래이브가 밝힌 복지 차원의 분석이 갖는 오해 부분을 지적하면서 필요하다면 여가 시간을 사회적 기본재화에 포함할 수 있다고 언급한다. 두 번째는 1988년 논문과 이 논문이 포함된 단행본 『정치적 자유주의』에서 사회적 기본재화의 확장 가능성을 언급하는 대목이다.

---

* 머스그래이브에 따르면 롤즈의 차등 원칙 논의는 재분배 혜택을 받는 사람들이 더 많은 여가를 누리게 하는 것만큼, 여가를 줄여서 더 많은 일을 하는 세금 납부자의 복지를 감소시켜 여가 선호적인 삶을 사는 사람들에게 지나치세 우호적이라는 문제가 있다(Musgrave 1974:629). 이러한 문제 제기에 대해 롤즈는 사회적 기본재화의 지수는 복지 측량이 아니라고 대응하면서도, 필요하다면 여가가 사회적 기본재화에 포함되어 기본적 자유와 양립 가능하게 하는 방법이 있을 수 있다고 언급한다(Rawls 1974:654). 머스그래이브 문제 제기에 대한 상세한 비판은 올슨(Olson 2015)을 참조하기 바란다.

롤즈는 이 대목에서 여가가 그러한 재화가 될 수 있다고 언급하면서 12행짜리 각주를 달았다(Rawls 1993:181-182). 이 각주에서 롤즈는 머스그레이브가 제기한 여가 문제에 대해 여가를 기본재화에 포함할 수 있다고 언급하지만 말리부에서 온종일 파도타기를 즐기는 사람에게 공적 자금을 제시할 수는 없다고 언급한다. 세 번째는 『공정으로서의 정의: 재서술』(2001)에서 여가에 관해 언급한 1쪽짜리 짧은 논의이다. 이 논의는 앞의 논의를 모두 포함하는 내용이다. 이러한 내용을 바탕으로 롤즈 정의론을 기본소득과 관련지어 논의하는 학자들은 롤즈의 여가 개념을 게으름, 일 또는 노동을 하지 않음 등으로 이해한다. 그리고 이들은 롤즈가 온종일 파도타기를 하는 사람에게 공적 부조를 제공할 수 없다는 주장을 이러한 이해와 연결하여 여가를 상호성이 없는 활동으로 해석한다. 올슨Kristi A. Olson은 롤즈의 여가 개념이 갖는 이론적 · 실천적 문제가 많음에도 불구하고 롤즈가 여가 개념에 대해 체계적인 설명을 제시하지 않는다고 비판한다(Olson 2015:434). 본 절은 이러한 비판에 대응하는 차원에서, 롤즈 논의에서 상세화되지 않은 여가 개념을 현대적 관점에서 재분석하고 재해석하여, 여가의 다양한 논의를 기본소득과의 관련성 속에서 제시하고자 한다.

1) 경제적 활동과 구분되는 여가의 의미

롤즈는 여가를 경제적 보상이 없는 모든 활동을 포괄하는 광범위한 개념으로 사용한다. 즉 여가를 일을 위한 쉼, 개인적 차원의 취미 활동, 상호성이 있지만 경제적 보상이 없는 예술 활동이나 봉사 활동과 같은 사회적 활동, 사회적 기여가 없고 상호성이 없는 활동 등을 포함하는 의미로 사용한다. 롤즈는 여가를 하루 24시간에서 표준으로 일하는 시간을 제외한 시간으로 규정하면서, 만약 표준으로 일하는 시간을 8시간이라고 한다면 여가가 16시간이라고 예시를 들어 설명한다(Rawls 2001:179). 롤즈는 이러한 여가를 제시하기 위한 조건으로 생산적인 일fruitful work을 할 기회가 충분히 주어져야 한다고 주장한다. 즉 일이 많고 희소하지 않은 경우로 한정 짓는 것이다(Rawls 2001:179, 1993:182). 이러한 언급과 더불어 일은 표준적이라는 표현을 토대로 본다면, 여기에서의 일 개념은 경제적 활동만을 포함하는 좁은 의미로 해석하는 것이 타당할 것이다. 따라서 이러한 롤즈의 언급에서는 경제적 보상이 없는 모든 활동이 여가에 해당한다.

롤즈 논의에서 경제적 보상이 없는 모든 활동을 여가라고 할 때, 여가는 논리적으로 적어도 네 가지 의미를 담고 있는 것으로 파악된다. 첫째, 롤즈는 여가를 상호성이 없는 활동으로 규정한다. 이런 의미에서의 여가는 생산적인 일을 사회 구성원 누구나 할 수 있는 사회적 조건에도 불구하고 상호성이 없는 활동을 의미한다. 이러한 주건이 부여되면 일하지 않는 시간인 여가는 먼저 상호성을 거부 또는 반대하는 활동, 예를 들어 사회를 파괴하려는 행위나 사회를 벗어나 생활하려는 행위의 시간으로 볼 여지가 생긴다. 다음 절에서 보겠지만 이러한 의미는 여가를 사회적 기본재화에 포함하려는 시도와는 맞지 않지만 여가만 사용하는 사람에게 공적 부조를 할 수 없다는 논의와는 부합한다.

둘째, 롤즈에게 여가는 일 또는 노동에 대한 휴식 시간으로 볼 수 있다. 휴식인 쉼은 선행하는 활동인 일을 멈추고 다른 활동으로 전환하여 새로움을 부여하고 힘을 충전하여 신체적·심리적·사회적 조건에 따라 다시 일할 수 있게 하는 필수적인 활동이다(강영안 2018:213-222). 이런 여가 개념은 다음 절에서 자세하게 논의하겠지만 사회적 기본재화에 포함될 수 있을 것으로 보인다. 사회 구성원은 의미 있는 일도 하지만 반복되고 단조로운 노동도 병행할 수밖에 없는 현실에서 휴식 시간을 갖고 싶을 것이기 때문이다. 따라서 이런 여가의 의미에서 상호성은 배제되지 않는다.

셋째, 롤즈는 여가를 개인적 차원의 취미 활동으로 생각한다. 여가를 오늘날 우리 사회에서 이해하는 것처럼 자신의 자아실현을 위한 활동이지만 경제적 보상이 없는 활동 그리고 취미 활동으로 본다면, 그러한 활동은 자존감을 고양할 뿐만 아니라 간접적이고 파생적으로 사회적 기여 또한 하고 있다고 분석하는 것이 가능하다. 더욱이 이러한 활동은 당장은 그렇지 않을지라도 추후에는 현대 사회에서 경제적 보상으로도 발전할 여지가 많다. 아울러 이러한 취미 활동 가운데 일부는 파생되어 사회적 기여가 높아지고 사회적 평가가 이루어지면 다음의 네 번째 범주에 포함될 수 있다.

넷째, 롤즈에게 여가는 경제적 보상이 없는 가사나 돌봄 활동, 자원봉사 활동, 예술 활동 등을 포함하는 의미로 볼 수 있다. 이런 의미에서의 여가는 직접적으로 타인과 관계를 맺고 기여한다는 사회적 차원을 담고 있다는 점에서 정도의 차이이기는 하지만 개념적으로는 세 번째 의미인 취미 활동과 구분된다. 이러한 네 번째 의미의 여가 활동은 경제적 보상이 없더라도 사회적 기여가 있으며 자존감을 고양할 수 있다는 점에서, 앞에서 본 것처럼 넓은 의미에서의 일 개념에 포함될 수 있다.

2) 사회적 기본재화 포함 가능성 논의에서 여가의 의미

롤즈가 여가에 대해 논의한 세 차례 모두 사회적 기본재화와의 관련성을 언급했다. 일단 이러한 언급이 갖는 의미가 기본소득과 어떻게 관련되는지를 해명할 필요가 있다. 판 파레이스Philippe Van Parijs를 위시한 기본소득 옹호론자 대부분이 이러한 언급을 근거로 롤즈 정의론이 기본소득을 거부한다고 평가한다(McKinnon 2003:144).* 롤즈는 이 논의 다음에 두 차례 언급에서 일할 수 있는 조건이 충족되었음에도 불구하고 말리부 해안에서 온종일 파도타기를 하는 사람

---

* 판 파레이스는 그러나 이후에 롤즈의 의도와 달리 여가를 사회적 기본재화에 포함한 것은 오히려 높은 수준은 아니더라도 기본소득을 옹호하는 논의가 될 수 있다고 주장한다(Van Parijs 2009:5-6). 롤즈의 차등 원칙은 결과의 평등이 아닌 기회의 평등을 제공하려는 시도인데 여가와 다른 사회적 기본재화와의 연관성에서 볼 때 여가가 많은 사람이 소득과 부, 사회적 지위 등에서 불우한 경우가 많아서 오히려 사회적 최소수혜자가 될 가능성이 높기 때문이다. 그러나 이러한 경험적 연관 논의는 우연성에 의존하는 논의이어서 이론적으로 정당화될 수 있을지는 의문이다. 어떤 상황에서는 여가가 많은 사람이 소득과 부 또한 높을 수 있기 때문이다.

들은 사회적 공적 부조를 기대할 수 없다고 주장하기 때문이다(Rawls 1993:182, 2001:179).* 그런데 논리적으로 볼 때 여가를 사회적 기본 재화에 포함할 수 있을지에 대한 논의와 공적 부조를 기대할 수 없다는 논의는 구분하여 검토할 필요가 있다. 본 절은 전자에 초점을 맞춰 여가를 검토하고 후자는 다음 절에서 다룬다.

롤즈가 여가에 대한 세 차례의 모든 언급에서 일관되게 이야기하는 것은 필요하다면, 여가가 사회적 기본재화에 포함될 가능성이 있다는 점이다.** 여가는 객관적 측정이 가능하며 이것은 모두에게 보일 뿐만 아니라, 어떤 포괄적 신념도 전제하지 않기 때문이다(Rawls 2001:179). 이러한 두 가지 특징은 어떤 재화가 사회적 기본재화가 되기 위한 세 가지 조건과 관련된다. 롤즈는 사회적 기본재화

---

* 프리만은 여가를 사회적 기본재화에 포함한다면 말리부 해변에서 온종일 파도타기를 하는 사람에게 부여되는 공적 부조가 줄어들 수는 있지만, 공적 부조 자체를 받지 않는 것은 아님을 명시한다(Freeman 2007:230). 앞에서도 언급했지만 이러한 사람도 사회적 기여를 하고 있으며 시민으로서의 몫desert을 받는 것은 권리의 문제이기 때문이다. 이런 프리만의 해석은 이 글이 주장하는 넓은 의미의 상호성 개념과 일치한다.

** 롤즈가 여가를 사회적 기본재화에 포함할 수 있다고 언급할 때, 이러한 언급이 여가를 독립적으로 사회적 기본재화에 포함하자는 의미인지, 아니면 기존의 사회적 기본재화 중 하나인 자존감의 사회적 토대의 내용으로 포함하자는 의미인지가 불분명하다. 포기는 자존감의 사회적 토대에 자유, 권리, 소득, 부, 권력, 특권 등의 롤즈의 사회적 기본재화뿐만 아니라 여가, 교육 등의 새로운 재화도 포함된다고 주장한다(Pogge 1989:163, 168 n9, 198). 이 글에서는 이러한 두 가지 가능성을 구분하지 않는다.

가 되기 위해서는 모든 사회 구성원이 자신의 목적을 추구하기 위해 더 많이 갖고 싶어 하는 재화라는 기본적 조건, 해당 재화가 사회적으로 영향을 끼친다는 사회적 조건, 해당 재화가 분명하게 분배될 수 있다는 객관적 조건을 충족해야 한다고 주장한다. 롤즈가 제시한 여가의 특징 두 가지가 이러한 조건을 충족하려면, 여가의 의미는 상호성을 거부하는 활동이 아닌 휴식 시간, 취미 활동 시간, 돌봄 활동, 자원봉사 활동, 예술 활동 등을 포함하는 의미로만 보아야 한다. 만약 여가를 상호성을 거부하는 행위로 본다면 앞의 상호성 논의에서 언급한 것처럼 인간 자체가 상호성을 선호하는데, 이러한 상호성 자체를 거부하는 활동을 모두가 선호한다고 말하는 것은 기본적 조건과 모순되기 때문이다. 반면에 여가를 휴식 시간, 취미 활동 시간, 예술 활동 시간, 봉사 활동 시간 등으로 본다면 사회적 기본재화에 여가가 포함될 수 있을 것이다. 사람들은 이러한 의미의 여가를 더 많이 가지려고 할 것이기 때문에 사회적 기본재화의 첫 번째 조건인 기본적이라는 조건에 만족할 것이며 이러한 만족이 특정 포괄적 교설에 근거하지 않는다는 언급과 일맥상통하기 때문이다.*** 또한 여가는 객관적

*** 이러한 활동이 모두 의미 있고, 더 많이 가지고 싶어 하는 기본재화의 성격을 갖기 위해서는 각 활동에 대한 사회적 의미 부여가 충분히 이루어져야 한다. 예를 들어, 가사 노동의 경우 현대 자본주의 사회에서는 가치가 폄하되어 있는 경우가 많은데, 정의로운 사회에서는 사회 기본구조 속에서 그 의미가 다른 활동만큼 가치 있게 평가되어야 할 것이다.

으로 측정 가능하며 사회적으로 분배할 수 있다는 의미에서 사회적 기본재화에 포함될 수 있기 때문이다.

3) 공적 부조 논의에서 여가의 의미

기본소득과 관련해 롤즈 정의론을 논의하는 학자들은 "말리부에서 온종일 파도타기를 즐기는 사람"에게 공적 부조를 할 수 없다는 롤즈의 언급은 경제적 보상이 있는 노동을 하지 않는 사람, 취미 활동을 즐기는 게으른 사람에게 재분배할 수 없다는 주장이어서 무조건적 기본소득 개념과 배치된다고 주장한다(곽노완 2013:19). 롤즈가 말리부에서 파도타기를 즐기는 사람의 활동을 여가로 본다고 할 때 롤즈의 언급에서 '온종일'이라는 표현에 주목해 본다면 앞에서 분석한 여가의 네 가지 의미 가운데 첫 번째 의미인 상호성을 거부하는 활동이나 두 번째 의미인 휴식이 되기는 어렵다. 상호성을 거부하는 활동은 앞에서도 언급한 것처럼 롤즈의 인간관과 배치될 뿐만 아니라 이러한 활동을 온종일 지속한다는 것은 비현실적이기 때문이다. 휴식 시간은 논리적으로 일 또는 노동을 전제하는 개념인데 일평생 온종일 휴식을 한다는 것은 개념상 모순이기 때문이다. 그렇다면 온종일 파도타기를 즐기는 활동을 여가로 본다는 의미는 취미 활동이거나 예술 활동 또는 봉사 활동이라는 세 번째와 네 번째 의미로 보는 것이 타당할 것이다.

그런데 이러한 세 번째와 네 번째 여가의 의미는 오늘날의 관점에서 볼 때, 다시 말해 롤즈의 논의를 오늘날의 관점에서 재해석할 때 롤즈가 공적 부조의 대상이 될 수 없다고 주장한 활동으로 볼 수 있을지는 의문이다. 앞에서 본 것처럼 공적 부조의 대상이 되기 어려운 활동은 첫 번째 의미, 즉 의미 있는 일을 할 수 있는 여지가 사회적으로 주어졌음에도 불구하고 상호성을 거부하는 활동만이 해당하기 때문이다. 따라서 롤즈가 말리부에서 온종일 파도타기를 즐기는 사람에게 공적 부조를 제공할 수 없다고 주장한 것은 상호성, 즉 사회적 협력 자체를 거부하는 사람을 사회 구성원으로 볼 수 없다는 의미로 이해하는 것이 타당할 것이다. 그런데 파도타기를 즐기는 활동과 관련된 여가의 의미와 공적 부조를 할 수 없다는 논의에서의 여가의 의미는 상충한다. 온종일이라는 표현을 중심으로 여가의 의미를 해석해 보면 파도타기를 취미 활동이나 예술 활동으로 해석하는 것이 타당한 반면, 공적 부조를 할 수 없다는 여가의 의미는 상호성 없는 활동으로 해석하는 것이 적절하기 때문이다.

　　롤즈의 논의에서 나타난 이러한 상충은 개념과 사례 사이의 잘못된 연결에서 비롯된 것으로 볼 수 있다. 이러한 상충은 롤즈의 개념 논의에서 제기되는 것이 아니라 개념을 현상과 연결하는 사례 차원에서 발생하는 것이다. 시대적·사회적 배경에 의존하는 사례, 즉 롤즈 시대에는 이해될 수 있었던 사례가 오늘날에는 이해될 수 없어 생기는 상충으로 볼 수 있다. 롤즈 당시의 시각에서 말리부에서 온종일 파도타기 사례는 상호성을 갖는 취미 활동이나 휴식 활동, 예술 활동이라기보다는 상호성을 거부하는 극단적인 행위인 사회 도피적인 반사회적 행위로 보였던 것이다. 그러나 오늘날 파도타기는 취미 활동으로도 볼 수 있고 심지어 경제적 보상을 받는 행위로도 볼 수 있다. 만약 말리부에서 온종일 파도타기를 하는 사람의 활동을 추후에 동영상으로 만들어 파도타기 소개나 여가 활동 소개 등으로 활용한다면, 이러한 활동은 비록 '온종일'이었다고 하더라도 다른 사람에게 여행 정보를 제공하거나 새로운 활동의 기회를 제공하는 등의 사회적 행위라는 점에서 상호성을 거부하는 것으로 볼 수 없을 뿐만 아니라 경제적 보상도 얻을 것이기 때문이다. 따라서 롤즈가 공적 부조를 할 수 없다는 여가의 의미는 상호성을 거부하는 활동에 대한 의미로 보아야 하며, 파도타기 사례는 당시의 사회상에 토대를 두어 상호성 거부 활동의 예시로 보는 것이 적절하다. 이런 해석에서 본다면, 현 단계에서는 취미 생활로 볼 수 있는 여가 활동도 미래에는 사회적 기여 활동이 될 수 있고, 설령 그렇지 않아 공적 부조의 크기가 작을 수는 있다고 하더라도 여전히 공적 부조의 상호성의 관점에서 공적 부조의 대상이 된다고 볼 수 있다. 이런 해석에서도 상호성을 거부하는 반사회적 활동에 대해서는 공적 부조를 할 수 없다는 롤즈의 논의는 여전히 유효하다.

이상의 논의에서 볼 수 있는 것처럼 롤즈는 여가 개념을 상세화하지 않은 채 다양한 의미로 맥락에 따라 사용하여 혼란과 오해를 초래했다. 앞에서 분석한 것처럼, 여가 개념을 다른 개념과의 관계 속에서 구분하여 이해하면 이러한 오해는 해소될 수 있다. 따라서 여가가 사회적 기본재화에 포함된다는 주장을 근거로 롤즈가 기본소득을 거부한다는 비판은 부적절하다. 사회적 기여로서의 넓은 상호성에 포함되는 여가를 누리는 사람은 기본소득의 대상이 될 수 있기 때문이다.

▓▓▓ 재산소유 민주주의와 기본소득

앞의 논의는 롤즈의 사회 협력체계와 상호성, 일과 노동, 여가 개념에 대한 논의를 통해 롤즈 정의론에 제기되었던 기본소득과 관련된 비판에 대응했다. 본 절은 이러한 대응에서 더 나아가서 롤즈의 논의가 기본소득을 정당화하는 효과적인 이론 토대인지를 검토하고자 한다. 기존 연구는 롤즈 차등 원칙에 대한 재해석과 자존감의 사회적 토대로서의 기본소득 논의를 통해 롤즈 정의론이 기본소득을 거부하지 않는다거나 부분적으로 정당화할 수 있다고 주장해 왔다.* 그러나 이러한 논의는 롤즈의 상호성과 일 논의에 대한 충분한 이해가 뒷받침되지 않았기 때문에 롤즈 정의론이 효과적으로 기본소득을 정당화한다는 적극적 주장으로 나아가지 못했다. 또한 정태욱이 적절히 지적하는 것처럼 이러한 기본소득을 거부하지 않음이나 부분적 정당

---

* 대표적으로는 판 파레이스의 차등 원칙 재해석, 매커닌(2003)과 라벤토스(2016)의 자존감 논의가 있다. 자존감을 존중하기 위한 하나의 방법이 기본소득이라는 매커닌과 라벤토스의 주장은 수용할 수 있다. 그러나 이러한 주장은 기본소득의 정당성을 강화하기 위한 논의일 수는 있지만, 자존감이 기본소득 이외의 방식으로도 존중될 수 있다는 점에서 부분적 정당화로밖에 볼 수 없다.

화 논의조차 롤즈의 상호성과 일에 대한 기존 해석을 토대로 제기되는 반론으로 인해 곤경에 처할 뿐만 아니라 일관성을 유지하기 어려울 수 있다(정태욱 2016:34-35).* 본 절은 앞 절에서 검토했던 사회 협력체계와 상호성, 일과 노동, 여가 개념에 대한 논의를 바탕으로 롤즈의 재산소유 민주주의 논의가 기본소득을 효과적으로 정당화할 수 있음을 보이고자 한다.

1. 차등 원칙 이해를 통한 재산소유 민주주의

롤즈의 재산소유 민주주의는 『정의론』 초판에서 주목받지 못했던 개념이었지만 재판 서문에서 롤즈가 공정으로서의 정의justice as fairness를 현실에서 가장 잘 구현할 수 있는 제도로 이를 강조하면서 재조명되었다. 기존 학자들 다수가 롤즈 정의론이 복지 자본주의와 부합할 것이라고 예상했었지만, 롤즈는 이것을 공정으로서의 정의에 대한 오해라며 사회 기본구조를 미리 제시하려는 정의론이 사후 재분배redistribution에 기반을 둔 복지 자본주의와는 차별화됨을 명시한다 (Rawls 2001:135-136). 롤즈의 재산소유 민주주의의 성격을 규명하

---

* 정태욱은 롤즈의 재산소유 민주주의가 기본소득을 거부한다고 해석하면서도 정의 론이 최소수혜자인 말리부의 파도타기를 즐기는 가난한 사람에게 공적 부조를 하 지 않는 것은 가혹하다고 주장하며(정태욱 2016:36), 홍성우는 롤즈의 재산소유 민주주의가 질병 등으로 노동하지 않는 사람을 어떻게 대우할 수 있을지에 대한 의 문을 제기한다(홍성우 2013:303-304).

기 위해서는 정의의 두 가지 원칙 가운데 경제적 논의와 관련된 차등 원칙에 대한 이해로부터 시작할 필요가 있다.

이 글은 롤즈의 차등 원칙을 세 가지 근거를 토대로 '최소치 보장을 전제로 최소극대화 규칙 추구를 포함하는 분배 원칙'이라고 해석한다. 첫째, 차등 원칙은 최소치 보장과 관련된 박애 정신을 담고 있다(Rawls 1999a:86-92). 롤즈에 따르면, 박애는 사회 구성원이 사회적 존중감을 복종과 굴종이 없는 상태에서 어느 정도 동등하게 갖는 사회적 연대감과 시민적 우애를 의미한다(Rawls 1999a:90). 이러한 박애의 의미를 담고 있는 차등 원칙은 사회가 불운한 사람들이 경쟁에서 뒤처지도록 내버려 두는 실력주의로 흐르는 것을 방지한다. 따라서 롤즈의 차등 원칙은 최소수혜자에게 조금의 이익이 있는 것만으로 심각한 경제적 불평등을 용인하는 것이 아니라 최소수혜자를 포함한 사회 구성원 전체의 자존감이 유지될 수 있을 정도에 해당하는 적정 수준 이상의 경제적 수준을 유지하게 하는 기능을 한다. 차등 원칙이 갖는 이러한 박애의 의미를 담지하게 하는 방식 중 하나가 최소치 보장을 전제하는 것이다.

둘째, 차등 원칙은 최소치 보장을 전제하는 배경적 제도 background institutions와 관련된다. 롤즈는 분배적 정의가 실현되는 적절한 체계의 배경적 제도를 설명하면서 "가족 수당 및 질병이나 고용에 대한 특별한 급여에 의해서 아니면 조직적으로 등급별 보조(이른바 네거티브 소득세)와 같은 방도에 의해서 사회적 최소치를 보장하게 된다"라고 언급한다(Rawls 1999a:243). 이러한 언급을 볼 때 롤즈의 차등 원칙은 이론상으로 적게 혜택을 받는 사람에게 사소한 이득을 주는 대신에 무한히 큰 불평등을 허용할 것으로 보이지만 실제로는 사회적 최소치를 설정하는 배경적 제도로 인해 소득과 부의 불평등이 과도하지 않게 한다(Rawls 1999a:470).

셋째, 차등 원칙은 그 조건인 정의로운 저축의 원칙just savings principle이 최소치 보장을 전제한다. 롤즈의 정의로운 저축의 원칙은 동일 세대intragenerational에서 적용되는 분배 정의인 차등 원칙을 세대 간intergenerational 맥락에 적용한 것이다(McKinnon 2012:32). 즉 롤즈의 정의로운 저축의 원칙이 차등 원칙을 규제한다(Rawls 1999a:257). 이러한 규제적 관계는『정의론』44절의 세대 간 정의 논의에서 현세대와 미래 세대와의 관계에서만 언급되는데, 과거 세대와 현세대의 관점에서 규제적 관계를 조명해 보면 정의로운 저축의 원칙은 과거 세대와 현세대의 최소치를 보장하려는 규제로도 해석할 수 있다. 정의로운 저축의 원칙은 세대 사이의 상호성을 전제한다는 점에서, 현세대가 질서 정연한 사회를 이루는 데 필요한 최소치를 미래 세대에 제공하려는 방안인 동시에, 현세대가 과거 세대로부터 이러한 최소치를 제공받았다고 전제하는 방안이기 때문이다.

롤즈의 차등 원칙을 '최소치 보장을 전제로 최소극대화 규칙 추구를 포함하는 분배 원칙'으로 해석할 때, 여가 등의 다양한 활동을 통해 사회적 기여를 하는 사회 구성원은 사회적 최소치를 보장하는 차등 원칙의 적용 대상이 된다. 더욱이 이러한 사회 구성원은 자신들의 자존감을 보장할 수 있는 활동, 예를 들어 의미 있는 일을 하거나 일터workplace에서 민주주의의 주체로서 참여할 수 있게 된다. 사회 구성원은 최소치 보장을 통해 직업과 일의 선택에서 주체적일 수 있게 되어 더는 비굴하거나 모욕적인 일을 하지 않을 수 있기 때문이다. 프리만은 사회적 최소치 보장을 통해 사회 구성원이 일터에서 경제적 통제력을 갖는 것이 공정한 기회균등fair equality of opportunity 원칙의 구현이라고 해석한다(Freeman 2013:32). 이러한 차등 원칙과 공정한 기회균등의 원칙이 구현되는 구체적인 경제 체제가 다음 절에서 살펴볼 재산소유 민주주의이다.

2. 재산소유 민주주의 체계에서의 기본소득

사후적 분배가 아닌 사전적 분배pre-distribution를 지향하는 재산소유 민주주의의 목적은 "모든 시민이 적절한 수준의 사회적·경제적 평등의 토대 위에서 자신들의 삶을 꾸려 나갈 수 있게 하는 것"이다(Rawls 2001:139). 이런 의미에서 롤즈의 재산소유 민주주의는 재산소유가 아닌 민주주의에 방점을 두면서 이해해야 한다. 재산소유 민주주의 논의에서 재산소유에 중점을 두면 민주주의의 개념이 약화하고 신자유주의적 자유지상주의 체계로 귀결될 수 있는데, 롤즈는 이러한 자유지상주의적 체계에 대한 반대 개념으로 재산소유 민주주의를 제시했다는 점에서 롤즈의 재산소유 민주주의는 민주주의 개념을 중심으로 해석하는 것이 타당하다(Ron 2008:172). 이런 의미에서 재산소유 민주주의는 정치 과정에 대한 공적인 규율 및 지원, 모든 사회 구성원의 실질적 정치 참여 기회 보장, 입헌민주주의 등을 중시한다.

이러한 정치 과정에는 경제 영역의 도움이 필수적이다. 롤즈는 『정치적 자유주의』 보급판 서문에서 정의론이 옹호하는 자유는 시민들이 자신의 자유를 현명하고 효과적으로 사용할 수 있는 전 목적적 수단을 충분히 보장하게 해야 하며, 이러한 보장은 상호성에 부합하여 사회 및 경제적 불평등이 과도해지는 것을 방지하는 기본구조, 즉 다음과 같은 체제institutions가 마련되어야 한다고 주장한다.

"(1) 선거에 대한 공적 자금 지원과 정책의 문제에 대한 공적 정보 제공의 보장 방법, (2) 특히 교육과 훈련에서 공정한 기회 평등, (3) 자유를 실질적으로 향유하도록 보장하는 수입과 부의 적정한 분배, (4) 정부의 사회 및 경제 정책을 통한 최후 고용인으로서의 사회, (5) 기본적 건강의료의 보장"(Rawls 1993:lvi-lvii, 1999b:50).

이러한 다섯 가지 체제 가운데 기본소득과 관련해서 주목해 볼 부분은 (4) 정부의 사회 및 경제 정책을 통한 최후 고용인으로서의 사회이다. 롤즈는 이를 설명하면서 "장기적 안전security감, 그리고 의미 있는 일과 직업을 가질 기회를 잃는 것은 시민들의 자존감과 그들이 단지 사회에 어쩔 수 없이 잡혀 있는 존재가 아닌 사회 구성원이라는 시민들의 의식을 파괴하게 될 것이다"라고 분석한다(Rawls 1993:lvii). 롤즈의 재산소유 민주주의는 사회 구성원이 재산 소유를 광범위하게 분산하여 가진 체제를 지향하는데 앞에서 제시한 최후 고용인으로서의 사회에 대한 설명과 관련해서 해석해 본다면 이러한 지향은 현대 사회에서 실질적으로는 사회 구성원이 일에 대한 통제적, 즉 의미 있는 일을 할 힘을 갖는 것으로 볼 수 있다. 쉐이는 재산소유 민주주의에서 일의 중요성을 언급하면서 현대 사회의 대규모 경제 사업체large-cale economic enterprises 맥락에서 시민들이 소유권을 갖는 방법의 하나가 일에 대한 통제력을 갖는 것이라고 언급한다(Hsieh 2009:402-404). 생계를 유지하기 위한 소득에서 일을 통한 소득 비율을 줄이는 방식, 즉 일에 대한 통제력을 갖게 하는 재산소유 민주주의의 방식은 사회 구성원이 일터에 주체적으로 참여하여 민주주의를 구현하는 데 기여하여 상호성을 존중하고 자존감을 고양하게 한다.

　　의미 있는 일의 통제력을 가짐으로써 자신의 자존감을 보장하는 것은 앞 절에서 검토한 차등 원칙을 통해 실현될 수 있다. 롤즈의 차등 원칙을 '최소치 보장을 전제로 최소극대화 규칙 추구를 포함하는 분배 원칙'으로 해석할 때 이러한 차등 원칙은 재산소유 민주주의 체계에서 사회적 최소치 보장을 통해 노동자가 생존을 위해 자본가에게 그들의 노동을 팔도록 강제되지 않을 수 있게 하기 때문이다(Freeman 2006:69).* 롤즈의 차등 원칙을 적용하여 사회 구성원으로

---

* 롤즈의 논의에서 사회적 최소치 개념이 갖는 의미는 자유지상주의자들이나 복지국가 옹호자들과 다르다. 복지국가 자본주의에서는 경제적 가치인 소득 분배에만 관여하지만 롤즈의 공정으로서의 정의는 다른 사회적 기본재화를 포함한 분배 방식이어서 사회적 최소치가 복지국가보다 높은 수준에서 이루어질 뿐만 아니라 사회 구성원의 적극적인 삶의 영위를 도모하기 때문이다.

하여금 의미 있는 일을 하면서 자존감을 갖게 할 수 있는 구체적인 정책은 정부가 일자리를 제공하는 방식과 사회 구성원 스스로 자율적인 선택을 할 수 있게 하는 방식 모두를 요한다. 먼저 정부가 직접적 의미의 최후 고용인으로서 의미 있는 일을 제공해야 한다. 롤즈는 생산수단의 광범위한 분산뿐만 아니라, 일을 구하기 힘든 사람들에게 정부가 일자리를 마련해 주는 것 또는 시민들을 회사가 고용할 수 있도록 정부 보조금을 회사에 제공하는 것 등도 재산소유 민주주의의 방식이라고 언급했다(Hsieh 2012:151). 여기서 일자리를 마련한다는 말은 앞에서 제시한 일과 노동의 개념 대비를 통해 재해석해 보면 정부가 각 개인이 그저 생존만을 위해 의미 없는 노동에 참여하도록 돕는 것이 아니라, 각 개인이 의미 있다고 생각하는 활동, 즉 의미 있는 일을 하도록 돕는 것으로 이해할 수 있다. 이렇게 제공된 일자리를 사회 구성원인 시민들이 자존감을 고양하면서 선택할 수 있게 하는 것이 필요하다. 그런데 현대 사회에서 정부가 의미 있는 일자리를 충분히 제공하기에는 현실적으로 어렵기 때문에 시민들은 의미 있는 일을 전적으로 하지 못하고 단순하고 반복적인 노동을 병행할 수밖에 없을 것이다.* 따라서 정부가 의미 있는 일자리를 충분히 제공할 수 없다면 사회 구성원은 여전히 일자리를 선택할 수 있는 자율성을 보장받아야 한다. 이를 보장할 효과적 방법 중 하나는 기본소득 정책이

---

* 현대 사회에서 의미 있는 일이 줄어들고, 단조롭고 반복적인 일이 증가하는 현상에 대해서는 그레이버(Graeber 2018)의 책을 참조하기 바란다.

다. 임금 노동에 참여하는 사회 구성원이 자존감이 훼손되지 않은 채 의미 있는 일을 추구할 수 있게 하기 위해서는 소득에서 차지하는 노동 소득의 비율을 낮추는 것이 필요하기 때문이다(Hsieh 2009:412). 더욱이 의미 있는 일이 앞에서 본 것처럼 단지 경제적 활동에만 국한되는 것이 아니라 상호성을 갖는 다양한 비경제적 활동까지 포함한다면 이러한 기본소득은 의미 있는 일을 위해 더욱 필수적일 것이다. 정부가 제공하는 것에 이러한 비경제적 일이 포함된다고 하더라도 인간의 생계를 유지하기 위한 필요는 항상 존재하기 때문이다. 이러한 사회적 최소치가 보장될 때 사회 구성원은 사회적 기여를 하는 다양한 활동, 예를 들면 취미 활동이나 예술 활동, 사회봉사 활동 등을 통해 자신의 자존감을 고양하고 사회성을 구현할 수 있을 것이다.

앞에서 확인한 것처럼 롤즈는 인간의 사회성을 전제하고 있다. 따라서 사회적 최소치로서의 기본소득을 제공하는 것이 상호성을 상실하게 한다는 것, 즉 이런 의미에서 사회 구성원을 게으르게 한다는 것은 적어도 롤즈의 재산소유 민주주의 논의에서 수용될 수 없다. 비슷한 맥락에서 기본소득 옹호자는 인간이 원래 게으르다는 주장은 잘못된 인류학적 편견이자 음모이며 사람들이 원하는 것은 자율적인 노동이지 일하지 않는 것이 아니라고 주장한다(다니엘 헤니, 필립 코브체Daniel Hani, Philip Kovce 2016:71-72). 사람은 누구나 일하기를, 사회 활동에 참여하기를, 다른 사람을 돕기를 원하며, 아무런 이유도 없으면서 사회적 기여 없이 그저 빈둥거리기만을 원하는 사람은 없기 때문이다.

==== 기본소득의 현실화를 위하여

　　이 장에서는 롤즈 정의론에서 제시되는 사회 협력체계와 상호성, 일과 노동 개념을 체계적으로 설명했고, 이러한 설명 아래 롤즈가 상세화하지 않은 여가 개념을 롤즈의 언급을 토대로 분석하고 재해석했다. 이와 같은 분석과 재해석에 따르면 롤즈 논의에서 여가의 의미는 넓은 의미의 여가 개념과 부분적 의미의 여가 개념으로 구분될 수 있다. 그런데 롤즈가 논의 과정에서 이러한 구분 없이 여가 개념을 사용하여 혼란과 오해를 일으켰다. 그러나 이 부분을 다른 개념과의 관계 속에서 잘 정돈하면 [표 2-1]과 같이 분류될 수 있으며, 이 같은 분류는 기본소득과 관련해 롤즈에게 제기된 비판과 오해를 해명하는 데 효과적이다. 그러나 이러한 논의로 인해 롤즈가 꿈꾸는 정의로운 사회를 구현하는 데 기본소득만이 유일한 방법이라고 오해되어서는 안 된다. 기본소득은 롤즈의 정의론이 구현하는 다양한 정책과 전략 가운데 하나에 불과하기 때문이다.

경제적 보상으로서의 일	넓은 의미의 여가 개념			
	가사, 돌봄, 봉사 활동, 예술 활동 등의 사회적 기여 활동	개인적 차원의 취미 활동	휴식	상호성 없는 활동
넓은 사회적 기여로서의 일				
사회적 기여로서의 상호성				

[표 2-1] 여가, 일, 상호성에 대한 분석

이 장에서는 기본소득과 관련된 롤즈 논의에 대한 오해를 해소할 뿐만 아니라 롤즈의 재산소유 민주주의가 기본소득을 정당화하는 데 효과적인 논의임을 보였다. 이 장은 기본소득이 현실화되기 위해서는 기본소득을 도덕적으로 정당화할 필요가 있다는 이론적 요구에 부응하려는 시도였다. 이러한 도덕적 정당화는 21세기에 직면한 임금 노동 일자리 부족이나 감염병으로 인한 경제 침체 등의 대응책으로서 기본소득을 제시하는 시도가 사회적 갈등 없이 효율적으로 구현되도록 기여할 것이다.

"

3장

기후변화

세대 간 정의는
이루어지고
있는가?

"

* 이 장의 내용은 목광수(2016)를 바탕으로 이 책의 목적에 맞게 수정 및 보완한 것이다.

한국 사회에서의
세대 간 정의 논의

원자력 발전소 신고리 5호기와 6호기의 건설을 지속할 것인지 아니면 중단할 것인지에 대해 사회 갈등이 심화되던 2017년 당시 정부는 심의 민주주의deliberative democracy에 토대를 둔 3개월간의 공론조사 과정을 통해 신고리 원전 건설 지속 여부에 대한 판단을 내리기로 했다. 시민참여단 471명이 한 달간 학습과 심의를 거쳐 내린 결론은 장기적으로는 원전 정책을 축소(53.2%)하지만, 진행 중인 신고리 5, 6호기 건설은 재개(59.5%)하는 것이었다.

한국 사회에서 원자력 발전소 문제에 대해 사회적 관심이 고조된 것은 전 지구적 차원에서 논의 중인 기후변화climate change와 관련된다. 에너지 정책으로부터 지대한 영향을 받는 기후변화는 현세대뿐만 아니라 미래 세대에도 영향을 미치기 때문이다. 2019년 세계 125개국 2,000여 개 도시에서 청소년이 기후변화 정책 변화를 촉구하는 등교 거부 시위Global Climate Strike for Future를 벌였다. 이 시위를 주도한 스웨덴의 10대 툰베리Greta Thunberg는 2019년 유엔 기후행동 정상회의에서 연설했고 『타임Time』의 2019년 올해의 인물로 선정되었다. 2020년 3월 13일 청소년기후행동 소속의 청소년 19명은 공동으로 정부의 소극적인 기후위기 대응정책이 헌법에 위배된나는 취지의 헌법소원심판 청구서를 헌법재판소에 제출했다.

≡≡≡ 기후변화와 세대 간 정의 문제

이 장은 롤즈의 정의로운 저축의 원칙just savings principle이 기후변화에 효과적으로 대응할 수 있는 세대 간 정의론intergenerational justice임을 보이고자 한다. 이를 위해 이 글은 두 가지 전제를 가정한다. 기후변화와 관련된 두 가지 전제는 철학적 고찰의 대상이라기보다는 자연과학적 논의의 대상이라는 점에서, 현재까지의 자연과학적 논의 결과를 수용한 것이다. 첫 번째 전제는 현세대가 야기한 기후변화가 미래 세대에 심각한 피해를 일으킨다는 것이다(Posner and Weisbach 2010:11, 18-26; 김명식 2012:4-5; McKinnon 2012:1-7; Welburn 2013:57). 이 전제가 사실이라면, 기후변화는 심각한 부정의 injustice 사례에 해당한다. 한쪽은 일방적으로 혜택을 누리고 다른 한쪽은 그러한 혜택의 결과로 야기된 피해를 일방적으로 받아야 하는, 가해자와 피해자가 일치하지 않는 불공정한 경우에 해당하기 때문이다. 두 번째 전제는 기후변화의 주요한 원인이 인간 행위라는 점이다(Moellendorf 2009:204-205; Posner and Weisbach 2010:2, 13-18; 양해림 2016, 4장). 이러한 전제는 '기후변화에 관한 정부 간 위원회 International Panel on Climate Change'의 2007년 4차 평가보고서 등의 자료

정의론과 대화하기

를 토대로 하는데, 이 보고서는 기후변화가 인간 활동과 긴밀하게 관련된다는 과학적 자료를 제시한다(양해림 2009:145, 2015:15-18; 김명식 2012:10-11). 이는 인간의 행위가 바뀐다면 기후변화로 인한 재난을 막을 수 있음을 의미한다. 이 두 가지 전제에 따르면, 현세대는 기후변화로 인한 부정의를 막을 책임이 있으며, 이를 위한 세대 간 정의론을 제시할 필요가 있다는 주장이 제기될 수 있다.*

기후변화라는 심각한 부정의 문제에 대응하기 위해서는, 이론적 고찰에 시간을 낭비하지 말고 현실적인 실천에 집중하자는 주장이 있을 수 있다. 예를 들어, 센Amartya Sen은 이상론ideal theory 없이도 부정의를 제거해 나가는 방식으로 비이상론non-ideal theory인 비교적 정의론comparative perspective of justice을 내세운다. 그는 비교적 정의론을 통해 정의를 실현할 수 있다고 주장한다(Sen 2009:5, 15). 그러나 이론적 토대가 충실히 갖춰지지 않은 비이상론에 따른 조치가 단기적으로는 현재의 작은 부정의를 제거하는 데 효과적일 수 있지만, 장기적으로는 더 큰 부정의를 초래할 위험이 있다(Robeyns 2012b:160-161)는

---

* 이 글의 입장과 달리 미래 세대에 대한 도덕적 의무나 정의는 불필요하다는 입장, 세대 간 정의의 필요성은 인정하지만 공동체주의나 공리주의적 입장을 취하는 입장 등 다양한 입장이 세대 간 정의 논의에 존재한다(오병선 2003:295-324). 오병선은 롤즈의 세대 간 정의가 비동일성 문제 등에 적절하게 대응할 수 없어서 세대 간 정의론으로 적절하지 않다고 비판하며, 대안으로 공동체주의적 접근법을 제시한다(오병선 2003:306-311). 이 글은 이러한 비판이 롤즈 정의론에 대한 오해에서 비롯되었다고 주장한다.

사실을 간과해서는 안 된다. 예를 들어, 현재의 정의 상태를 50이라고 가정하고 완전히 정의로운 상태를 100이라고 가정해 보자. [그림 3-1]과 같이 현 상태에서 우리는 A 상태와 B 상태로 개선할 수 있는데, A는 정의로운 상태가 70이고 B는 55라면 실천을 중시하는 비교적 정의론은 현 상태 50에서 A 상태 70으로의 개선이 더 바람직하다고 판단하고 행동할 것이다.

[그림 3-1] 비교적 정의관의 비교

그런데 문제는 A는 C로만 이행하는데 C는 정의로운 상태가 30으로 하락하는 반면에, B는 D로만 이행하는데 D의 정의로운 상태가 95라면 현 상태에서 A를 택한 것은 단기적으로는 더 정의로운 상태를 갖게 하는 결정이지만 장기적으로는 정의로운 상태를 악화하는 결정이 된다. 따라서 현실적인 부정의에 장기적으로 대응하기 위해서는, 특히 기후변화와 관련된 세대 간 정의라는 장기적 관점이 요구되는 논의에서는 이론적 토대를 충실하게 할 필요가 있다.

세대 간 정의에 대한 이론화 작업에서 가장 먼저 검토되어야 할 논의는 파핏Derek Parfit의 비동일성 문제non-identity problem이다(Page 2006:132).* 파핏의 비동일성 문제는 기후변화에 대한 정의를 제시하는 논의가 직면하는 가장 어려운 문제로서, 매키논은 비동일성 문제가 미래 세대를 정의의 수혜자로 포함하려는 어떤 이론에든 "몹시 성가시게 하는 것bêtes noire"이라고 언급한다(McKinnon 2012:41). 다음 절에서 자세하게 논의하겠지만 비동일성 문제는 세대 간 정의론이 추구하려는 정책과 활동의 이론적 정당화를 무력화하기 때문이다. 이 문제는 개인의 자유와 권리를 중시하는 논의에 치명적인 약점으로 작용하고 있어서 개인적 관점보다 전체적 관점에 토대를 둔 논의는 이러한 문제의 영향을 그리 받지 않는 듯하다. 그러나 파핏이 제기한 아래에서 살펴볼 내용처럼, 비동일성 문제를 벗어나기 위해 전체적인 관점을 취하는 공리주의는 상식적으로 수용될 수 없는 당혹스러운 결론repugnant conclusion에 도달한다. 따라서 기후변화에 효과적으로 대응하기 위한 세대 간 정의를 모색하려면 파핏이 세기한 비동일성 문제, 그리고 이와 연관된 당혹스러운 결론 모두를 피할 수 있어야 한다. 이 장에서는 롤즈의 정의로운 저축의 원칙이 이러한 문제를 모두 피할 수 있는 세대 간 정의라고 주장한다. 아울러 롤즈의 정의로운 저축의 원칙이 롤즈 논의에서 이론적으로 일관적이며 정합적이라고 논증하고자 한다. 앞으로 자세하게 논의하겠지만 이러한 논증이 필

---

*   비동일성 문제는 파핏 이외의 다른 학자들도 제기했던 문제이다. 레이먼Jeffrey Reiman에 따르면, 비동일성 문제를 다룬 저술은 다음과 같다(Bayles 1976; Adams 1979; Kavka 1982; Parfit 1984; Reiman 2007:71 n6). 이 장은 가장 정교화된 비동일성 문제로 평가되며, 이 장에서 관심을 두는 환경 정책 결정에서 비개체주의적 접근의 문제까지 다루는 파핏의 논의를 중심으로 비동일성 문제를 검토하고자 한다.

요한 이유는 그동안 롤즈의 정의로운 저축의 원칙 자체가 이론적으로 취약하다는 비판을 받아 와서인지 효과적인 세대 간 정의로 주목을 받지 못했기 때문이다. 따라서 비이상론의 현실적 정책이 이상론을 토대로 마련되어야 장기적인 관점에서 정의를 실현할 수 있는 것처럼, 정의로운 저축의 원칙을 토대로 기후변화에 대한 전 지구적 차원에서 그리고 한국 사회적 차원에서 미래 세대의 문명과 제도를 유지하고 발전시킬 수 있는 실질적인 정책과 제도가 마련되길 기대한다.

▅▅▅ 세대 간 정의와 비동일성 문제

기후 변화와 같은 세대 간 정의 논의에 대한 이론적 어려움을 야기하는 대표적인 문제가 비동일성 문제이다. 세대 간 정의에서 정책을 결정하는 현세대와 정책 결정의 영향을 받는 미래 세대가 다르다는 특수성에 정면으로 도전하여 세대 간 정의 자체를 무력화하는 논의가 바로 비동일성 문제이기 때문이다. 본 절은 파핏의 비동일성 문제가 무엇인지를 살펴보고, 어떻게 이 문제가 기존의 세대 간 정의 논의를 괴롭혀 왔는지를 검토하고자 한다. 만약 비동일성 문제가 기존 세대 간 정의 논의에 심각한 골칫거리가 아니라면, 앞으로 검토할 정의로운 저축의 원칙이 이 문제에 효과적으로 대응한다는 것은 허수아비 논증의 오류the straw man fallacy에 불과할 수 있기 때문이다. 본 절은 파핏의 비동일성 문제 논의를 모두 다루기보다는 기후변화와 관련된 부분에 집중해서 검토한다.*

1. 비동일성 문제와 개체 중심적 논의

우리는 기후변화 문제에 현세대가 적극적으로 대응하는 것이 미래 세대를 위해 바람직하다는 직관을 가지고 있다. 그런데 이러한 직관을 정당화해 줄 이론적 토대를 어떻게 마련할 수 있을까? 일반적으로 기후변화와 관련해서 어떤 환경 정책을 선택한다고 할 때, 현재의 정책 선택은 어떤 정책이 미래 구성원에게 해악harm을 초래할지 아니면 좋은 결과를 초래할지에 대한 고려를 토대로 한다. 그런데 문제는 이러한 정책 결정이 미래에 태어날 후손의 정체성identity에 영향을 미친다는 점이다. 선택된 정책이 무엇인가에 따라 임신하는 시기가 달라질 수 있기 때문이다. 현재의 나는 과거의 어떤 시점에서 부모가 임신해서 생긴 존재인데, 만약 해당 과거의 그 시점

---

* 파핏은 우리의 도덕적 선택이 동일한 정체성을 가진 사람들에게 영향을 미치는 경우인 "동일한 사람들에 대한 선택same people choice"과 "다른 사람에 대한 선택 different people choice"의 경우로 나누며, 후자를 다시 "동일한 숫자의 사람들에 대한 선택same number choice"과 "다른 숫자의 사람들에 대한 선택different number choice"으로 구분한다(Parfit 1984:356). 결국 도덕적 선택과 관련된 경우는 세 가지인데, 이 가운데 환경 정책으로 인한 미래 세대의 문제는 "다른 숫자의 사람들에 대한 선택"과 관련된다. 우리가 선택한 정책이 동일한 숫자의 미래 세대를 오게 한다고 말할 수 없기 때문이다. 따라서 이 글은 이 부분만을 중심으로 논의를 전개하고자 한다.

에 부모가 임신하지 않았다면 현재의 나는 존재하지 않았을 것이다 (Parfit 1984:351).* 예를 들어, 2020년의 발전소 건설이 확정되어 이주를 결정하게 된 부부는 계획했던 임신을 내년으로 미룰 수 있는데, 이 경우에 환경 정책이 미래 세대 구성원의 정체성 변화에 영향을 끼쳤다고 볼 수 있다. 2020년에 임신했으면 태어날 미래 구성원이 A라고 했을 때, 정책에 영향을 받아 미룬 임신으로 태어날 미래 구성원은 A가 아닌 B가 될 것이기 때문이다.

현세대가 미래 구성원인 A에게 일으킬 해악을 피하려고 어떤 환경 정책을 결정했다고 할 때, 그러한 해악을 피하려고 결정된 환경 정책이 다른 존재, 즉 다른 정체성을 가진 존재인 미래 구성원 B를 출산하게 한다. 그렇다면 현세대가 결정한 환경 정책이 A에게 일으킬 해악을 피하기 위한 것이라고 말할 수 있을지는 의문이다. 현세대가 결정한 환경 정책으로 인해 A는 미래에 존재조차 하지 못하기 때문이다. A의 입장에서는, 존재하지 않는 것보다는 해악을 경험하더라도 존재하는 것이 더 낫다고 볼 수도 있다.** 그렇다면 현세대가 미래 구

---

* 파핏은 이러한 주장을 "시간 의존적 주장the time-dependence claim"이라고 명명한다. 다마토Anthony D'Amato는 이러한 파핏의 주장이 카오스 이론의 "나비 효과butterfly effect"에서 볼 수 있는 것처럼 과학적 사실이라고 옹호한다(D'Amato 1990:192).

** 출생과 관련해서 존재가 비존재보다 낫다는 전제에 대해서는 논란이 있을 수 있다. 반출생주의Antinatalism 논의에 따르면 고통도 없고 쾌락도 없는 비존재가 고통도 있고 쾌락도 있는 존재보다 더 낫기 때문이다(데이비드 베너타David Benatar 2019).

성원인 A에게 일어날 해악을 피하려고 어떤 환경 정책을 결정했다는 것은 A에게 더 큰 해악을 일으킨 것일 수도 있다. 그러나 미래에 존재하지도 않는 A에게 해악을 끼쳤는지를 따지는 것은 논리적으로 성립하기 어렵다. 이러한 논리에 따르면, 미래 세대를 위한 현재의 어떤 정책도 미래 세대에 피해를 일으킨다고 말할 수 없다는 결론에 도달하게 된다.

이러한 비동일성 문제는 두 가지 주장에 근거한다. 첫 번째는 어떤 정책 선택과 미래 세대의 정체성이 관련된다는 것이고, 두 번째는 존재하지 않는 것non-existence보다는 존재하는 것이 낫다는 것이다. 첫 번째 주장은 어떤 개체의 정체성이 특정 정자와 난자의 결합과 관련된다는 전제를 하고 있다. 이러한 전제는, 한 개체의 정체성을 물질적 토대에서 찾으려는 서구적 정체성 개념에서 비롯된 것으로 어떤 정자와 어떤 난자가 만나는지가 정체성 형성에 중요하다는 전제이다. 첫 번째 전제에 반대하려는 시도는 미래 세대를 윤회하거나 환생reincarnation한 존재로 보는 비서구적 방식에서 볼 수 있다(Mulgan 2002:6). 이러한 비서구적 정체성 논의 중에는 태어나는 존재가 임신의 시점과 무관하게 동일한 정체성을 갖는다는 입장도 있다. 예를 들어, 비서구적 정체성 개념에서는, 나의 아이가 2020년에 태어나든

이러한 논의는 철학적으로 검토할 중요한 주제이지만, 이 글은 존재가 비존재보다 낫다는 상식적 전제를 수용하고 논의를 전개한다.

2021년에 태어나든 동일한 존재라고 주장하기도 한다. 그런데 이러한 형이상학적 사고가 과학적 증거를 중시하는 현대 사회에서 수용될 수 있을지는 의문이다. 오히려 현대 사회에서는 유전자의 결합이 성격이나 신체 상태를 결정한다는 입장이 어느 정도 상식이 되고 있다. 유전자 결정론gene determinism을 주장하든, 이를 반대하는 유전자 비결정론을 주장하든 유전자의 결합이 개체의 정체성에 영향을 미친다는 것은 모두 어느 정도 인정하기 때문이다(김건우 2014:457).

두 번째 주장에 대한 비판도 제기될 수 있다. 안락사 등을 옹호하는 사람들은, 상황이 나빠도 존재하지 않는 것보다는 존재하는 것이 살 만한 가치worth living가 있다는 전제에 대해 의심을 품을 것이기 때문이다. 그러나 세대 간 정의에서 언급하는 "존재하지 않는" 비존재의 의미는 안락사나 자살에서 의미하는 비존재, 즉 존재하면서 겪는 고통 등으로 인해 존재하지 않는 것을 선택하려는 의미에서의 비존재가 아닌, 존재해 본 적이 없는 비존재에 대한 것이다(McKinnon 2012:42). 안락사 논의에서는 자발적으로 생명을 중단하는 결정을 옹호하는 강력한 도덕적 논의, 예를 들면 주체의 자발적 결정이라든지 삶의 질에 의한 판단 등의 도덕적 논의가 있기에 존재하는 것이 존재하지 않는 것보다 더 낫다고 주장하기 어렵다. 그러나 존재해 본 적이 없는 비존재를 두고 이를 전제할 경우에는 존재하는 것이 더 낫다는 주장은 어느 정도 설득력을 가질 수 있을 것이다. 비존재를 앞에서 나눈 두 가지 경우로 구분해 보면 존재한 적이 없는 비존재를 옹호할 만한 설득력 있는 도덕적 논의를 찾기 어려울 뿐만 아니라, 현대

정의론과 대화하기

사회에서 중요한 가치로 간주하는 자율성 또는 자유라는 관점 자체가 존재를 전제한다는 점에서 직관적으로 존재가 비존재보다 더 낫다고 할 수 있기 때문이다. 따라서 비동일성 문제를 지탱하는 두 가지 주장은 논란의 여지가 있지만 비교적 수용할 만한 것으로 볼 수 있으며, 그렇게 평가한다면 현재의 어떤 정책 결정도 미래 세대에 해악을 끼치는 것이 아니라는 비동일성 문제가 설득력을 얻을 수 있다. 이러한 비동일성 문제에 따르면 신중하지 못한 환경 정책, 예를 들면 기후변화에 대응하지 않는 정책이 미래 세대의 구성원에게 해악을 끼친다는 주장은 부적절하다. 그러한 정책으로 인해 해악을 입은 구성원과 그러한 정책을 수정해서 존재할 미래 세대의 구성원은 다른 존재이기 때문이다.

페이지Edward Page는 세대 간 정의에서 비동일성 문제로 인해 어려움을 겪는 논의를 "정체성 의존identity-dependent" 논의라고 명명한다(Page 2006:139-141). 정체성 의존 논의의 특징은 해악과 관련되며 개체주의적이라는 점이다. 비동일성 문제와 관련된 논의는, 어떤 정책의 시행이 미래 세대에 해악을 끼쳤는지를 계산한다는 점에서 해악과 관련되며, 그러한 해악이 미래 세대 각 개체에게 적용되었는가를 검토한다는 점에서 개체주의적 사고방식이다. 따라서 페이지는 환경 윤리와 관련된 대표적인 논의 가운데, 해악과 관련되고 개체주의적 측면을 가지는 생태중심주의, 인간중심주의, 동물중심주의, 생명중심주의의 일부 논의가 세대 간 정의에 적용될 때 비동일성 문제에 직면한다고 분석한다(Page 2006:141).

2. 비동일성 문제와 비개체 중심적 논의인 공리주의

공리주의는 비동일성 문제에 효과적으로 대응할 수 있을 것으로 기대되는 사상이다. 결과주의적 추론을 통해 특정 환경 정책이 미래 세대에 이익이 되는지를 계산하여 판단하는 공리주의는 개체 중심적 사고를 하지 않아 정체성 문제에서 거리를 둘 수 있기 때문이다. 공리주의는 추론 과정에서 특정 개인의 이익을 중시하는 것이 아니라 공평한 관점을 적용하여 전체 이익에 따른 공리를 중심으로 판단한다. 그런데 파핏은 이러한 공리주의적 사고가 비동일성 문제를 피할 수 있을지는 모르나, 수용하기 어려운 당혹스러운 결론을 초래한다고 주장한다. 파핏에 따르면 "비개체적인impersonal" 공리주의는 전체 공리가 상대적으로 더 클 것으로 예상된다면, 삶의 질은 높지만 수수의 사람을 존재하게 하는 미래의 환경 정책 대신 삶의 질은 낮지만 다수의 사람을 존재하게 하는 정책을 채택하게 할 것이기 때문이다(Parfit 1984:387-389). 다시 말해, 공리주의에 따르면 4만 명이 100이라는 높은 수준의 삶의 질에서 사는 것보다 100만 명이 5라는 낮은 수준의 삶의 질에서 사는 것이 더 바람직하다. 4만 명으로 구성된 사회의 전체 공리는 400만 명인 데 비해 100만 명으로 구성된 사회의 전체 공리는 500만 명으로 더 크기 때문이다. 그러므로 공리주의는 기후변화를 방치하여 환경을 황폐하게 하는 정책이더라도 미래 세대를 많이 낳게만 한다면, 기후변화에 효과적으로 대응하여 삶의 질을 높게 하지만 미래 세대 인구를 상대적으로 적게 하는 정책보다 더 나은 정책이라고 평가한다. 파핏은 이러한 비개체적이며 결과주의적 사고에서 야기된 공리주의의 결론을 수용하기 어렵다고 주장한다.

이러한 논의를 통해 파핏은 세대 간 정의를 정립하기 위해 두 집단을 비교하는 추론 방식이 갖는 딜레마를 보여 준다. 미래 세대와 관련된 정책 결정을 추론할 때, 인간에게 영향을 미치는 관점person-affecting view을 따르면 비동일성 문제가 야기되고, 인간에게 영향을 미치지 않는 비개체적 관점imperson-afection view을 따르면 당혹스러운 결론이 도출된다(김한승 2009:135). 이러한 딜레마에 직면하는 이유는 인간에게 영향을 미치는 관점은 개인의 관점에 주안점을 두고 논의를 전개하는 반면에, 인간에게 영향을 미치지 않는 관점은 개인의 관점보다는 사회 전체의 삶의 질을 극대화하려는 목적에만 주목하기 때문이다. 따라서 기후변화에 대응하려는 세대 간 정의는 파핏이 제기한 딜레마를 피해 나갈 수 있는 조건을 토대로 제시되어야 한다.

===== 롤즈의 세대 간 정의와 비동일성 문제

본 절은 롤즈의 정의로운 저축의 원칙이 비동일성 문제에 효과적으로 대응하면서도 기후변화 문제에 적절한 대응책을 마련할 수 있는 세대 간 정의로 적합한지에 대해 검토하고자 한다. 롤즈의 정의로운 저축의 원칙에 대한 논의는 사회적 관점에 주안점을 두면서도, 삶의 질을 극대화하려는 것이 아닌 최소치 충족sufficiency을 목표로 한다는 점에서 파핏이 제기한 딜레마를 피할 가능성이 엿보인다. 본 절은 롤즈의 정의론에서 세대 간 정의로서 정의로운 저축의 원칙just saving principle이 정합적인지, 비동일성 문제를 피하면서도 기후변화에 효과적인 대응책인지를 각각 검토하고자 한다.

1. 롤즈의 세대 간 정의로서 정의로운 저축의 원칙

1) 롤즈 정의론에서 정의로운 저축의 원칙의 위상

롤즈의 세대 간 정의로서 정의로운 저축의 원칙은 "각 세대는 문화와 문명의 성과를 보존하고 이미 확립된 정의로운 제도를 손상 없이 유지해야 할 뿐만 아니라, 또한 각 시기에 적절한 양의 실질적 자본을 축적해야 한다"라는 것이다(Rawls 1999a:252). 롤즈의 정의로 운 저축의 원칙은 문명을 보존하고 발전하게 할 수 있는 최소치를 보 장한다는 특징이 있다. 또한 이 원칙은 롤즈 정의론의 공정성 또는 정 의의 정신을 보존할 뿐만 아니라 정의론의 안정성stability을 위해 필수 적이다. 정의로운 저축의 원칙의 위상은 정의의 제2원칙인 차등 원칙 difference principle과의 관계에서 잘 나타난다. 롤즈는 『정의론』에서 "차 등 원칙을 적용하는 데 적절한 기대치expectation는 미래 세대에 걸쳐 확장되는 최소수혜자the least advantaged의 장기적 전망의 기대치"라고 주장한다(Rawls 1999a:252). 만약 차등 원칙이 세대 간 정의와 무관 하다면 원초적 입장original position의 합의 당사자는 미래 세대에 대한 고려 없이 현세대의 차등 원칙이 추구하는 정신에 따라 최소수혜자 의 이익을 극대화하려고 할 것이다. 만약 그렇게 되면 차등 원칙은 미 래 세대를 희생시켜서 현세대, 특히 현세대 최소수혜자의 이익을 극대화하는 원칙이 될 것이다. 이러한 희생을 담보로 한 정의의 원칙은 롤즈가 『정의론』 첫 부분인 제1장 제1절에서 거부하려고 했던 부정 의injustice라는 점에서 정의론의 일관성과 정합성을 훼손한다. 롤즈는 "정의는 타인이 갖게 될 더욱 큰 좋음을 위하여 소수의 자유를 뺏는 것이 정당화될 수 없다고 본다. 다수가 누릴 더욱 큰 이익을 위해서 소수에게 희생을 강요해도 좋다는 것을 정의는 용납할 수 없다"라고 주장한다(Rawls 1999a:3). 비슷한 입장에서 웰번Dominic Welburn은 어떤 정치 공동체가 다른 시민의 이익을 위해 소수를 차별화하는 것이 합 당하지 않은 것과 마찬가지로, 미래 세대의 기회를 현세대를 위해 자 의적으로 감소시키는 것은 불공정하다고 주장하며, 이런 이유로 인해 세대 간 정의가 자유주의 정의론에서 요청된다고 주장한다(Welburn 2013:57). 이런 의미에서 롤즈의 정의로운 저축의 원칙은 차등 원칙 을 규제하는 전제 조건이다(Rawls 1999a:257).

　　롤즈는 공정으로서의 정의의 최종 정식 가운데 제2원칙인 차 등 원칙에 다음과 같이 정의로운 저축의 원칙을 포함하고 있다.

　　"제2원칙: 사회적·경제적 불평등은 다음 두 가지, 즉 (a) 그것이
　　정의로운 저축의 원칙과 양립하면서 최소수혜자에게 최대 이득이
　　되고, (b) 공정한 기회균등의 조건 아래 모든 사람에게 개방된 직
　　책과 직위가 결부되게끔 편성되어야 한다"(Rawls 1999a:266).

　　이러한 정식에 따르면 차등 원칙은 정의로운 저축의 원칙 규

3장 기후변화: 세대 간 정의는 이루어지고 있는가?

제 아래 미래 세대를 위해 일정한 이익을 저축하고 나서 차등 원칙을 적용하기 때문에, 현세대의 재분배를 위한 재화는 어느 정도 줄어들 수 있다. 롤즈의 정의로운 저축의 원칙은 공정성과 정의가 통시적으로도 유지될 수 있도록 차등 원칙을 규제한다는 점에서 차등 원칙에 선행하는 위상을 갖는다.

2) 롤즈 정의론에서 정의로운 저축의 원칙의 역할

롤즈는 세대 간 정의 문제를 고려하지 않으면 자신의 공정으로서의 정의가 불완전할 것이라고 언급한다(Rawls 1999a:251). 롤즈가 분명한 이유를 제시하고 있지는 않지만, 롤즈 논의에 흩어진 근거를 찾아보면 다음과 같은 세 가지로 그 이유를 정리해 볼 수 있다. 첫째는 정의로운 저축의 원칙이 없으면 공정으로서의 정의가 안정성을 가질 수 없다는 것이다(Kim 2012:274). 어떠한 정의관이 일시적으로만 실현 가능하고 지속적이지 않은 것이라면 안정성을 갖기 어려워 불완전해진다. 이런 이유로 롤즈는 공정으로서의 정의가 세대 간의 정의 문제를 고려해야 한다고 생각한 듯하다. 세대를 거쳐 저축해야 한다는 롤즈의 주장에 대해 프리만은 롤즈가 얼마나 진지하게 정의로운 사회가 세대를 거쳐 지속해서 협력해야 한다고 생각했는지를 잘 보여 준다고 기술한다(Freeman 2007:138). 롤즈 논의에서 안정성과 긴밀하게 관계를 맺고 있는 것이 정의감sense of justice이다. 롤즈는 사회의 기본 구조를 규제하는 정의관의 안정성과 평형을 도모하는 힘들 가운데 기본적 역할을 하는 것은 공동체의 구성원이 공유하는 정의감이라고 가정한다(Rawls 1999a:401). 롤즈는 이러한 정의감은 사회의 제도를 통해 고양되고 강화된다고 주장하는데, 이러한 정의 감을 유지할 수 있게 하는 기반을 정의로운 저축의 원칙이 제공한다 고 보았다. 롤즈에 따르면 정의로운 저축의 원칙은 "기계나 다른 생산 수단에 대한 순 투자에서부터 학문과 교육에서의 투자에 이르기까지 다양한 형태"를 갖게 되는데, 이는 교육과 문화 등에서의 투자가 정의 감을 형성하고 고양하는 장치이기 때문이다(Rawls 1999a:252).* 이 러한 맥락에서 롤즈는 충분히 협력적인 사회 구성원이 되기 위해서 는 "최소의 핵심 요소들minimum essentials"이 요구된다고 주장한다(Rawls 2001:175). 공정으로서의 정의가 제대로 작동하도록 전체로서의 사 회 체제가 만들어지는 데는 사회적 최소치social minimum가 설정되는 수 준이 중요하게 작용하는데, 이러한 사회적 최소치는 현세대가 미래 세대의 요구를 어느 정도 존중하는가와 관련되기 때문이다.

둘째, 정의로운 저축의 원칙이 없으면 정의의 여건circumstances of justice이 성립될 수 없다는 것이다. 롤즈는 흄David Hume의 논의를 수 용하여 정의의 여건을 설명하고자 한다(Rawls 1999a:109). 정의의 여 건은 사회 구성원이 상호 협력할 수 있도록 만드는 상호성reciprocity의

---

* 롤즈는 질서 정연한 사회well-ordered society를 안정성과 관련해서 설명하는 『정의 론』 69절에서 안정성과 정의감과 도덕감moral sentiments이 긴밀한 관계를 맺고 있 다고 논증하며, 이러한 정의감과 도덕감은 사회의 교육을 통해 고양된다고 주장한 다. 롤즈의 이러한 도덕심리학은 『정의론』 70~72절에 잘 나타난다.

3장 기후변화: 세대 간 정의는 이루어지고 있는가?

조건이다(Freeman 2007:138). 롤즈는 객관적 여건으로 적절한 자원의 부족 상태를 제시하고, 주관적 여건으로 사회 구성원의 욕구와 관심이 대체로 비슷하여 서로의 이해가 충돌한다는 점을 제시한다. 원초적 입장이 형성되었다는 것은 정의로운 저축의 원칙이 유지되고 있음을 의미한다. 과거 세대에 의한 정의로운 저축이 없다면 현세대의 정의의 여건이 보장될 수 없기 때문이다. 롤즈는 원초적 입장에 있는 합의 당사자들이 이러한 정의의 여건을 모두 알고 있다고 언급한다(Rawls 1999a:111). 따라서 원초적 입장의 합의 당사자는 자신들이 과거 세대로부터 받은 것과 마찬가지로 다음 세대, 즉 미래 세대에도 주어야 한다는 자연의 의무natural duty를 갖게 된다(Rawls 1999a:257). 비슷한 맥락에서 페이든은 정의로운 저축의 원칙과 관련된 의무가 있다면 그리고 정의로운 사회 체제가 있다면, 우리는 정의의 여건이 유지될 수 있는 수준 이하로 떨어지지 않도록 노력할 의무가 있다고 주장한다(Paden 1997:34).

셋째, 정의로운 저축의 원칙이 없다면, 롤즈 정의론의 기본 정신이 훼손되는 것이다. 기후변화 시대가 원하는 정의의 요구는 미래 세대에 피해가 가지 않도록 현세대가 자원을 낭비하지 않고 자연을 보존하라는 것이다. 앞에서도 언급했던 것처럼 이러한 정의의 요구는, 롤즈가 『정의론』 제1장에서 밝힌 직관적인 정의와 일치한다. 롤즈는 영미 전통에서 가장 오랫동안 지속해 온 공리주의를 거부하는 근본적인 이유가 공리주의는 직관적인 정의와 배치되기 때문이라고 주장한다. 이는 사람들의 직관적인 정의에서 보자면, 설령 다수라고 하더라도 일부의 이익을 위해 다른 일부의 이익이 희생되는 것은 정당화될 수 없듯이 현세대의 이익을 위해 미래 세대의 이익이 희생되는 것은 정당화될 수 없기 때문이다(Freeman 2007:136). 따라서 롤즈의 정의론은 논리적 일관성을 위해 기후변화 시대에 적합한 정의의 원칙을 제시해야 한다.

3) 정의로운 저축의 원칙과 정의론 사이의 일관성과 정합성

앞 절들에서 검토한 것처럼 정의로운 저축의 원칙이 롤즈의 정의론에서 중요한 역할과 위상을 갖는다고 하더라도 만약 이 원칙이 롤즈 정의론 내에서 일관성을 훼손하거나 정당화될 수 없다면 이론으로 정립될 수 없을 것이다. 본 절은 이러한 정합성을 검토하고자 롤즈의 세대 간 정의와 관련된 원초적 입장에서의 합의 당사자의 참여 문제와 동기 가정 문제를 검토하고자 한다.

① 정의로운 저축의 원칙과 원초적 입장의 참여자 문제

롤즈의 정의로운 저축의 원칙에 제기되는 참여자 문제는 이러한 원칙이 롤즈의 방법론인 원초적 입장original position에서 도출될 수 있는지에 대한 것과 관련된다(English 1977:93-95; Kim 2012:276). 많은 학자는 롤즈의 세대 간 정의가 기존의 원초적 입장에서는 도출될 수 없으므로 다음 두 가지 방식에 입각해 이루어져야 한다고 보았다. 첫째는 모든 세대, 즉 미래 세대를 포함한 세대 모두가 원초적 입장에 참여하는 방식이고, 둘째는 무지의 베일로 인해 자신이 현세대인지 아니면 미래 세대인지를 모르는 방식이다(Tremmel 2013:485). 하지만 롤즈는 자신의 원초적 입장은 모든 세대가 참여하는 방식과 동일 선상에 두어서는 안 된다고 주장하며, 만약 이런 방식을 취한다면 정의론은 직관에 부합하는 자연스러운 논의가 될 수 없고 명확한 이해를 상실할 것이라고 주장한다(Rawls 1999a:120). 롤즈는 과거, 현재, 미래 세대의 모든 대표자가 참여하는 원초적 입장은 비현실적이며 상식에 부합하지 않아 반직관적이라고 주장한다. 롤즈는 도덕적 관점의 바람직한 특징에 해당하는 안정성을 정의론이 갖춰야 할 중요한 요소라고 생각했는데 이러한 안정성을 위해서는 현실성feasibility이 중요하며, 존재하지 않는 사람들이 참여하는 합의 과정은 비현실적이기 때문이다(Rawls 1999a:398). 이러한 주장에 내한 좀 더 상세한 의미는 파핏의 논의에서 찾을 수 있다(Moellendorf 2009:209). 파핏은 사람들이 실제와 다르게 진행되었을 역사를 상상할 수는 있지만, 실제 역사 속에서 자신이 존재하지 않을 수 있다는 전제 아래 어떤 것을 선택할지의 실천적 숙고 과정을 논리적으로 그리고 인식론적으로 가질 수 없다고 주장한다(Parfit 1984:392). 이러한 주장에서 보자면 존재할 사람들possible persons이라고 할 수 있는 현재 존재하지 않는 미래 세대가 원초적 입장에 대표자로 참여할 수는 없다. 실재가 아니라 가능한 사람들이 실질적인 영향력을 갖는 실재 결과를 숙고한다는 것이 논리적, 인식론적으로 불가능하기 때문이다. 파핏의 논의를 해석하면서 모엘렌도르프Darrel Moellendorf는 정의론이 실재 세계를 전제하는데, 그러한 실재 세계는 실제 존재하는 인간을 필요조건으로 하므로 실제 존재하지 않는 사람들이 참여하는 원초적 입장은 부적절하다고 주장한다(Moellendorf 2009:210).

앞서 본 두 번째 방식은 존재할 사람들이 아닌 실재하는 사람들이 원초적 입장에 참여한다는 점에서, 앞의 방식에 제기되었던 비판은 피할 수 있을 것으로 보인다. 그런데 두 번째 방식의 실재하는 사람들이 실제 미래 세대일 수는 없다. 파핏의 비동일성 문제에 따르면 현재의 정책 결과에 따라 미래 세대의 정체성이 달라질 것이기 때문이다. 따라서 두 번째 방식에서 실재하는 합의 당사자는 현세대의 구성원일 것이다. 이렇게 되면 두 번째 방식과 롤즈의 방식은 유사해진다. 하지만 이 두 가지 방식에서 차별화되는 지점은, 롤즈가 합의 당사자들이 어떤 세대인지는 모르지만 모두가 같은 세대contemporaries임은 안다는 것과 달리 두 번째 방식은 무지의 베일로 인해 합의 당사자가 같은 세대라는 점을 알지 못할 뿐만 아니라 각각이 어떤 세대인지도 몰라 합의 당사자가 자연스럽게 모든 세대의 이익을 대변할 수 있다는 점이다. 이런 입장을 취하는 라이먼Jeffrey Reiman은 자신의 논의를 강화하기 위해 사람의 속성person's properties과 특정한 사람particular persons을 구분하는 전략을 구사한다(Reiman 2007:79-84). 현존하지 않는 미래 세대 구성원이 원초적 입장에 참여하는 것이 아니라 현재의 사람들이 미래 세대의 속성, 즉 그들의 이해관심interests을 갖는다는 전략은 앞에서의 비판을 피할 수 있을 것으로 보인다. 이러한 방식에 제기될 수 있는 비판은 두 가지이다. 첫째는 미래 세대의 이해관심이 미래 세대가 누구인지 모르는 불확실한 상황 아래서는 제시될 수 없다는 비판이다. 이는 미래 세대의 이해관심은 현세대의 정책 결정에 따라 존재 여부가 결정되는 미래 세대 고유의 속성이기 때문이다. 따라서 비동일성 문제와 관련해 첫 번째 방식에 대한 비판에서 본 것처럼, 미래 세대가 원초적 입장에 참여하는 것은 불가능하므로 그들의 이해관심이 독립적으로 제시된다는 것은 성립될 수 없다. 둘째는 원초적 입장에 참여하는 것은 합의 당사자이지 이해관심이 아니라는 비판이다. 두 번째 방식은 마치 원초적 입장에 나타나는 것이 이해관심이라고 주장하는 것 같은데, 미래 세대의 이해관심과 관련된 속성 자체는 원초적 입장에서 숙고와 합의 과정을 가질 수 없다. 숙고와 합의는 합의 당사자가 하는 것이지 속성 자체가 하는 것이 아니기 때문이다(Moellendorf 2009:211).

이상의 이유로 롤즈가 세대 간 정의를 위해 채택하는 방식은 현세대의 실재적인 합의 당사자들이 미래 세대에 영향을 미치는 것이 무엇인지에 대해 현세대가 그들의 관점에서 합의하는 것과 마찬가지이다. 원초적 입장의 합의 당사자는 자신들이 어떤 세대에 속하는지는 모르지만, 모두가 동일 세대의 구성원이라는 것을 알면서 합의에 참여하는 것이다. 이러한 참여자 논의는 롤즈의 논의와 일관성을 갖는다는 장점이 있지만, 이러한 원초적 입장에서 세대 간 정의가 도출될 수 있을지 의심을 갖게 한다. 롤즈는 이러한 의심을 해소하기 위해 원초적 입장에 참여하는 합의 당사자의 동기motivation로 두 가지를 추가한다. 이런 시도에 제기될 수 있는 물음은 동기의 추가가 롤즈 논의의 일관성을 훼손하는지 여부와 이러한 동기의 추가가 롤즈의 세대 간 정의 논의에 필수적인지 여부이다. 이 물음들은 다음 절에서 고찰할 것이다.

② 정의로운 저축의 원칙과 원초적 입장의 합의 당사자의 동기 가정 문제

롤즈가 세대 간 정의를 위해 현세대의 합의 당사자가 참여하는 원초적 입장을 고안했다고 했을 때 제기될 수 있는 물음은 원초적 입장의 기존 전제에서 세대 간 정의가 도출될 수 있느냐는 것이다. 원초적 입장의 합의 당사자가 미래 세대의 입장 또는 이해관심을 고려하는 것은 합의 당사자의 가정인 합리성과 합당성에 상충하는 것으로 보이기 때문이다. 이러한 의문을 해소하기 위해 롤즈는 두 가지 동기 가정을 원초적 입장의 당사자에게 추가로 부여한다. 첫 번째 동기 가정은 『정의론』 초판(1971)부터 있었던 전제로 합의 당사자가 가족의 대표head of family이어서 가까운 후손에 대한 이해관심을 가졌다는 것이고, 두 번째 동기 가정은 『정의론』 개정판(1999a)에 추가된 것으로, 합의 당사자가 넓은 의미의 상호성으로 자신들이 선조로부터 받고 싶은 것을 자신들도 후손에게 주려는 동기를 갖는다는 것이다. 이러한 동기 가정 추가에 대해 제기되는 비판은 추가된 것이 롤즈의 기존 동기와 충돌하여 롤즈 논의의 일관성을 훼손한다는 비판이다.*

먼저 첫 번째 동기에 대해서는 롤즈의 상호 무관심한mutually disinterested 합의 당사자 가정과 상충한다는 비판이 제기된다(Hubin 1976:75; English 1977:93; Wall 2003:80; McKinnon 2012:36-37;

Tremmel 2013:485).** 합의 당사자는 기본적으로 상호 무관심한데, 자신의 가족과 후손인 친족에 대해 자연적 결속natural bonds of kinship을 한다는 시각은 일관성이 없어 보이기 때문이다. 롤즈는 원초적 입장의 합의 당사자가 후손이라는 제3의 당사자에 대한 의무를 갖지 않는다고 명시한다(Rawls 1999a:111). 후손에 대한 의무를 부여하는 것이 세대 간 정의를 설명하는 한 방식이 될 수는 있지만, 공정으로서의 정의는 정의의 책임과 의무를 다른 합당한 조건 아래에서 도출하려는 기획이기 때문이다. 이러한 기획에서 나온 것이 후손에 대한 이해관심을 가졌다는 첫 번째 동기 가정이다. 이 동기 가정은 제3의 당사자에 대한 '의무'가 아니라 제3의 당사자에 대한 '나의 이해관심'이다. 이러한 동기는 상호 무관심성이라는 합리성 전제에서 나오는 것이 아니라, 정의감을 포함하는 합당성reasonableness 전제에서 나오는 것이다. 롤즈는 원초적 입장의 당사자가 합리적이고 합당한 존재라

---

* 이러한 비판에 덧붙여서 제기될 수 있는 비판은, 롤즈는 가급적 약한 전제들을 토대로 정의의 원칙을 도출하려고 하는데 이러한 동기 가정의 추가는 이러한 기획과 상충한다는 비판이다(Kim 2012:276). 이러한 비판은 롤즈의 논의가 갖는 단순함과 명료함의 미덕을 훼손한다는 약한 수준의 비판에 불과하다는 점에서, 다른 이유로 동기 가정을 추구하는 것이 필요하다면 추가된 동기 가정을 포기할 필요는 없어 보인다.

** 후빈은 롤즈가 후손에 대한 감정을 인정한다면, 왜 다른 결사체associations에 대한 감정은 허용하지 않는가 하고 비판한다(Hubin 1976:75). 이 글이 해석하는 방식으로 롤즈를 이해한다면, 원초적 입장의 합의 당사자는 다른 결사체에 대한 감정을 허용하지 않을 이유가 없으며, 오히려 롤즈는 암묵적으로 이러한 허용을 통해 정의감과 도덕감을 원초적 입장에 포함하고 있다고 볼 수도 있다.

고 전제하는데, 합리성의 성격 중 하나가 상호 무관심성이다. 롤즈는 자신의 합리성 개념이 기존의 사회과학에서 사용되는 합리성 개념과 동일하지만, 그러한 합리성을 더욱 강화하기 위해 상호 무관심성이라는 특징이 추가되었다고 기술한다(Rawls 1999a:123-124). 그런데 합의 당사자의 상호 무관심성은 다른 합의 당사자에 대한 것이지 그외 다른 사람에 대한 것이 아니라는 사실에 주목해야 한다(Freeman 2007:149). 합의 당사자가 상호 무관심적이라는 것은 다른 합의 당사자의 목표aims와 헌신commitments을 고양하는 것에 직접적으로 관심을 두지 않는다고 말하는 것이지, 합의 당사자가 다른 사람의 목표와 헌신을 고양하는 것에 관심이 없다고 말하는 것은 아니기 때문이다. 롤즈는 원초적 입장의 합의 당사자를 고립된 개인으로 보지 말아야 하며 다른 사람, 특히 자신의 후손에 대한 애정과 헌신을 갖는 존재라고 주장한다(Rawls 1999a:181). 롤즈의 합당성 개념은 정의감을 포함하는데, 정의감에는 후손에 대한 고려나 상호성에 대한 강조 등이 포함될 수 있다. 따라서 첫 번째 동기 가정은 이러한 합당성 개념에서 자연스럽게 도출될 수 있으며 상호 무관심성과도 양립이 가능하다.

원초적 입장의 합의 당사자가 가족의 대표이어서 자신의 당대뿐만 아니라 후손에 대해 지대한 관심을 둔다고 하더라도 그러한 관심은 가까운 후손에게 국한될 것이라는 비판이 제기될 수 있다(Hubin 1976:83; Barry 1989:504). 즉 어떤 사항에 대한 결정에서 한두 세대에 걸친 문제에는 관심을 쏟지만, 몇백 년이 넘는 먼 미래의 문제, 예를 들어 핵폐기물과 관련된 문제에 대해서는 무관심하

3장 기후변화: 세대 간 정의는 이루어지고 있는가?

고 부당한 결정을 서슴지 않을 수 있기 때문이다. 롤즈 자신도 『정의론』 초판(1971) 이후 이 문제를 인식했던 것으로 보인다(Rawls 2001:160). 롤즈는 이러한 문제를 극복하기 위해 『정의론』 개정판(1999a)에서 하나의 동기 가정을 추가한다. 즉 원초적 입장의 당사자들은 채택할 원칙이 모든 선행 세대들에 대해 그들이 따랐기를 바라는 바로 그런 원칙이어야 한다는 것이다(Rawls 1999a:111, 255). 프리만은 이러한 가정이 엄밀한 의미의 상호성에 기반을 둔 것은 아니지만, "이전 세대가 너에게 했던 것처럼 너도 미래 세대에게 동일하게 하라"라는 의미에서 볼 때 상호성과 닮은 일종의 상호성a kind of reciprocity으로 간주할 수 있다고 주장한다(Freeman 2007:138-139). 롤즈는 이러한 두 가지 가정을 통해 모든 세대가 다 함께 결속할 수 있으며 각 세대의 이해관심을 적절히 고려하는 원칙에 합의할 수 있다고 기대한다.

이상의 논의에서 살펴본 것처럼 롤즈가 세대 간 정의를 위해 추가했다고 언급한 동기 가정은 기존의 롤즈 논의와 일관성을 유지할 수 있다. 그런데 이러한 동기 가정의 역할, 즉 세대 간 정의를 도출하기 위한 역할이 앞에서 논의했던 정의로운 저축의 원칙의 위상이나 역할, 원초적 입장의 합의 당사자가 갖는 합당성 개념 등에 의해서도 도출될 수 있다는 점에서 동기 가정이 꼭 필요한 것인지에 대한 의문이 제기될 수 있다.* 롤즈의 논의에서 정의로운 저축의 원칙이 중요한 역할을 감당하고 있으며 합의 당사자가 갖는 상호성과 합당성 성격으로 인해 합의 당사자가 추가된 동기 가정 없이도 깊이 생각하고 추론한다면 정의로운 저축의 원칙에 합의할 것으로 보이기 때문이다. 그러나 앞에서도 언급했던 것처럼 롤즈는 자신의 정의론이 직관에 부합하는 자연스러운 논리를 통해 명확하게 이해되기를 원한다(Rawls 1999a:120). 이런 측면에서 보자면, 논리적 필요성과 합당성 개념으로부터 세대 간 정의를 도출하는 것은 다소 부자연스럽고 논리적 비약으로 비칠 수도 있다. 정의의 의미와 합당성 논의로부터 정의로운 저축의 원칙까지의 추론 과정은 논리적 과정이 다수 생략되어 있기 때문이다. 따라서 롤즈는 동기 가정을 명시하여 이러한 과정을 논리적으로 자연스럽고 분명하게 나타내고자 한 것으로 보인다. 이 글은 동기 가정 추가가 롤즈 논의의 논리적 일관성을 훼손하지 않으며, 논리적 추론을 원활하게 하고 분명하게 하기 위한 부연 장치라고 주장한다.

---

* 잉글리시는 가족의 대표라는 동기 가정 없이도 어느 정도의 저축이 롤즈 정의론 내에서 이루어질 수 있다고 주장한다(English 1977:98). 원초적 입장의 합의 당사자가 동시대인이라고 하더라도 생물학적인 이유로 적어도 두 세대의 구성원을 포함하게 되며, 그렇게 되면 자연스럽게 가까운 후손을 위해 저축을 고려할 것이기 때문이다. 이러한 잉글리시의 주장은 타당하지만, 기후변화처럼 시간적 격차가 큰 미래 세대를 고려해야 하는 부적의에 대해서는 부적절해 보인다. 그러나 잉글리시에 대한 이런 비판이, 롤즈의 세대 간 정의를 위해서는 가족의 대표 전제가 필수적이라는 주장으로 연결되는 것은 아니다. 이 글은 롤즈 정의론에서, 가족의 대표 가정 없이도 먼 미래 세대를 고려한 세대 간 정의가 도출될 수 있다고 주장하며, 다만 그러한 가정이 이러한 도출을 좀 더 분명하게 강화하는 측면이 있다고 주장하기 때문이다. 따라서 이 글은 동기 가정이 임시방편ad hoc에 불과하다는 비판(Barry 1989:505; 김현섭 2013:626; Tremmel 2013:485)에 반대한다.

2. 정의로운 저축의 원칙과 기후변화

롤즈의 정의로운 저축의 원칙이 롤즈의 정의론 내에서 정합성과 일관성을 갖는다고 하더라도 앞에서 검토했던 파핏의 비동일성 문제를 피하면서도 기후변화라는 문제에 효과적으로 대응할 수 있어야 정의로운 저축의 원칙은 효과적인 세대 간 정의론이 될 수 있다. 따라서 본 절은 이러한 문제를 각각 검토하고자 한다.

1) 정의로운 저축의 원칙과 비동일성 문제

앞에서 검토한 것처럼 비동일성 문제는 해악과 관련된 개체주의적인 정체성 의존적 논의가 겪는 어려움이며, 당혹스러운 결론은 삶의 질을 극대화하려는 시도가 갖는 문제이다. 롤즈는 자신의 정의론을 고통과 쾌락에 대한 결과주의적 논의인 공리주의의 대안으로 제시한다. 롤즈는 사회 제도의 제1덕목은 정의justice라고 주장하며, 사회 제도가 아무리 효율적이고 정치하다고 하더라도 부정의 하다면 개혁되거나 폐기되어야 한다고 주장하여 해악과 관련된 논의와 거리를 둔다(Rawls 1999a:3). 더욱이 롤즈는 이러한 정의에 관한 논의를 사회의 기본 구조에 적용하고 있다. 즉 롤즈의 정의론은 결과가 효율적이고 이익이 증진된다고 하더라도 공평성과 불가침적 권리 침해를 허용하지 않는 제도를 마련해야 한다고 주장한다는 점에서 개체주의적이라기보다는 체제institution 중심적인 논의로 보인다. 롤즈의 세대 간 정의 역시 이상론의 일부로서 어떤 사회 제도와 체제를 형성하는 데 관여하는 순수 절차적 배경적 정의pure background procedural justice이지 특정 개인에게 직접 이익을 제공하는 할당적 정의allocative justice가 아니다(Rawls 2001:50). 이런 정의론의 특징에서 볼 때, 롤즈의 세대 간 정의는 해악과 관련된 개체주의적인 정체성 의존적 논의라고 할 수 없다.

더욱이 롤즈의 정의로운 저축의 원칙은 미래 세대가 자신들의 문명과 문화를 보존하고 발전시킬 수 있는 토대를 제공한다는 점에서 삶의 질과 관련된다고 볼 수 있지만, 이러한 삶의 질의 추구가 극대화가 아닌 최소치 충족sufficiency이어서 파핏이 제기했던 당혹스러운 결론에 도달하지 않을 수 있다. 롤즈의 원칙은 미래 세대가 누구인지와 관계없이 정의로운 제도와 문화를 유지하고 확립할 수 있는 최소치를 충족해야 한다는 원칙이기 때문이다. 롤즈에게 정의로운 저축의 원칙이 갖는 의미는 각 개인 또는 각 사회가 자율성을 가지고 살아갈 수 있게 해 주는 토대를 제공해야 한다는 것이다. 개인에게 이러한 의미는 자존감과 관련되며, 사회에게는 적정수준decency을 갖춘 질서 정연한 사회well-ordered society 개념과 관련된다(Rawls 1999b:106). 롤즈는 지구촌 사회에서의 정의 문제를 고찰한 『만민법』에서 원조의 의무 근거를 정의로운 저축의 원칙에서 찾고 있다. 각 사회가 자율성을 가지고 문화와 문명을 유지, 발전시키기 위해서는 갖춰야 할 기본적 수준이 필요한데, 이러한 수준은 정의로운 저축의 원칙과 관련된다. 만약 어떤 사회가 더 많은 수준의 원조를 혜택으로 받게 되면, 해당 사회는 스스로가 사회를 만들어 나갈 자율성을 상실하고 공여국의 방식에 의존하거나 종속될 수 있기 때문이다. 마찬가지로 『정의론』에서의 저축은 정의로운 제도와 평등한 자유를 충실히 구현하는 조건으로서 요구되는 것이다(Rawls 1999a:257). 이러한 조건의 의미는 최소치 충족과 관련된다. 이는 롤즈가 정의로운 저축의 원칙을 "각 세대는 문화와 문명의 장점을 보존하고 이미 세워진 정의로운 제도를 해치지 않고 유지"하기 위해 적절한 양의 실질적인 자본을 축적해야 한다는 원칙이라고 설명하기 때문이다(Rawls 1999a:252).* 정의로운 저축의 원칙이 갖는 이러한 의미로 볼 때, 이 원칙은 저축을 통한 극대화가 아닌 최소치라는 점에서 공리주의가 직면했던 당혹스러운 결론에 도달하지 않을 수 있다.

2) 정의로운 저축의 원칙과 기후변화 대응

현재의 기후변화 문제는 제1절에서 수용한 두 가지 전제에 따르면, 인간의 활동으로 인한 부정의의 결과이다. 이러한 부정의는 미래 세대에 대한 고려 없이 과도한 발전을 추구하다 보니 현세대가 자원을 과도하게 사용하고 환경을 파괴하는 형국이 발생했을 뿐만 아

---

*   파이든은 최소치 충족sufficiency을 추구하는 정의로운 저축의 원칙이 최수수혜자의 우선성priority을 추구하는 차등의 원칙과 명백하게 구별됨에도 불구하고, 많은 학자가 정의로운 저축의 원칙을 세대 간 차등 원칙으로 오해해서 독립적인 주제로 연구하지 않았다고 주장한다(Paden 1997:31). 예를 들어, 배리Brian Barry는 롤즈의 세대 간 정의를 통해 후손에게 더 나은better off 삶을 제공하자는 우선성 논의로 이해한다(Barry 1989:502). 그러나 롤즈는 차등 원칙이 세대 간 정의 문제를 위해 유효하지 않다고 주장하며 다른 원칙을 통해 저축과 관련된 문제가 다루어져야 한다고 분명하게 제시한다(Rawls 1999a:254).

니라, 이러한 피해가 가해자인 현세대에게 발생하는 것보다는 가해자가 아닌 미래 세대에 더 크게 나타나기 때문이다. 롤즈의 입장에서 볼 때, 이러한 기후변화 문제는 현세대가 누릴 큰 이익을 위해 미래 세대의 희생을 강요하는 부정의에 해당한다(Rawls 1999a:3). 따라서 현세대의 사회 정의를 추구하려는 롤즈 정의론의 입장에 따르면 기후변화에 효과적으로 대응하기 위한 세대 간 정의는 필수적이다.

롤즈의 세대 간 정의인 정의로운 저축의 원칙은 두 가지 이유로 인해 기후변화에 효과적인 대응 방안으로 보인다. 첫째는 정의로운 저축의 원칙이 사회 기본구조에 적용되는 사전적ex ante 정책을 제정한다는 것이다. 롤즈의 세대 간 정의인 정의로운 저축의 원칙은 정의로운 사회 기본구조가 확립되고 시간이 지나면서도 보존될 수 있는 조건을 가능하게 하는 것을 목적으로 한다(Rawls 1999a:257, 2001:159). 이러한 조건에는 물질적, 문화적, 기술적, 사회적인 인지적 조건collective cognitive conditions 등의 광범위한 조건이 포함된다(McKinnon 2012:31). 기후변화 문제는 현재 발생한 문제에 대해서는 교정할 필요가 있지만, 추후 발생할 문제에 대해서는 예방이 필요하다. 더욱이 이러한 교정과 예방은 지속해서 이루어져야 실질적 효과를 얻을 수 있다. 이런 측면에서 정의로운 저축의 원칙은 사회 기본구조에 적용될 뿐만 아니라 사전적 의미가 있다는 점에서 기후변화 문제 대응에 효과적일 것으로 기대된다. 둘째는 정의로운 저축의 원칙이 최소치 충족을 추구한다는 점에서 실천적으로 실현 가능feasible하다는 것이다. 정의로운 저축의 원칙은 기후변화와 관련된 문제를 고려할 때 미래 세대가 정의로운 사회를 구현할 수 있는 최소치를 보장하는 수준을 유지할 수 있는 사회 기본구조를 채택하게 한다. 예를 들어, 정의로운 저축의 원칙은 지구 온난화를 유발한다고 간주하는 이산화탄소 가스 배출량을 줄이는 정책과 제도가 설령 현세대 최소 수혜자의 이익을 극대화하지는 않는다고 하더라도, 그러한 사회 기본구조를 채택할 것이다. 물론 그러한 저축률은 해당 사회가 가난하면 낮을 수 있고, 해당 사회가 부유하면 상대적으로 높을 수 있다(Rawls 1999a:255). 이러한 해당 사회에 따른 차이에도 불구하고, 정의로운 저축의 원칙은 그 수준이 미래 세대의 문화와 문명이 유지될 수 있고 그들이 자신의 사회를 발전시킬 수 있는 최소치를 충족하는 정도가 될 것인데, 이러한 최소치 충족은 다른 원칙에 비해 과도한 부담을 요구하지 않는다는 점에서 실현 가능성이 높다.

▰▰▰ 정의로운 저축의 원칙을 통한 기후 정의를 위하여

이 장에서는 기후변화에 효과적으로 대응할 수 있는 세대 간 정의론으로 롤즈의 정의로운 저축의 원칙이 적합하다고 주장했다. 이러한 주장을 뒷받침하기 위해, 첫째 롤즈의 논의가 세대 간 정의를 이론적으로 정립하기 어렵게 만든다고 간주한 파핏의 비동일성 문제를 극복할 수 있다고 논증했다. 비동일성 문제가 해악과 관련된 개체주의적인 정체성 의존적 논의가 겪는 문제인 데 반해, 롤즈의 논의는 비개체주의적인 사회의 기본 구조에 초점을 두고 있기 때문이다. 더욱이 롤즈의 세대 간 정의는 비동일성 문제를 피할 수 있는 공리주의처럼 미래 세대의 삶의 질에 관심을 두고 있긴 하나, 공리주의와 같이 극대화를 추구하는 것이 아니라 미래 세대가 자신들의 정의로운 사회와 문명을 유지하고 확립할 수 있을 정도의 최소치 충족을 목표로 하므로 공리주의가 직면했던 당혹스러운 결론에 도달하지 않는다. 둘째, 롤즈의 세대 간 정의가 이론적으로 정합적이고 일관적이라고 주장했다. 롤즈의 정의로운 저축의 원칙은 비동일성 문제를 극복할 수 있다는 장점에도 불구하고, 그 자체가 이론적으로 정합성과 일관성을 갖지 못한다는 비판을 받아 와서인지 그동안 효과적인 세대 간 정의로 주목받지 못했다. 따라서 이 장은 이러한 비판에 대응하기 위해, 세대 간 정의를 위한 롤즈의 원초적 입장이 갖는 참여자 문제가 현실성과 정당성 모두를 강조하는 롤즈 논의에서 정당하며, 동기 가정 문제는 원초적 입장의 합의 당사자가 갖는 합리성과 합당성에 배치되지 않는다는 논증을 제시했다. 셋째, 이 장은 롤즈의 정의로운 저축의 원칙이 기후변화 문제에 효과적으로 대응할 수 있는 세대 간 정의라고 논증했다. 비동일성 문제를 극복할 수 있으면서 이론적으로도 잘 정립된 정의로운 저축의 원칙은, 사회 기본구조에 적용되는 사전적 정책을 제시한다는 점에서 지속적이며 예방적인 접근이 필요한 기후변화 문제에 적합한 세대 간 정의이다. 더욱이 정의로운 저축의 원칙은 최소치 충족이라는 비교적 현실적인 차원의 접근이라는 점에서 실현 가능성이 높은 세대 간 정의이다. 이러한 논증을 통해 이 장은 롤즈의 정의로운 저축의 원칙이 미래 세대의 문명과 제도를 정의롭게 유지하고 발전시킬 수 있는 토대를 제공한다고 주장했다.

　　이 장의 논의 시도는 기후변화라는 시대적 과제에 대응할 수 있는 이상론으로서의 정의론인 정의로운 저축의 원칙을 제시한 것이다. 이런 이유로 롤즈가 그랬던 것처럼, 이 글 역시 비이상론에서 제시되어야 할 구체적인 저축률을 검토하지 않았다. 이러한 비이상론의 구체적인 정책 논의는 전 지구적 차원에서, 그리고 한국 사회적 차원에서 전문가와 시민이 머리를 맞대고 고민하여 심의해야 할 것이다.* 제4장에서 더 자세하게 보겠지만 롤즈의 『정의론』에서 제시되는 이상론과 비이상론의 바람직한 관계에서 이상론이 그랬던 것처럼, 롤즈의 세대 간 정의인 정의로운 저축의 원칙이 전 세계 10대 청소년이 주목하는 기후변화에 효과적으로 대응하는 정책과 제도를 마련하기 위한 논의에서 등대의 역할을 감당하길 기대한다.

---

* 기후변화는 세대 간 정의 문제이기도 하지만 전 지구적 정의 문제이기도 하다. 이 장은 전자를 중심으로 논의했는데, 만약 후자에 주목한다면 정의로운 저축의 원칙에 대한 새로운 검토가 필요할 수도 있다. 기후변화에 대한 각 사회의 입장이 달라 전 지구적 공유지 비극international tragedy of the commons이 발생할 수도 있기 때문이다(Kim 2019:173).

2부

정의로운
제도와 정책

『정의론』 제2부는 정의의 원칙이 어떻게 현실 제도와 정책에서 구현될 수 있을지에 대한 이론 차원의 논의를 다루고 있다. 이 책의 제2부는 『정의론』 제2부에서 다뤘던 이상론과 비이상론, 재산소유 민주주의, 사회 기본구조 논의를 필자가 한국 사회에서 중요한 논의 과제로 생각하는 사회 개혁 정책, 주거 정책, 가족 정책에 어떻게 적용해 정의 실현에 기여할 수 있을지를 살펴보고자 한다. 『정의론』과의 대화를 통해 공정으로서의 정의가 어떻게 한국 사회의 만연한 부정의를 제거하기 위해 적용될 수 있을지, 부동산으로 인한 사회적 갈등을 해결할 수 있는 주거 정책은 무엇인지, 어떻게 양육자와 아이 사이의 정의로운 가족 제도가 확립할 수 있을지를 모색하고자 한다.

4장

이상론과 비이상론

만연한 부정의를
어떻게
제거할 것인가?

* 이 장의 내용은 목광수(2011a)와 목광수(2011b)를 바탕으로 이 책의 목적에 맞게
수정 및 보완한 것이다.

한국 사회에서의 부정의와
정의를 향한 움직임 논의

2010년에 처음 등장한 '헬조선'이라는 신조어는 한국 사회에 만연한 부정의를 꼬집는 단어이다. 2014년 세월호 침몰 사고, 2016년 구의역 스크린도어 사망 사고, 2018년 태안화력발전소 사망 사고와 같은 크고 작은 일련의 사고는 지금도 한국 사회 곳곳에서 끊이지 않고 있다. 이러한 사고는 이윤 추구를 위해 법을 고치거나 피해 가면서 인간을 수단화하는 비윤리적 정책과 태도가 반영된 부정의이다. 경향신문(2019. 11. 21)은 2016년부터 2019년 9월까지의 전수조사를 토대로 1면 전체에 사고로 목숨을 잃은 노동자의 이름을 빼꼭히 적어 넣은 파격적인 편집을 통해 매일 노동자 3명이 부정의로 죽어 가는 현실을 고발했다.

2018년 11월 1일 대법원은 2004년 전원합의체 판결(11 대 1)을 통해 "종교적 이유 등으로 병역을 거부한 자도 형사처벌해야 한다"라는 원칙을 세웠지만, 이 원칙을 뒤집어 종교적 신념을 이유로 군입대를 거부하는 이른바 '양심적 병역거부'를 병역법 위반죄로 처벌할 수 없다는 첫 대법원 전원합의체 판결(9 대 4)을 내렸다. 대법원은 판결문에서 "자유민주주의는 다수결의 원칙에 따라 운영되지만 소수자에 대한 관용과 포용을 전제로 할 때만 정당성을 확보할 수 있다. 국민 다수의 동의를 받지 못하였다는 이유로 형사처벌을 감수하면서도 자신의 인격적 존재가치를 지키기 위하여 불가피하게 병역을 거부하는 양심적 병역거부자의 존재를 국가가 언제까지나 외면하고 있을 수는 없다. 일방적인 형사처벌만으로 규범의 충돌 문제를 해결할 수 없다는 것은 이미 오랜 세월을 거쳐 오면서 확인되었다. 그 신념에 선뜻 동의할 수는 없다고 하더라도 이제 이들을 관용하고 포용할 수는 있어야 한다"라는 판결의 근거를 제시한다. 이 판결로 인해 1950년 한국전쟁 이후 약 2만 명의 양심적 병역거부자에게 내려졌던 처벌이 멈추게 되었다.

▄▄▄ 『정의론』의 현실성에 대한 의심

『정의론』 제1부에서 제시된 공정으로서의 정의는 학계와 사회로부터 많은 관심을 받았다. 정의로운 사회는 전체 사회의 복지라는 명목으로도 유린될 수 없는 개인의 자유를 보장해야 한다는 정의의 우위성 주장이 갖는 호소와 이를 정당화하는 이론적 구성이 탄탄했기 때문이다. 그런데 이러한 정의론의 이론적 정교함을 인정한다고 하더라도, 롤즈 정의론이 부정의가 만연한 현실 사회에서 작동할수 있을까라는 의심이 들기 쉽다. 많은 철학 논의가 이론적 완결성에도 불구하고 현실성을 상실한 경우가 적지 않았기 때문이다. 롤즈 정의론 또한 이런 상아탑에 갇힌 이론에 불과할지 모른다는 의심을 벗어나기 위해서는 적극적으로 정의론의 현실성에 대한 논의를 전개할 필요가 있었다. 이를 위해 롤즈는 『정의론』에서 완전히 정의로운 사회perfectly just society의 본성과 목표를 검토하는 이상론ideal theory이 정의론의 근본적 부분임을 인정하면서도 이를 토대로 전개되는 부분적 준수론partial compliance theory, 즉 부정의를 다루는 비이상론non-ideal theory도 자신의 논의에 포함된다고 주장한다(Rawls 1999a:8). 정의론의 현실성 확보를 위한 롤즈의 전략은 이상론과 비이상론이 모두 자신의 논의에 있음을 보이는 것이었다.

　　이상론과 비이상론의 바람직한 관계가 자신의 논의에 담겨 있다는 롤즈의 주장에도 불구하고, 『정의론』 출간 직후부터 제기된 비판 가운데 하나는 롤즈 정의론이 비이상론적 상황non-ideal circumstance에서 실천성 또는 현실성feasibility을 담지할 수 없다는 것이었다.* 예를 들어 파인버그Joel Feinberg는 이상론으로서의 정의론만으로는 롤즈가 제기했던 시민불복종과 같은 부정의의 문제를 해결하기에 불충분하며 이를 보완하는 이론이 필요하다고 비판한다(Feinberg 1973:269). 비슷한 맥락에서 파렐리Colin Farrelly는 이상론이 "탁상공론 이론화arm-chair theorizing"에 불과하여 "[롤즈가 제시하는 이상론에서의] 제도적 처방은 그것이 현실에 적용될 때는 거의 쓸모가 없다"라고 신랄하게 비판한다(Farrelly 2007:855 [ ]는 필자 첨가). 이러한 비판에도 불구하고 시몬스A. John Simmons가 잘 지적한 것처럼 학계에서는 이상론과 비이상론에 대한 비판 논의가 이상할 정도로 주목받지 못하였고, 이상론과 비이상론에 대한 롤즈의 구분은 본격적인 논의 없이 무비판적으로 당연시되어 왔다(Simmons 2010:5-6). 그러나 최근 들어 센Amartya

---

*　이 글에서 "실천성" 또는 "현실성feasibility"의 의미는 원칙들의 효과적인 적용 또는 작동이 일반적인 인간 심리학과 인간 능력, 그리고 자연 법칙이나 인류에게 이용 가능한 자연 자원과 양립 가능할 경우 바로 그러한 경우를 가리킨다(Buchanan 2008:61). 본 논의에서의 실천성 또는 현실성은 부정의를 발견하고 제거하는 실천적 지침을 제공할 수 있는지 여부로 구체화된다(Sen 2009:ix).

4장: 이상론과 비이상론 - 만연한 부정의를 어떻게 제거할 것인가?

Sen이 이상론 비판을 본격적으로 시작한 이후에 정치철학과 윤리학 분야에서 이상론과 비이상론의 관계에 대한 논의가 새롭게 주목받고 있다(Sen 2009). 셴의 비판 전후로 다양한 저서와 논문이 이 주제에 집중하고 있으며(Sher 1997; Macleod 2006; Robeyns 2008; Simmons 2010), 학술지 「사회 이론과 실천Social Theory and Practice」는 2008년 제34호 전체를 비이상론과 이상론의 관계에 대한 논쟁에 할애했다.

셴은 롤즈 정의론의 이상론이 부정의를 제거하고 정의를 증진하는 실천적 목적, 즉 현실성을 위해 "필요하지도 않으며 충분하지도 않다"라고 비판한다(Sen 2009:15). 이러한 비판은 규범적 이상론으로서의 정의론 없이도 부정의를 발견하고 제거하는 비이상론이 가능하다는 불필요성 비판과 이상론은 부정의를 발견하고 제거하는 데 실질적인 역할을 하지 못한다는 불충분성 비판으로 구성된다. 후자는 롤즈를 비판하는 소극적 기획이고 전자는 대안으로 자신의 비교적 정의관comparative perspective of justice을 제시하는 적극적 기획이다. 이 장은 소극적 기획인 후자로부터 시작하여 적극적 기획인 전자까지 비판적으로 검토하고자 한다. 이러한 논의는 롤즈의 정의론에서 볼 수 있는 이상론과 비이상론의 바람직한 관계가 무엇인지 그리고 정의론이 실천적 논의가 되기 위해 중요하게 고려해야 할 것이 무엇인지를 시사할 것이다. 이러한 시사점이 부정의가 만연한 한국 사회의 정의 열망에 현실적 영향력을 갖는 실천적 정의관을 모색할 토대로 작용하길 기대한다.

≡≡≡ 롤즈의 이상론과 비이상론의 통합적 구조

센의 소극적 기획에 해당하는 불충분성 비판에 따르면 롤즈 정의론처럼 이상론을 비이상론과 함께 제시하는 논의는 양자 사이의 필연적 관계를 설명하지 못한다면, 이상론은 과다한 잉여redundant적 논의에 불과하다는 비판에 직면하게 된다. 따라서 본 절은 롤즈 정의론에서의 이상론과 비이상론 사이의 관계를 고찰하여 롤즈의 이상론이 과다한 잉여적 논의인지를 검토하고자 한다. 이런 목적을 위해 이절의 전반부에서는 이상론의 역할이 무엇인지 규명하여 이상론과 비이상론의 관계를 규범적 차원에서 제시하고자 한다. 이 절의 전반부의 논의가 입증되어 이상론이 비이상론을 위해서 필요하다는 주장이 수용된다고 하더라도, 불충분성 비판에 효과적으로 대응하기 위해서는 구체적으로 어떻게 이상론과 비이상론이 관계 맺는지에 대한 논의가 필요하다. 이 절의 후반부에서 이 글은 롤즈 정의론에서 발견되는 이상론과 비이상론 구조, 4단계 과정the four-stage sequence, 그리고 인간관과 관련된 도덕심리학moral psychology 논의에 대한 분석을 통해 롤즈 정의론에서 비이상론이 어떻게 이상론으로부터 제시되는지를 설명하고자 한다.

1. 이상론의 구조

이상론에만 주목하는 정의 관련 기존 논의들이 현실 세계, 즉 비이상론적 상황에 아무런 도움을 주지 못한다는 비판이 대두되고 있다. 하지만 일부 철학자는 정의론의 목적은 지향할 규범적 토대로서의 이상론을 제시하는 것이지 현실적인 실천성을 담보로 하지 않는다고 주장한다. 예를 들어 코헨G. A. Cohen은 "[정의론과 같은] 정치철학은 우리가 무엇을 해야 하는가라는 질문을 던지는 것이 아니라, 설령 우리가 생각하는 것이 실천적인 차이를 일으키지 못할 때조차 우리는 무엇을 생각해야 하는가라는 질문을 던져야 한다"라고 주장한다(Cohen 2003:243 [ ]는 필자 첨가). 코헨은 이런 관점에서 롤즈 정의론이 지나치게 현실적이라고 비판한다(Cohen 2008). 이러한 입장은 실천적 행위 지침을 제시하는 것이 아니라 규범성을 인식하도록 돕는 것이 정치철학과 윤리학의 목적이라는 전제 아래 이상론으로서 정의론이 독자성을 고집해야 한다는 태도를 반영한다. 이 글은 현실적 부정의를 제거하고 정의를 구현하기 위한 현실적 실천성을 담지하는 것이 중요하다는 전제 아래 논의를 전개하기 때문에 정의론에서 이상론과 비이상론 사이의 관계 설정 자체를 부정하는 이러한 논의는 다루지 않는다. 롤즈가 언급한 것처럼 "정의로운 사회질서에 대한 구조적 원칙을 가지지 않는 [코헨식의 독자적 이상론으로서의] 순수한 절차론은 우리의 세상에서 불필요하다. 정치적 목적은 부정의를 철폐하고 공정한 기본 구조로 나아가는 안내를 해야 하는 것이기 때문이다"(Rawls 1993:285 [ ]는 필자 첨가).

현 논의에서 이 글이 주목하는 이상론, 즉 비이상론과의 관계 속에서 논의되는 이상론은 철저한 준수full compliance를 전제하는 이론을 의미한다(Philips 1985:553-560; Murphy 1998:278-279; Rawls

1999a:8, 212). 롤즈는 이상론을 제시하면서 "원초적 입장에 있는 사람들은 그들이 받아들이는 원칙이 무엇이든 간에 모든 사람이 그것을 철저히 준수"해야 한다고 전제한다(Rawls 1999a:308-309). 센은 정의론이 완전한 부정의의 본질이 무엇인지에 대해 답을 제시하기보다는 부정의를 제거하고 정의를 고양하는 문제에 대해서 어떻게 하면 논의를 전개할 수 있는가에 주목해야 한다고 생각한다. 이런 점에서 센은 롤즈의 공정으로서의 정의가 롤즈적 의미에서 완전히 정의로운 사회인 질서 정연한 사회well-ordered society에서만 적용된다는 점에서 초월적transcendental이라고 비판한다(Sen 2009:ix). 센의 논의에서 초월적이라는 의미는 현실에 존재하는 부정의를 제거하는 실천성 또는 현실성이 결여되어 있다는 의미로 해석된다. 철저한 준수를 의미하는 롤즈의 이상론이 이러한 센의 비판에 대응하기 위해서는 먼저 이상론이 비이상론과의 관계 속에서 어떤 역할을 감당하는지 살펴보아야 한다.

1) 이상론의 두 가지 역할

롤즈는 이상론이 비이상론과의 관계 속에서 두 가지 중요한 역할을 하다고 주장한다. 첫째, 이상론은 비이상론의 상황을 극복하려는 사회 개혁의 방향성을 설정해 준다. 롤즈는 "일단 우리가 이러한 경우에 합당한 이론[으로서의 이상론]을 갖게 되면 자연히 정의의 나머지 문제도 그에 비추어 한층 다루기 수월해질 것으로 생각할 수 있다. 적절한 변경을 가함으로써 그러한 이론은 이와 같은 종

4장: 이상론과 비이상론 - 만연한 부정의를 어떻게 제거할 것인가?

류의 다른 문제에 대한 실마리를 제공하게 될 것이다"라고 주장한다(Rawls 1999a:7 [ ]는 필자 첨가). 이상론은 비이상론적 상황이라고 할 수 있는 덜 유리한 조건 아래서 어떤 원칙을 채택하는 것이 사회 개혁 과정을 통해 이상론의 목표로 나아갈 것인지를 설정해 준다(Rawls 1999a:215). 롤즈에 따르면 축차적 서열화를 갖춘 이상론은 개혁해야 할 부정의 가운데 어떤 것이 더 심각하고 더 긴급한지를 확인할 뿐만 아니라 개혁의 목표를 명시하는 역할도 감당한다(Rawls 2001:13). 이런 이유로 롤즈는 "완전히 정의로운 기본구조를 규정하는 이상적 이론은 비이상적 이론에 필수적인 보완이 된다. 그렇지 않게 되면, 변화를 위한 갈망은 목적을 잃게 된다"라고 주장한다(Rawls 1993:285).

    센은 "이상론 없이도 부정의를 발견하고 제거할 수 있다"라고 주장하면서 롤즈가 말하는 이상론의 역할을 부인한다(Sen, 2009:xi-xii). 이러한 주장에 대해 로빈스는 기준적 규범으로서의 이상론 없이 정의를 추구하거나 부정의를 제거하는 방식은 단기적 관점에서는 이익이 될 수 있겠지만, 장기적 관점에서는 최선의 결과에는 도달하지 못할 수도 있다고 비판한다(Robeyns 2012b:160-161). 이상론이 없다는 것은 추구해야 할 목표로서의 지향점이 없다는 점에서 장기적 관점을 갖지 못하는 단기적 관점에 머물 수밖에 없기 때문이다. 세대 간 정의를 검토했던 제3장에서도 논의했던 것처럼 부정의 제거 방식이 장기적 관점을 갖지 못할 때는 단기적으로 더 나은 정의를 추구한 것으로 보인 결정이 경로 의존성으로 인해 최선의 정의에 장애가 될 수 있다. 해당 사례로는 정의의 관점에서 환경 문제와 관련해 에너지 정책을 결정하는 검토 과정을 들 수 있다. 많은 사회가 단기적 관점에 따라 화력 발전보다 원자력 발전이 환경오염의 부정의 제거에 더 효과적이라고 생각해 원자력 발전 확장 정책을 펼쳤다. 이러한 변화는 단기적으로는 환경 파괴의 정도를 낮추는 효과를 가져왔다. 그러나 원자력 발전소 사고와 같은 대규모 피해가 발생하면서 장기적으로는 회복하기 어려운 환경 파괴가 발생했다. 이러한 환경 파괴는 기존 화력발전을 유지했을 때보다 더 심각하다고 볼 수 있다. 그리고 이런 경험적 사건으로부터 언제 원자력 발전소에 또다시 사고가 발생할지 모른다는 불안감이 사회 구성원에게 확산되어 삶의 질을 저하하는 또 다른 부정의를 야기했다. 또한 계속해서 쌓이는 원자력 폐기물은 미래 세대에 환경 파괴 부담을 전가하는 결과를 초래할 수 있다. 그러므로 단기적인 대안에만 초점을 맞추는 것이 아니라 재생 에너지나 천연 에너지와 같이 장기적으로 이상적인 환경 정책이 무엇인지를 고려해야 한다. 이러한 이유로 인해 로빈스는 사회 개혁의 목표를 설정해 주는 이상론이 있을 때만 사회 개혁의 변화가 발전적으로 진행될 수 있다고 주장한다.

　더 나아가서 부정의한 현실 속에서 규범적 이상론 없이 특정 부정의를 제거하기 위해 취해진 행위는 더 심각한 부정의를 초래하는 역설적 결과를 낳을 수 있다. 예를 들어, 한국 사회에서 취업에서의 불이익이라는 부정의를 시정하기 위해 군복무한 남성에게 주어지던 군가산점 제도는 규범적 이상론의 방향성 없이 단기적 관점에서 이루어져 실제로 남녀 차별과 장애인 차별 등의 심각한 부정의를 초래했다. 만약 이러한 사안에 대해 공정한 기회의 평등이라는 장기적 관점, 즉 규범적 이상론을 고려한다면 부정의를 시정하기 위해 모병제라든지 대체 복무와 같은 다른 식의 공정한 기회의 평등을 추구하면서 부정의를 시정하기 위한 단계적 조치를 취해야 했을 것이다. 이런 이유로 인해 롤즈는 다음과 같이 이상론이 비이상론에 갖는 의미를 강조한다.

> "정의관은 필요한 구조적 원리를 명시해야 하며 정치 행동의 전반적 방향을 제시해야 한다. … 완전히 정의로운 기본구조를 규정하는 이상적 이론은 비이상적 이론에 필수적인 보완이 된다. 그렇게 되지 않으면, 변화를 위한 갈망은 목적을 잃게 된다"(Rawls 1993:285).

둘째, 이상론은 비이상론의 상황에서 부정의를 발견하는 역할을 감당한다. 이상론은 현존하는 제도가 정의로운지 아니면 정의롭지 못한지, 그리고 이상론에서 어느 정도 벗어나는지를 판단하는 기준이 된다(Rawls 1999a:216). 이러한 역할은 필수적이어서 롤즈는 "배경적 제도를 위한 그와 같은 이상적 형태가 없다면, 배경적 정의를 보존하고 현존하는 부정의를 제거하기 위한 부단한 사회적 조정 과정을 위한 합리적 기준이 없게 된다"라고 주장한다(Rawls 1993:285). 예를 들어 여성 차별에 대해서 명확한 이상론적 기준이 설정되어 있지 않으면 어떤 것이 부정의인지 혼란스러울 수 있다. 경제 활동을 하지 않고 육아에 참여하는 여성에게 차별을 받는다고 주장할 수도 있지만 성 역할의 다름은 차별이 아니라 존중되어야 할 차이에 불과하다고 주장할 수도 있기 때문이다. 이처럼 현실의 부정의는 복잡한 구조 속에 자리 잡고 있기 때문에 이상론적 기준 없이 발견하는 것이 쉽지 않다는 점에서 이상론은 부정의를 발견하고 제거하는 비이상론을 위해 중요한 기준으로서의 역할을 감당한다.

이상에서 살펴 본 것처럼 이상론은 비이상론의 상황을 극복하려는 사회 개혁의 방향성을 설정해 주는 지침을 제시하며, 비이상론의 상황에서 부정의를 발견하는 기준으로서의 역할을 한다. 이러한 역할이 중요하고 필수적임에도 불구하고 원본적인 수준에서만 제시된다면 추상적이라는 비판을 피할 수 없다. 현실적 삶은 보다 구체적인 맥락에서 제시되는데, 구체적인 맥락에서의 기준으로 이상론이 제시되지 않는다면 현실적 삶에서 실질적 기준이 될 수 없기 때문이다. 따라서 비이상론에 대한 기준이나 지침이 되고자 하는 이상론은 구체적인 현실적 삶에서 어떻게 구현될 수 있는지를 제시하는 것이 필요하다. 롤즈는 이러한 제시를 4단계 과정을 통해 설명한다.

2) 이상론의 적용 구조: 4단계 과정

롤즈는 원초적 입장에서 정의의 두 가지 원칙을 채택한 합의 당사자가 각자의 사회적 위치로 돌아가 자신들의 요구를 토대로 정의의 두 가지 원칙을 재해석하는 과정을 [표 4-1]에 정리한 것처럼

4단계 과정으로 설명한다(Rawls 1999a:171).

단계		정보의 공개 내용 (무지의 베일이 걷히는 정도)	계약 내용
1단계	원초적 입장	무지의 베일 아래 있기에, 사회이론의 제1원칙은 알고 있지만 역사의 전개 과정은 가려짐	정의의 두 가지 원칙 (공정으로서의 정의)
2단계	제헌위원회	1단계 정보 + 사회이론의 원칙, 사회와 관련된 일반적 사실, 즉 그 자연적 여건 및 자원, 그 경제 발전의 수준과 정치 및 문화에 대한 정보는 공개됨	헌법 (가장 효율적이고 정의로운 헌법)
3단계	입법	2단계 정보 + 개인의 특수한 정보는 여전히 배제되지만 사회에 대한 자세한 정보는 공개됨	법이나 정책
4단계	법규 적용	모든 정보 공개	법규의 적용과 법규의 준수 및 그것들에 대한 시민의 준수와 반응

[표 4-1] 4단계 과정

4단계 과정은 1단계인 원초적 입장 단계, 2단계인 제헌위원회 단계, 3단계인 입법 단계, 4단계인 법규 적용 단계로 구성된다. 첫 번째 단계는 원초적 입장으로 무지의 베일 아래에서 이루어지는 합의이다. 무지의 베일을 어느 정도 벗은 두 번째 단계는 사회이론의 제1원칙뿐만 아니라 사회이론의 다른 원칙과 역사의 전개 과정을 알고 있기에, 정의의 두 가지 원칙이 바람직한 결과에 대한 독립적인 기준 아래 정의로운 결과를 보장하는 절차로서의 헌법을 제정한다. 즉 가장 효율적이고 정의로운 헌법, 정의의 원칙을 충족하는 그리고 정의롭고 효율적인 입법을 가장 잘하도록 토대를 마련해 주는 헌법을

정의론과 대화하기

제정한다. 세 번째 단계는 입법의 단계로, 이는 보다 많은 정보를 가지고 정의롭고도 현실성이 있는 절차적 체제 가운데 효과적이고 정의로운 법적 질서를 산출할 가능성이 가장 큰 법을 선정한다(Rawls 1999a:174). 모든 사람에게 모든 사실이 완전히 개방되는 마지막 단계는 법관과 행정관에 의한 법규의 적용과 시민 일반이 법규를 준수하는 단계이다.

롤즈는 이상론이 구체적인 삶의 맥락에서 구현될 수 있다는 것을 보이기 위해 입법 단계에서 질병의 발병률, 질병의 심각성, 질병의 원인, 질병의 빈도수 등 다양한 정보를 고려하는 의료적 필요를 사례로 다룬다(Rawls 2001:173). 예를 들어, 최소수혜자에 해당하는 시민 집단의 의료적 필요에 대해 구체적인 정보를 토대로 적정한 수준에서 치료를 받을 수 있도록 정의의 두 가지 원칙이 적용된다. 차등 원칙의 지침 아래 치료 제공은 더 많은 공급이 최소수혜자의 기대치가 최고치에 도달하고 더 낮아지지 않는 지점까지 제공될 수 있다. 이 과정에서 차등 원칙을 적용하는 것은 단지 최소수혜자의 지출을 보완하는 것이 아니라 자유롭고 평등한 시민의 요구 사항과 필요를 채운다는 의미이다. 이 사례를 통해 롤즈는 정의의 두 가지 원칙이 실천적인 의료 사례에 대해 지침을 제공하고 시민의 의료적 치료를 상대적인 우선성과 긴급성을 토대로 판단하여 구체적으로 접근하고 구현될 수 있음을 보여 준다.

이상에서 살펴본 롤즈 정의론의 4단계 진행 논의는 이상론으로서의 정의론이 구체적인 현실에서 이상론적 기준을 제시할 수 있는 가능성을 보여 준다. 이런 구체적 구조를 제시하는 덕분에 롤즈뿐만 아니라 롤즈의 논의를 옹호하는 학자들은 롤즈 정의론을 통해 현실적 문제에 대한 규범으로서의 기준을 제시한다. 예를 들어, 롤즈는 정의의 두 가지 원칙이 가족에 적용되어 여성 평등을 도모하는 것이 가능한지를 검토하며 가족 제도 역시 사회의 기본 구조에 해당하기 때문에 정의론의 대상이 된다고 주장한다(Rawls 2001:163). 포기는 롤즈 논의를 통해 경제적 불평등과 빈곤 문제에 실천적 대응책을 제시하며(Pogge 1989, 2002a, 2002b), 대니얼스는 정의로운 의료에 대한 실천적 대응책을 제시한다(Daniels 1985, 2007).

2. 비이상론의 구조

앞의 논의에도 불구하고 이상론에 대한 불충분성 비판은 여전히 유효할 수 있다. 이상론이 비이상론과의 관계에서 중요한 역할을 감당하고 이상론이 구체적인 현실에 기준을 제시할 수 있다고 하더라도 지금까지의 논의는 이상론과 비이상론의 관계를 규범적 차원에서만 제시했을 뿐 부정의적 상황에서의 양자의 관계를 구체적으로 제시하지 못했기 때문이다. 따라서 본 절은 롤즈 정의론에서의 이상론과 비이상론 관계, 특히 이상론의 지침 아래 구체적인 부정의를 발견하고 제거하는 비이상론의 실질적 역할을 고찰하고자 한다.

1) 이상론과 비이상론의 통합적 구조

[표 4-2]에 제시되는 것처럼 롤즈는 정의론이 이상론과 비이

상론의 통합적 구조에 기반하고 있다고 주장한다(Rawls 1999a:8). 롤즈 정의론에서 이상론이란 원초적 입장에서 합의된 정의의 두 가지 원칙이 이상적인 조건을 갖춘reasonably favorable conditions 질서 정연한 사회를 배경으로 철저하게 준수된다는 이론이다(Rawls 1999a:215). 롤즈는 자신의 논의가 이상론에 초점을 맞추고 있음을 인정하면서 이러한 강조는 "합당하게 우호적인 조건을 전제했을 때 어떤 정의관이 해당 민주주의 사회에 가장 적합한지에 대한 논쟁", 즉 이상론에 대한 논쟁이 당시에 유행이었기 때문이라고 설명한다(Rawls 2001:13). 롤즈 정의론에서 비이상론은 정의로운 제도가 확립될 수 있는 사회적 여건이 마련되지 못한 불우한 여건less than favorable condition 에서 제기되는 논의이다(Rawls 1999a:216).* 롤즈는 비이상론을 "부

---

* 롤즈는 부분적 준수론인 비이상론은 자연적 제약과 역사적 우연성에의 적응을 다루는 원칙과 부정의를 처리하는 원칙으로 구성된다고 주장한다(Rawls 1999a:216). 비이상론을 두 가지 구성요소로 보는 듯한 롤즈의 표현은 많은 학자에게 롤즈 비이상론을 이해하는 데 어려움과 혼란을 야기했다. 예를 들면, 시몬스는 『정의론』에서 부분적 준수partial compliance라는 언급을 사용하다가 『만민법』(1999)에서는 준수하지 않음non-compliance으로 언급되는 비이상론은 위에서 언급한 두 가지 구성요소 논의로 인해 혼란을 야기한다는 입장을 표명한다(Simmons 2010:12). 이 글은 롤즈의 언급을 비이상론의 두 가지 구성요소라는 의미보다는 비이상론을 바라보는 두 가지 관점으로 이해하고자 한다. 즉 [표 4-2]에서 보는 것처럼 이 글은 비이상론의 모든 사례를 자연적 제약과 역사적 우연성에서 비롯된 것으로 이해하며, 이러한 제약과 우연성은 부정의의 정도에 따라 세 가지로 구분된다는 입장이다. 이러한 이 글의 관점에 따르면 시몬스가 혼란스러워했던 표현이 시민불복종처럼 거의 정의로운 사회에서 야기되는 약한 부정의는 부분적 준수로 논의될 수 있지만, 『만민법』(1999)에서의 무법국가outlaw state와 같이 극심한

4장: 이상론과 비이상론 - 만연한 부정의를 어떻게 제거할 것인가?

분적 준수론"이라고 언급하면서, 비이상론은 이상론과의 통합적 구조 속에서 "부정의를 처리하게 될 방법을 규제하는 원칙들을 연구하는 것"이라고 규정한다(Rawls 1999a:8). 롤즈는 비이상론이 다루는 주제를 다음과 같이 명시한다.

> "[비이상론에는] 처벌론, 정의로운 전쟁론, 그리고 시민 불복종과 양심적 반대에서부터 무력적 항거와 혁명에 이르기까지 정의롭지 못한 체제에 대처하는 여러 방식에 대한 정당화 등과 같은 주제 … 보상적 정의의 문제 및 제도적 부정의의 형태를 서로 비교 검토하는 문제가 포함된다"(Rawls 1999a:8 [ ]는 필자 첨가).

센은 롤즈 정의론이 이상론과 비이상론으로 구성된다는 것은 인정하지만 이상론이 비이상론을 위해 실질적 지침을 제공하는 통합적 구조를 갖춘 정의관conglomerate theory이라는 사실은 부인한다(Sen 2009:16, 97). 비록 롤즈 이상론이 앞에서 검토했던 것처럼 규범적 차원에서 부정의를 발견하는 역할을 감당하고 사회 개혁의 방향성을 제시한다고 하더라도 실질적으로 어떻게 부정의를 제거해야 하는지에 대한 구체적 지침을 제시하지 않는다면 롤즈 이상론은 여전히 불

부정의가 만연한 사회, 불리한 여건의 사회burdened society처럼 부정의는 없지만 이상론을 제시할 수 없는 사회는 준수하지 않음non-compliance으로 논의될 수 있다는 점에서 구분될 수 있다.

구분	배경 사회	조건		적용 사례	준수 여부
이상론	우호적인 여건	질서 정연한 사회		- 공정으로서의 정의관이 적용 (22절) - 4단계 과정 (31절)	철저한 준수
비이상론	덜 우호적인 여건	자연적 제약 및 역사적 우연성	낮음 ↑ 부정의 심각도 ↓ 높음	- 일반적인 정의관이 적용 (11절) - 양심의 자유 및 사상의 자유 제한 (33절, 37절)	부분적 준수
				- 시민불복종과 양심적 거부 (57절, 58절)	
				- 전쟁 포로에 대한 대우 (살인과 노예제 등 39절)	

(표 왼쪽에 세로로) 롤즈의 정의론

[표 4-2] 이상론과 비이상론의 관계

충분하다는 것이 센의 비판이다. 현재까지의 논의가 롤즈 이상론과 비이상론의 관계에 대한 논의의 전부라면 센의 비판은 어느 정도 설득력이 있을 수 있다. 그러나 만약 이상론과 비이상론의 관계에 대한 거시적 설명에 덧붙여, 롤즈 정의론이 구체적으로 이상론이 현실에 적용되는 미시적 설명 구조를 포함한다면 이러한 비판은 반박될 수 있다.

2) 비이상론적 상황의 구분

[표 4-2]에 기술된 것처럼 비이상론적 상황은 부정의의 심각도에 따라 세 가지로 구분된다. 첫 번째는 인위적으로 야기되지 않았다는 점에서 부정의가 부재한 상황이다. 일반적인 정의관이 적용되거나 양심의 자유 및 사상의 자유가 제한되는 상황 또는 불리한 여건

4장: 이상론과 비이상론 - 만연한 부정의를 어떻게 제거할 것인가?

으로 인해 정치적 · 문화적 · 전통적 · 인적 자원과 기술이 결핍되어 있고 질서 정연한 사회가 되기 위해 필수적인 물질적 · 기술적 자원을 결여하고 있는 불리한 여건에 있는 사회burdened society가 이런 상황에 해당한다(Rawls 1999b:106-107). 두 번째는 정의로운 원칙과 헌법은 구축되었지만 입법 과정에서 부정의가 발생하는 상황이다. 이는 시민 불복종이나 양심적 병역거부 사례에서 나타난다. 세 번째는 역사적 우연성이나 자연적 제약으로 극심한 부정의가 야기되는 상황이다. 이와 같이 세 가지 비이상론적 상황을 롤즈가 어떻게 대응하는지에 대해서는 아래에서 고찰하고자 한다.

① 첫 번째: 인위적인 부정의가 부재한 상황

비이상론의 첫 번째 상황은 자연적 제약과 역사적 우연성으로 말미암아 이상론을 구성할 기회를 갖지는 못했지만 인위적인 부정의가 야기되지는 않는 상황이다. 이런 상황에서의 비이상론은 부정의에 대한 대응이라기보다는 정의의 두 가지 원칙이 현실적 제약 사항을 고려하면서 실천적으로 적용되는 경우이다.

"비이상론적인 이론의 … 일부는 … 더 광범위한 자유와 관련된 것이다. [인위적 부정의로서의] 불평등함은 없지만 모든 사람이 보다 광범위한 자유를 가지기보다는 보다 좁은 범위의 자유를 가지기 때문에 … 공동 이익의 원칙에 의거하는 것이다 … 공공질서를 위한 양심의 자유 및 사상의 자유에 대한 제한도 이러한 범주에 속한다(34, 37절). 이러한 제한 사항은 ⋯ 자연적 제약을 처리하는 부분에 속하는 것이다"(Rawls 1999a:216-217 [ ]는 필자 첨가).

이러한 상황은 정의로운 사회로 이행하는 과정에서 이상적 정의관인 공정으로서의 정의의 축차적 서열화가 용인되지 않는 역사적 제약으로 말미암아 발생된 상황이다. 이러한 경우, 모든 사회적 가치는 이들 가치의 전부 또는 일부의 불평등한 분배가 모든 사람에게 이익으로 발현되지 않는 한 평등하게 분배되어야 한다는 일반적인 정의관general conception of justice의 적용을 받는다(Rawls 1999a:54). 이상에서 살펴본 것처럼 첫 번째 상황은 정의의 두 가지 원칙이 자연적 제약과 역사적 우연성 제약으로 인해, 비이상론이 구현되는 과정에서 상위 단계인 이상론을 위배하지는 않으면서도 현실적 고려 사항들 속에 적합하게 구현되는 경우에 해당한다.

② 두 번째: 거의 정의로운 사회에서의 부정의 상황

두 번째 상황은 거의 정의로운 사회nearly just society에서 정의로운 원칙과 헌법은 구축되었지만 입법 과정에서 부정의가 발생하는 경우이다. 거의 정의로운 사회라는 의미는 질서 정연한 사회에 가까운 사회를 의미한다(Rawls 1999a:319). 롤즈에게 질서 정연한 사회란 모든 사람이 정의관을 수용하고 이를 알고 있으며, 사회의 기본 구조가 공적으로 공개되고, 시민이 정상적으로 효과적인 정의감을 갖

4장: 이상론과 비이상론 - 만연한 부정의를 어떻게 제거할 것인가?

고 있는 사회를 의미한다(Rawls 2001:8-9). 롤즈는 질서 정연한 정의로운 사회에서 발생할 수 있는 시민불복종이 정당화될 수 있을지 여부는 법과 제도가 부정의한 정도에 달려 있다고 주장한다(Rawls 1999a:309). 이처럼 시민불복종의 대상이 될 수 있는 법과 정책이 공공적으로 인정된 기준에 어긋나는 경우, 즉 시민의 정의감에 위배될 때는 시민불복종이 정당화되지만, 그러지 않을 경우는 법의 지배를 인정하면서 정의감의 성장을 기다리는 것이 옳다는 입장이다(Rawls 1999:52절). 따라서 롤즈는 "정당화될 수 있는 시민 불복종은 일반적으로 정의감에 의해 상당한 정도로 규제되는 사회에서만 합당하고 효율적인 반대 형식이라는 사실을 인식해야 한다"라고 강조한다(Rawls 1999a:339).

시민 불복종이나 양심적 병역거부 사례에서 볼 수 있는 것처럼 두 번째 상황에서 부정의에 대한 대응은 해당 법규가 정의감sense of justice에 위배될 때 상위의 헌법이나 정의관에 호소하는 방식이다. 이러한 의미에서 시민 불복종은 시민이 상위의 정의관이나 헌법 등에 비추어 반성적 평형reflective equilibrium 속에서 형성된 숙고된 판단 considered judgment, 즉 정의감에 의해 야기된다. 이러한 정의감은 "정의로운 체계가 갖는 본질적이면서도 장기적인 경향"이라는 도덕심리학적 사실이다(Rawls 1999a:218). 정의감은 그다지 대단한 정치적 힘이 될 수 없다는 비판에 대해 롤즈는 "정의감이란 일단 그것이 영향력을 행사하는 미묘한 형식이 인정되고 특히 어떤 사회적인 입장을 옹호할 수 없는 것으로 만드는 그 역할을 수긍하게 되면 보다 강력한 정치적 힘으로 생각될 것이다"라고 대응한다(Rawls 1999a:340). 양심적 거부나 시민 불복종은 이미 정의관과 헌법이 정의로운 구조를 갖추고 있기에 시민들의 비폭력적 저항에 의해 제도적으로 입법 단계의 부정의만 제거하면 이상론으로 전환transition될 수 있는 비교적 부정의가 덜 심각한 경우이다(Simmons 2010:22).* 이러한 논의에서 확인할 수 있듯이 롤즈의 이상론은 거의 정의로운 사회에서의 부정의라는 두 번째 상황에서 비이상론의 기준으로서 그리고 지침으로서의 역할을 충실히 하고 있다.

③ 세 번째: 심각한 부정의 사회에서의 부정의 상황

세 번째 상황은 불평등한 자유처럼 부정의가 만연한 경우이다. 즉 헌법 단계마저 부정의하거나 부정의가 심각하여 단번에 전환되기보다는 점진적인 개혁이 불가피한 경우이다. [표 4-3]은 롤즈 정의론이 극단적 부정의를 비이상론에서 다루고 있다고 유추할 수 있는 사례로서, 전쟁 포로를 중심으로 점진적 사회 개혁이 어떻게 일어나는지를 제시한다(Rawls 1999a:218).** 예를 들어 전쟁 포로를 모두 죽

---

* 시몬스A. John Simmons는 이러한 경우에만 주목하여 롤즈의 비이상론을 섬신석 comparative이라기보다는 전환적transitional 과정으로 일반화하는 오류를 범한다. 세 번째 심각한 부정의 상황 논의에서 볼 수 있는 것처럼 비이상론은 점진적 과정 또한 포함하고 있기 때문이다.

** 롤즈가 비이상론적 논의를 다루는 『정의론』 39절에 등장하는 전쟁 포로 사례는 롤즈가 명시적으로 제시하는 비이상론의 대상이 아니다. 롤즈는 이상론의 범위 내에

사회 제도		영향 관계	인간의 두 가지 능력	
			합리성의 능력 (rationality)	합당성의 능력 (reasonableness)
포로를 교환하는 사회	↑ 개선	↘ 개선요구	합리성 위배	정의감 위배
	교육 제도	⇒ 영향	합리성 증진	정의감 성장
포로를 노예로 삼는 사회	↑ 개선	↘ 개선요구	합리성 위배	정의감 위배
	교육 제도	⇒ 영향	합리성 증진	정의감 성장
포로를 죽이는 사회	↑ 개선	↘ 개선요구	합리성 위배	정의감 위배
	교육 제도	⇒ 영향	합리성 증진 공공 이익 고려	정의감 성장

(왼쪽 세로축: 낮음 ↑ 부정의 심각도 ↓ 높음)

[표 4-3] 점진적 사회 개혁 과정

이는 심각한 부정의가 만연한 사회에서는 포로를 죽이는 대신 노예로 삼는 것이 상대적으로 덜 부정의하다는 점에서 허용될 수 있다. 그러나 언젠가 그 체제는 포로를 노예로 삼는 것보다는 전쟁 포로를 교

서 해결 가능한 정치적 정의관의 고전적인 문제의 하나인 시민불복종이나 양심적 거부가 자신의 비이상론의 논의 대상이지 부정의가 초래하는 심각한 문제는 논의의 대상으로 삼지 않는다고 언급한다(Rawls 2001:66). 그러나 이러한 언급이 롤즈 정의론에서 심각한 부정의 문제를 다룰 수 없다는 말로 해석할 필요는 없다. 왜냐하면 롤즈는 자신이 다루는 두 가지의 비이상론의 경우와 같은 "명백히 특수한 경우에 대해 이해하게 되면 보다 어려운 문제를 해명하는 데도 도움이 될 것"이라고 주장하기 때문이다(Rawls 1999a:309). 따라서 이 글에서 제시되는 전쟁포로 사례는 심각한 부정의를 다루는 롤즈의 방식으로 해석해도 무리가 없을 것이다.

정의론과 대화하기

환하는 것이 더 바람직한 제도로 사회 구성원에게 인식되어 폐기될 것이다. 그리고 이러한 정의의 진보 과정 속에서 결국은 기본적인 자유의 실현에 도달할 것이다. 자유에 대한 이런 제한을 더 이상은 정당화할 수 없는 사회적 조건이 사회 구성원의 정의감 발달과 함께 초래될 것이기 때문이다.

[표 4-3]은 사회 개혁 과정에 점진적 진보를 이끌어 가는 동력으로 도덕심리학이 중요한 역할을 하고 있음을 보여 준다. 구체적으로 이 사례에서 롤즈는 "결국에는 자유에 대한 이런 제한을 더 이상은 정당화할 수 없는 사회적 조건이 초래될 것이[며] … 이런 조건의 충분한 성취는, 말하자면 정의로운 체제가 갖는 본질적이면서도 장기적인 경향인 것이다"라고 분석한다(Rawls 1999a:218 [ ]는 필자 첨가). 롤즈는 어느 정도 시간이 경과하면 사람들의 합당성 특히 정의감이 성장하여 현실의 덜 정의로운 사회 제도에 대해서 개혁을 원하게 되고 이러한 정의감과 제도 개혁의 선순환 과정에서 결국에는 정의로운 사회가 달성될 수 있다고 가정한다.

롤즈는 점진적인 진보의 동력으로 정의를 추구하는 경향성, 즉 부정의를 제거하려는 경향을 중시한다. 이러한 경향성은 롤즈의 인간관과 관련이 있다. 롤즈에 따르면 인간에게는 두 가지 도덕적 능력이 있는데, 하나는 가치관에 대한 것이고 다른 하나는 정의감에 대한 것이다. 가치관에 해당하는 합리성은 어떤 것이 자신의 삶에 더 부합하는지를 숙고하고 판단하는 방식으로 나타난다. 정의감은 우리와 우리의 동료가 이득을 보게 되는 정의로운 체제를 우리가 받아들이게끔

4장: 이상론과 비이상론 - 만연한 부정의를 어떻게 제거할 것인가?

해줄 뿐만 아니라 정의로운 체제를 설립하고 정의가 요구할 경우 현존 제도에 대한 개혁을 위하여 일하고자 하는 (혹은 적어도 반대하지는 않을) 각오가 생겨나는 방식으로 나타난다(Rawls 1999a:415). 이러한 인간의 특징에 대해 롤즈는 "사회 체제의 정의 여부와 이러한 문제에 대한 인간의 소신은 사회적 감정에 깊은 영향을 주며 그것들은 타인이 제도를 받아들이거나 거부하는 것과 그것을 개혁하거나 옹호하려는 그의 시도를 어떻게 볼 것인가를 결정해 준다"라고 언급한다 (Rawls 1999a:431).

　　　이러한 합리성과 정의감은 도덕심리학을 통해 발달한다. 각 개인은 먼저 가정을 통해 권위에 의한 도덕을 습득하고 이후에 공동체에 의한 도덕을, 그리고 원리에 의한 도덕을 습득해 나간다(Rawls 1999:8장). 이러한 정의감의 발생과 발달 과정에서 가정, 학교 등의 사회 제도가 중요한 역할을 감당한다. 우리는 사회 제도의 원리가 우리의 가치관을 증진한다는 것을 인식하면 그 사회 제도의 원리를 받아들이고 그에 따라 행동하려는 욕구를 가지며, 그로 인해 정의감이 성장하기 때문이다. 부정의의 세 가지 경우를 나누는 [표 4-2]에서 양심의 자유 및 사상의 자유가 제한되는 판단은 "공공질서나 안녕에 대한 공동의 이익common interest"에 비추어 공공질서를 해치게 되리라는 합리적인 예상과 "어느 정도 경과하면 정의로운 사회가 달성될 수 있다"라는 정의감에 근거한다(Rawls 1999a:186, 215). 앞에서 검토한 전쟁 포로 사례와 같은 심각한 부정의의 경우에는 이러한 부정의를 제거하는 과정은 낮은 수준의 정의감과 공공 이익을 고려하는 동기에서 시작되지만, 이러한 부정의 제거를 통해 사회가 변화하면 그 사회는 특히 사회의 교육 제도를 통해 해당 구성원의 정의감과 합리성을 증진하기 때문에 또다시 해당 사회의 부정의 상태에 대해서도 불만을 갖게 되고 이러한 불만은 다시금 사회의 정의를 개선하는 방향으로 작동하게 된다. 즉 제도 개혁과 정의감의 나선형적 발전을 달성하게 된다는 것이다. 이러한 세 번째 상황, 즉 극심한 부정의라는 비이상론적 상황에서 롤즈의 이상론은 점진적 개혁을 위한 지침으로서의 방향성을 설정해 준다는 점에서 이상론과 비이상론은 긴밀한 관계를 맺고 있다고 볼 수 있다.

===== 센의 비교적 정의관에 대한 비판적 고찰

앞에서는 센이 제기했던 불충분성 비판, 즉 이상론은 현실적 부정의를 발견하고 제거하는 비이상론을 위해 불충분하다는 비판을 검토하기 위해 롤즈의 이상론과 비이상론 사이의 관계를 고찰했다. 롤즈 정의론처럼 이상론과 비이상론을 함께 제시하는 논의가 양자 사이의 구체적이고 실질적인 관계를 설명하지 못한다면 이상론은 과다한 잉여redundant적 논의에 불과하다는 비판에 직면하기 때문이다. 앞의 분석에 따르면 롤즈 정의론에서 이상론은 비이상론을 위한 사회 개혁의 방향성을 설정해 줄 뿐만 아니라 4단계 논의 과정을 통해 부정의를 발견하고 제거하는 구체적인 기준으로서의 역할을 감당한다고 볼 수 있다. 더욱이 이러한 규범적 차원에 덧붙여 이상론은 구체적인 부정의를 발견하고 제거하는 비이상론에 실질적 지침을 제시하는 구체적인 관계를 맺고 있다는 해석이 가능하다.

앞의 논의를 통해 롤즈에게 제기된 불충분성 비판에 대응했다고 하더라도 센의 적극적 기획인 불필요성 비판은 여전히 유효하다. 센은 롤즈의 공정으로서의 정의는 완전히 정의로운 사회에만 적용되어 현실에 있는 부정의를 제거하는 실천성 또는 현실성을 결여한 초월적 정의론이라고 비판한다. 롤즈의 정의론은 원초적 입장에서의 철저한 준수론을 전제하는 이상론에만 주목하는 논의이기 때문이다. 롤즈 정의론의 대안으로 센은 비교적 정의관을 제시한다.* 센은 이 비

---

* 센은 계몽주의 시대에 등장한 두 가지 정의론 전통 가운데 역사적으로 우세했던 계약론 전통을 비판하고 스미스Adam Smith 등이 제기하지만 역사적으로 주목받지 못해 온 정의론 전통, 즉 자신이 비교적 정의론이라고 명명한 전통을 그 대안으로 제시한다(Sen 2009:xvi). 오늘날 정치철학의 주류를 이루는 계약론 전통arrangement-focused view of justice은 홉스, 루소, 로크, 칸트, 롤즈, 노직, 고티에, 드워킨 등으로 이어지며 가상적 계약hypothetical contract 방식을 통해 완전한 정의perfect justice에 입각한 정의로운 사회 체계just institutions를 제시하려는 특징을 공유한다. 다른 계몽주의자들 전통은 개인의 정의 실현에 주목하는 비교적 정의관 전통realization-focused view of justice으로 스미스, 벤담, 밀, 마르크스, 월스톤크래프트, 콩도르세이나 애로우 등의 사회적 선택 이론가들로 이어지며 공적 추론의 토대 위에서 이루어지는 실제적 합의에 주목한다. 이러한 전통은 완전한 정의라기보다는 비교적 정의관을 통해 실질적으로 부정의의 제거나 감소를 추구한다는 특징을 공유한다. 센은 자신의 입장을 "무엇이 완전하게 정의로운 체계인가?"라는 질문보다는 "어떻게 정의가 고양되어야 하는가?"라는 실천적 질문을 중심으로 논의를 시작하는 후자 전통으로 규정한다(Sen 2009:xvi).

교적 정의관을 내세워 초월적 제도주의처럼 완전히 정의로운 사회라는 이상론 없이도 현실의 부정의를 발견하고 감소시키거나 제거할 수 있다고 주장한다. 센은 "만약 정의론이 정책이나 전략 또는 제도의 올바른 선택을 하도록 지침을 내리고자 한다면, 완전히 정의로운 사회 체제를 확인하는 것은 필요하지도 않고 충분하지도 않다"라고 주장한다(Sen 2009:15). 정의관 대부분이 노예제와 같은 분명한 사례에 대해 모두 부정의라고 인정하는 것처럼 이러한 부정의를 확인하기 위해서는 어떠한 이상론도 필요하지 않기 때문이다(Sen 2009:xi-xii). 이러한 센의 불필요성 비판이 성공하기 위해서는 센의 정의관이 이상론 없이도 부정의를 발견하고 제거 또는 감소시킬 수 있음을 규명해야 한다. 본 절에서는 이러한 센의 불필요성 비판, 즉 센의 비교적 정의관이 실천성을 담보할 수 있는지를 검토한다.

1. 비교적 정의관의 부정의 발견

센의 비교적 정의관이 실천성을 담보하기 위해서는 센의 주장처럼 규범적 지향점으로서의 이상론 없이도 부정의를 발견할 수 있어야 한다. 센은 "스페인 화가인 달리Salvador Dalí의 그림과 피카소Pablo Picasso의 그림 가운데 어느 하나가 다른 하나에 갖는 상대적 장점을 판단하기 위해 모나리자 그림이 기준으로 필요하지 않다"라고 말한다(Sen 2009:16). 이것은 우리가 단지 그림 두 점을 보편적 관점에서 비교하는 것만으로 충분히 평가하고 서열화할 수 있는 것처럼 초월적 정의관 없이도 충분히 부정의를 발견하고 제거할 수 있다고 주장하는 것이다. 센은 우리가 노예제와 같은 부정의를 초월적 정의관 없이도 충분히 발견할 수 있는 것처럼 "우리는 다양한 [추론을 통한] 근거에 입각해서 부정의를 파악하는 강한 감각을 가질 수 있다"라고 주장한다(Sen 2009:2 [ ]는 필자 첨가). 센의 그림 사례에 대해 오사마니 S. R. Osamani는 명시할 수 있는 이상적인 그림을 전제하지는 않지만 비교하여 상대적 장점을 판단한다고 할 때는 이미 어떤 초월론적 기준을 전제하고 있다고 비판한다(Osamani 2010:607). 논리적으로 a와 b를 비교하여 우열을 가리는 과정에서 아무런 기준도 없이 합리적인 비교를 하고 있다고 말할 수 없기 때문이다. 시몬스는 센의 높은 산 사례, 즉 에베레스트라는 이상적 기준 없이도 더 낮은 두 개의 산 가운데 무엇이 더 높은 산인지에 대한 평가를 내릴 수 있다는 주장에 대해서 오사마니와 유사한 결론을 내린다(Simmons 2010:35-36). 이 사례에서도 센은 아무리 막연하다고 하더라도 이미 어떤 기준을 갖고 있다고 비판한다. 특히 정의 논의에서 이론이 아닌 실천을 강조하는 운동가들조차 이미 어떤 기준을 가지고 그런 운동을 전개한다고 주장한다. 센이 예로 제시하는 노예제 등과 같이 부정의가 분명하게 드러나는 경우는 직관적으로 발견하는 것이 용이하다는 것을 인정할 수도 있을 것이다. 하지만 이 경우에도 이미 '무언가 잘못되었다는 직관'의 내용은 존재하며 이것이 초월적 기준으로 작동한다고 할 수 있다.

센의 주장대로라면 설령 노예제와 같은 부정의가 초월적 기준으로서의 이상적 정의론 없이도 발견될 수 있다고 하더라도 논란의 여지가 있는 영역에서는 어떻게 부정의를 확인할 수 있을지 의

문스럽다. 예를 들면, 서구의 인권 운동가들은 중국의 소수민족 통치에 대해서 부정의라고 주장하지만 중국인은 이를 부정의라고 간주하지 않으며 정의의 이름으로 이루어지는 반세계화 운동과 관련해서도 세계화가 정의의 최선의 방법이라고 주장하는 사람도 있다(Sen 2009:409). 어떤 이상적 정의관이 우월하다고 주장할 수 없다는 논의를 위해 센이 제시하는 플루트의 분배 사례는 이상론 없이는 부정의를 발견하는 것이 어렵다는 사례로 역이용될 수 있다(Sen 2009:12-15). 센은 앤, 밥, 카라 가운데 누가 플루트를 얻는 것이 정당한가라고 묻는데, 이를 다르게 질문해 보면 무엇이 여기서 제거해야 할 부정의인가로 물을 수 있다. 앤은 세 명 가운데 유일하게 플루트를 연주할 줄 아는 사람인데 플루트를 얻지 못한다면 부정의하다고 주장할 것이고, 밥은 세 명 가운데 가장 가난해서 플루트 이외에는 어떤 장난감도 갖지 못하는데 플루트마저 얻지 못한다면 부정의하다고 주장할 것이고, 카라는 자신이 열심히 노동해서 플루트를 만들었는데 자신이 만든 것을 갖지 못한다면 부정의하다고 주장할 것이다. 여기서 센은 어떻게 부정의를 발견할 수 있을지 그리고 어떻게 정의를 고양할 수 있을지 의문스럽다.

2. 민주주의를 통한 부정의 발견

센은 이상론 없이도 민주주의, 즉 공적 추론 또는 공적 토론 public reasoning을 통해 충분히 부정의를 분별할 수 있다고 주장한다(Sen 2009:4-5). 센에 따르면 비록 노예제와 같은 분명한 부정의에 대해서 우리는 어떤 직관적 판단을 내릴 수 있다. 하지만 이러한 직관이나 느낌이 추론 과정을 통해 검토하여 객관성을 확보해야 한다는 점에서 공적 추론, 즉 민주주의가 센의 비교적 정의관에서는 필수적이다. 이런 이유로 인해 센은 "정의를 추구하는 것과 토론에 의한 통치로 간주되는 민주주의를 추구하는 것 사이에는 분명한 연결고리"가 있다고 해석한다(Sen 2009:ix).

센은 자신의 민주주의 개념인 공적 추론이 모든 문화에서 발견된다는 사실을 규명하기 위해 아프리카, 중동, 동양권 등 다양한 문화와 역사 속에서 공적 추론의 사례를 찾아 제시한다(Sen 2009:329-335, 1999b). 센은 모든 문화에서 보편적으로 발견되는 민주주의의 정신을 공적 추론으로 해석하면서 민주주의의 의미인 토론에 의한 통치government by discussion와 일치시키고 있다(Sen 2009:3). 센이 제시하는 공적 추론에 주목한다면 민주주의는 투표나 선거로 대표되는 서구 사회의 전유물이 아닌 전 지구적 가치이다. 그러나 이러한 센의 민주주의 개념은 논의 과정에서 일관되게 사용되지 못해 두 가지 해석의 가능성을 열어 놓으며 이로 인해 정의와의 관련성 속에서 딜레마에 직면한다. 센의 민주주의를 너무 얇게thin 해석하면 부정의를 발견하는 데 실천력을 상실하기 쉽고 너무 두텁게thick 해석하면 센이 거부하는 이상론이 되기 때문이다.

1) 센의 민주주의에 대한 얇은 해석

센의 민주주의에 대한 얇은 해석에 따르면 민주주의는 특정한 가치나 역량을 전제하지 않고 오직 토론만을 전제하는 입장이다.*
이러한 얇은 해석에 따르면, 센의 논의는 민주주의를 통해 현실에 존재하는 부정의를 발견하고 제거하여 정의를 도모할 수 있다는 주장이 된다. 센은 자신이 민주주의라고 해석하는 공적 추론이 상이한 문화적 맥락과 제도를 가지는 다양한 문화권에서 공통적으로 발견되며 공적 추론의 역할에 대한 다양한 학문적 입장과 이론도 자신의 민주주의 개념을 공통적으로 수용한다고 말한다. 이처럼 센이 주장하는 부분에서 이러한 얇은 해석의 단초가 발견된다(Sen 2009:326). 더욱이 이러한 얇은 해석은 센과 누스바움Martha Nussbaum 사이의 논쟁에서도 지지된다. 누스바움은 구체적인 역량의 목록을 제시하지 않으면서 민주주의적 공적 토론을 통해 각 사회의 다양성에 부합하는 역량의 강화를 추진하자는 센의 입장을 비판한다(Nussbaum 2000:78-80). 센의 주장은 민주주의의 이름으로 다수가 소수를 억압하거나 옳지 못한 방식을 정당화하는 부정의를 초래할 위험이 있기 때문이다. 이런 누스바움의 비판과 요구에도 불구하고 센은 1979년 논문에서 기

---

* 센의 민주주의에 대한 얇은 해석은 심의 민주주의 논의 가운데 얇은 의미의 심의 민주주의와 유사하다. 심의 민주주의는 기본적으로 '토론을 통한 선호의 변화'와 '집단적 의사의 형성'을 전제한다는 점에서 단순한 정보의 교환을 추구하는 토론 자체를 심의 민주주의로 간주하지 않으려는 입장도 있지만, 곽준혁(2005)에 따르면 피어론James Fearon(1998)과 감베타Diego Gambetta(1998)에서 발견되는 것처럼 토론 자체를 심의로 간주하려는 입장을 얇은 의미의 심의 민주주의라고도 일컫기 때문이다.

4장: 이상론과 비이상론 - 만연한 부정의를 어떻게 제거할 것인가?

본적인 역량basic capabilities이라는 표현을 사용면서도 구체적인 목록 제시를 거부한다. 역량의 목록을 제시한다는 것이 각 사회가 나름대로 갖고 있는 다양성을 무시할 수 있기 때문이다(Sen 2009:242). 더욱이 사회 구성원의 끊임없는 공적 토론을 통해 역량의 목록과 각각의 가치부여가 변동되어야 하는데, 목록 제시는 이러한 가능성을 근원적으로 막기 때문이다. 이런 센과 누스바움과의 논쟁을 고려해 본다면 민주주의에 대한 얇은 해석이 센의 논의와 일치한다는 주장은 상당한 설득력을 얻는다.

센의 민주주의에 대한 얇은 해석에 대해서는 세 가지 비판이 제기될 수 있다. 첫째, 센의 얇은 민주주의 개념은 비현실적이라는 비판이다. 센이 말하는 민주주의는 다수결 등의 형식주의에 입각한 것이 아닌 다양한 문화에서 보편적으로 발견된다고 간주되는 공적 토론을 의미한다. 더욱이 센의 민주주의는 이러한 보편성을 구현하기 위해 다양한 집단의 사람들, 즉 해당 사회 구성원뿐만 아니라 다른 사회 구성원도 공적 토론에서 자신들의 의견을 개진할 수 있는 열린 공평성open impartiality을 주장한다(Sen 2009:409). 이러한 특징은 형식적인 관점에서 모두에게 동등한 기회를 부여하여 평등적 가치를 추구하는 것으로 볼 수 있다. 그러나 이러한 입장이 현실적인지는 의문이다. 해당 사회의 미성년자나 어린이뿐만 아니라 그 사회를 여행하는 여행객도 참가시킬 것인지 그리고 그렇게 참여한 사람들의 견해가 동등하게 반영할 만한 것인지 의문스럽다. 더욱이 심각한 궁핍을 겪고 있는 사람들이 자신들의 삶을 경영하고 공동체의 방향성을 결정

정의론과 대화하기

하도록 돕는 공적 토론에 참여하는 것이 불가능한 것은 아니라고 하더라도 현실성이 있는 논의인지 의문이 제기된다.

둘째, 센의 얇은 민주주의 개념은 권력power에 의한 부정의를 정당화할 수 있다는 비판이다. 교육 평등이 실현되지 않은 부정의한 사회에서 민주주의 실현을 위해 다양한 사람들을 포괄하는 토론을 강조했을 때 토론에 참여하는 사람들 가운데 어떤 사람은 많은 교육을 통해 토론에 능숙할 수 있고 어떤 사람은 기본적인 교육도 받지 못해서 토론 참여 자체가 쉽지 않거나 참여하더라도 설득력 있는 논변을 제시할 수 없다. 이렇게 토론 과정에서 권력이 불균형할 때 현실적으로 권력이 있는 사람들에 의해 토론이 왜곡될 수 있고 이로 인해 부정의가 정당화될 우려가 있다. 스튜어트Frances Stewart와 데뉼린 Séverine Deneulin은 "민주주의 토론은 성립되기 쉽지 않다 … [얇게 해석되는] 민주주의 개념은 정치 권력, 정치 경제와 투쟁이 부재한 상황에서 제기되는 이상적인 견해인 것 같다"라고 센을 비판한다 (Stewart and Deneulin 2002:63-64 [ ]는 필자 첨가). 기본적인 정의의 조건으로 간주될 수 있는 교육이나 참여의 기회 등이 보장되지 않은 상태에서 공적 토론을 진행하는 것은 자칫 부정의를 발견하는 것이 아니라 오히려 부정의를 정당화할 우려가 있다.

셋째, 센의 얇은 민주주의 개념은 문화적으로 고착화된 부정의를 정당화할 수 있다는 비판이다. 센의 민주주의에 대한 강조에서도 볼 수 있는 것처럼 이상적 정의관의 지침 없이 부정의를 발견하기 위해서는 부정의를 발견하는 사회 구성원의 역할이 중요하다. 이런 점에서 상대적으로 정의로운 사회에서도 부정의가 때때로 발생하지만 구성원에 의해 그것이 발견되어 제거되거나 감소될 수 있다. 이러한 사회의 구성원들은 이미 무엇이 부정의인지에 대해 상대적으로 정의로운 사회 속에서 인식하고 있기 때문이다. 그러나 부정의가 오랜 시간 누적되어 사회의 제도로 고착되고 구성원들마저 인식하지 못하는 수준에 이른 경우에는 얇은 민주주의 개념이 고착화된 부정의를 발견할 수 있을지 의문스럽다. 누스바움은 가부장적 문화가 고착된 사회에서 성장한 여성들은 "순응된 선호adaptive preference"를 갖고 있어 부정의에 대해 인식하지 못한다고 주장한다(Nussbaum 2001:67-88). 센 역시 이러한 입장에서 지속적인 악조건 상황에서 살아온 사람들은 자신들의 부정의한 환경에도 불구하고 행복하고 만족스럽다고 느낄 수 있다는 점을 인정한다(Sen 1985a:11). 센은 지속적으로 매를 맞아 온 아내는 자신의 욕망을 낮춤으로써 쉽게 자신의 처지에 순응한다는 사례를 통해 순응된 선호를 설명한다(Sen 1985b, 1992, 1999a).이러한 경우에는 부정의를 발견하는 감각과 이를 추론적으로 검토하는 것 자체가 불가능하다. 따라서 이러한 고착화된 부정의에 대한 적절한 대응 방안을 제시하지 않는다면 이상론적 기준 없이 토론을 통해 부정의를 분별할 수 있다고 주장하는 센의 주장은 취약해진다.

2) 센의 민주주의에 대한 두터운 해석

민주주의에 대한 얇은 해석이 안고 있는 문제점 때문에 얇은 해석 대신 민주주의에 대한 두터운 해석을 제시할 수 있다. 민주주의에 대한 두터운 해석은 실질적인 민주주의 작동을 위해 최소한의 역량을 충분히 갖춘 정의로운 여건이 선행되어야 한다는 입장이다. 심의 민주주의와 관련된 논의에서도 대부분이 이러한 입장을 지지한다.* 센은 "정의의 요구들이 공적 추론의 도움에 의해서만 평가될 수 있고 공적 추론이 민주주의 개념에 구성적으로 관계한다면 민주주의와 정의 사이에는 공유된 토론의 특징discursive features이 존재한다는 점에서 근본적으로 긴밀하다"라고 주장한다(Sen 2009:326). 여기서 민주주의와 정의가 모두 토론의 특징을 공유한다는 언급은 민주주의를 가능하게 하는 정의의 내용이 전제되어야 한다는 민주주의에 대한 두터운 해석과 상통한다. 이러한 해석은 센이 민주주의 참여는 교육권과 같은 기본적 자유나 권리에 대한 평등한 분배가 선행되어야 한

---

* 곽준혁(2005)과 김명식(2004)에 따르면, 심의 민주주의의 작동을 위한 조건으로서의 정의와 관련해서 다양한 입장이 있다. 롤즈는 공평성fairness 개념으로부터 심의 민주주의의 특징을 도출하여 심의 민주주의의 토대를 마련한다(Rawls 1999b). 반면에 코헨Joshua Cohen(1996)은 이러한 특징을 형식적 개념으로 가정하고 심의 민주주의를 통해 이러한 형식적 조건에 실질적 내용을 부과한다는 점에서 롤즈와 차별적이다. 하버마스Jürgen Harbermas(1996), 그리고 구트만Amy Gutmann과 톰슨 Dennis Thompson(1996) 또한 정의를 심의의 조건이라기보다는 대상으로 간주한다는 점에서 롤즈와 차별된다. 심의 민주주의 논의에서는 롤즈와 차별화하는 논의가 상대적으로 얇은 입장으로 간주되겠지만, 이들 마저도 최소한의 조건, 예를 들면 상호성reciprocity을 전제한다는 점에서 이 글에서는 민주주의에 대한 두터운 해석에 포함된다(187쪽 각주 * 참조).

4장: 이상론과 비이상론 - 만연한 부정의를 어떻게 제거할 것인가?

다고 주장하는 대목에서도 발견할 수 있다(Sen 1999a:32). 민주주의에 대한 두터운 해석은 센의 역량 접근법 옹호자들의 입장과도 일치한다. 예를 들어, 정의 없는 민주주의는 불가능하다고 주장하는 스린바산Sharath Srinivasan은 정해진 목록에 의해 정의가 보호받지 않으면 민주주의가 불평등을 야기할 수 있다고 주장하면서 공적 토론에 참여할 동등한 기회라는 정치적 역량이 민주주의 과정 이전에 전제되어야 한다고 주장한다(Srinivasan 2007:457-480).

　　민주주의에 대한 두터운 해석을 수용하면 얇은 해석에서 제기되었던 문제를 극복할 수 있다는 장점이 있다. 하지만 이러한 수용은 센이 차별화하려고 했던 누스바움의 입장과 크게 다르지 않다는 비판이 제기될 수 있다. 더욱이 두터운 해석에서 전제하는 역량이나 가치는 정도에서는 최소한이라고 하더라도 이상적인 정의론의 내용에 해당하기 때문에 이상론 없이 부정의를 제거하는 실천적 정의관을 추구하려는 센의 기획과도 배치된다. 이러한 비판에 대응하기 위해 민주주의에 대한 두터운 해석에서 전제되는 가치는 정의의 요소임은 분명하지만 완전한 정의의 이상에 해당하는 것은 아니라고 주장할 수 있다. 즉 이러한 가치는 절차적 가치로서 누스바움이 요구하는 실질적 가치와는 질적으로 다르다고 대응할 수 있다. 이러한 대응은 기존의 제도적 정의가 실현된 사회에서는 적절할 수 있지만 부정의가 만연한 사회에서는 민주주의를 구현하기 위해 절차적 가치 이상의 실질적 가치가 요구된다는 점에서 부적절하다. 부정의가 만연한 사회에서 정치적 역량을 수용한다는 것은 많은 사회적 변화를 동반한다는 것을 의미하기 때문이다. 예를 들어, 여성을 비하하고 여성의 공적 토론 참여 자체를 금기시하는 가부장 문화권에서는 여성이 순응된 선호를 극복하고 그들의 정치적 역량을 발휘하기 위해서는 이를 뒷받침하는 많은 실질적 가치와 역량이 먼저 제공되어야 한다. 여성에게 교육에 대한 기회가 부여되어야 하며 경제적 자립도 보장되어야 한다. 또한 사회적 문화도 여성에 대한 인식을 우호적으로 바꿔야 하는 등의 역량 강화가 요청된다. 이러한 다양한 가치와 역량이 뒷받침될 때에만 정치적 역량이 작동될 수 있다고 한다면 민주주의의 전제로 제시되는 가치는 결코 절차적 가치에 국한된다고 할 수는 없을 것이다.

3. 센의 민주주의에 대한 재구성

앞에서 살펴본 것처럼 센의 민주주의 개념은 딜레마에 직면해 있다. 민주주의 개념을 얇게 해석하면 부정의를 발견하는 실효성이 약화되고 두텁게 해석하면 이상론을 제시하는 것과 다를 바 없어 센의 기획과 배치된다. 이러한 상황에서 센의 저서에 흩어져 있는 행위주체성agency 개념에 대한 단초들을 롤즈의 도덕심리학을 토대로 재구성해 보면 센의 얇은 해석을 가지고도 민감한 부정의를 발견할 수 있을 만한 대안이 마련될 수 있다.

1) 행위주체성에 대한 재해석

크락커David Crocker는 센이 최근 들어서 자신의 역량 개념을 보완하기 위해 행위주체성 개념과 공적 토론 개념을 강조한다고 지적한다(Crocker 2008:283). 센의 행위주체성 개념은 어떤 사람이 자기의 이익추구뿐만 아니라 이익을 넘어서는 도덕적 영역까지도 포괄하는 자신의 목표를 실현하기 위해서 행동을 할 때 그러한 의도나 동기를 가지고 행위를 하거나 할 수 있는 것을 의미한다(Crocker and Robeyns 2009:75). 크락커와 로빈스가 정리한 것처럼 센의 행위주체성은 자기 결정, 추론과 숙고, 행위, 사회에 대한 영향력 행사라는 요소로 구성된다. 또한 행위주체성은 본질적으로 가치 있을 뿐만 아니라 도구적 가치와 구성적 가치도 갖는다(Crocker and Robeyns 2009:81-83). 이러한 성격 때문에 행위주체성은 역량의 가치를 측정하고 선별하는 과정을 통해 역량을 구현한다. 각 개인이 가진 행위주체성은 다양한 역량을 구현하지만 상대적으로 먼저 구현하는 역량은 정치 역량이라고 할 수 있는 정치적 자유이다. 정치 역량은 그 자체가 본질적으로 가치 있기도 하지만 다른 역량을 선별하는 도구적 가치로서의 성격도 가지기 때문이다(Sen 1999a:152-154). 이런 점에서 행위주체성은 정치적 자유에 해당하는 민주주의 개념, 즉 공적 추론과 긴밀한 내적 연관성을 갖는다.

센의 행위주체성 개념은 롤즈 인간관과 밀접하게 관련되어 있다. 롤즈는 인간의 능력을 합당성과 합리성으로 나누었던 반면에 센은 이를 자기 이익을 추구하는 영역과 타인의 이익이라고 할 수 있는 도덕을 추구하는 영역으로 나눈다는 점에서 유사하다. 그러나 롤즈의 합당성과 합리성은 도덕심리학을 통해 발전과 성장의 과정을 설명할

정의론과 대화하기

수 있는 반면에, 센의 경우는 이러한 부분에 대해 분명한 입장을 피력하지 않을 뿐만 아니라 센의 행위주체성 개념에서는 성장의 측면을 직접적으로 발견할 수 없다는 점에서 설명이 불가하다. 그럼에도 불구하고 센의 저서에서 가끔씩 등장하는 권력이양empowerment 개념과 행위주체성 개념 사이의 관계를 중심으로 행위주체성 논의를 재해석하면 성장의 측면을 행위주체성 개념에 가미할 여지가 있다. 권력이양을 할 수 있는 토대는 낮은 수준의 행위주체성과 관련되지만 높은 수준의 행위주체성은 권력이양을 통해 발현될 수 있기 때문이다. 더욱이 센이 자신의 객관성 논의에서 강조하는 스미스Adam Smith의 공평한 관망자impartial spectator 개념에 주목한다면 도덕심리학적 논의가 오히려 센의 논의에서 필수적이라고 주장할 수도 있다. 센의 공평한 관망자 개념은 센이 제시하는 인간관인 행위주체성 개념과 관련되며, 이는 공평한 관망자를 통해 공평성에 도달하는 사고 실험 등의 과정이 경험적이라는 점에서 발전적 과정을 전제하기 때문이다. 스미스가 "가장 적은 동감sympathy과 탐욕을 기대할 수 있는 [현실의] 관망자로부터 시작해서 우리는 자제self-command의 가장 완벽한 교훈을 배울 수 있을 것 같다"라고 언급하는 부분에서 이러한 배움의 과정, 즉 발전적 과정을 유추할 수 있다(Smith 1759:154 [ ]는 필자 첨가).

이상에서 살펴본 것처럼 센의 행위주체성 개념은 정치적 자유와 관련된 민주주의 개념과 긴밀한 내적 연관성을 가진다. 이러한 행위주체성 개념이 센의 논의에서는 분명하게 규명되지 못했지만 동적으로 해석될 가능성은 충분히 있다. 만약 행위주체성이 이 글의 분석

4장: 이상론과 비이상론 - 만연한 부정의를 어떻게 제거할 것인가?

처럼 성장하고 발전하는 동적인 개념으로 해석될 수 있다면 센의 논의에 행위주체성의 성장을 설명하는 도덕심리학적 논의를 적용할 수 있고 이를 통해 얇은 민주주의 개념으로부터 비교적 정의관을 확립하는 것이 가능할 수 있다.

2) 『정의론』에서의 도덕심리학 논의를 행위주체성에 적용

롤즈 『정의론』에서 합의된 정의론은 앞에서도 논의했던 것처럼 도덕심리학을 통해 안정성을 확보한다. 이는 앞에서 본 것처럼 정의감의 발달이 사회 제도와의 선순환 과정을 통해서 이루어지기 때문이다. 행위주체성 또한 도덕심리학적 구조에서 발달하는 개념으로 이해한다면 얇은 민주주의로부터 비교적 정의관을 도모하는 것이 가능하다. 부정의가 만연한 사회에서 각 개인의 행위주체성은 극도로 약화되거나 왜곡되어서 공적 토론을 통해 부정의를 발견하는 것이 어려울 수 있다. 그러나 이러한 상황은 행위주체성 자체를 부정하는 것으로 볼 수 없다. 행위주체성은 인간의 본질적 부분과 관련된다는 점에서 행위주체성 자체가 없다고 주장하면 인간관 자체를 부정하는 논의가 되기 때문이다. 그렇다면 부정의가 만연한 사회에서조차 노예제와 같은 심각한 부정의에 대해서는 직관적으로 쉽게 인식하고 추론할 수 있다는 정도의 낮은 행위주체성은 인정할 수 있을 것이다. [표 4-4]는 심각한 가부장제 사회에서 순응된 선호로 인해 행위주체성이 낮은 여성들이 사회 제도의 개선 과정 속에서 점진적으로 자신의 행위주체성을 성장시켜 나가는 과정을 보여 준다. 이는 공적 토론이 불가능한 낮은 행위주체성이 도덕심리학적 발전을 통해 공적 토론이 가능한 상태까지 발전하는 과정을 제시한다.

사회 제도		영향 관계	여성의 행위주체성	
여성의 공적 토론 참여가 가능한 사회	↑개선	↘ 개선 요구	행위주체성 성장	
	교육/언론/ 경제 활동의 자유 확장	⇒ 영향	정치적 자유의 부정의 발견	
더 약화된 가부장제 사회	↑개선	↘ 개선 요구	행위주체성 성장	
	교육/언론의 자유 확장	⇒ 영향	경제 활동의 부정의 발견	높음 ↑ 행위 주체성 정도 ↓ 낮음
약화된 가부장제 사회	↑개선	↘ 개선 요구	행위주체성 성장	
	약간의 교육 제도	⇒ 영향	기존 제도의 부정의 발견	
덜 심각한 가부장제 사회	↑개선	↘ 개선 요구	행위주체성 성장	
	약간의 언론의 자유	⇒ 영향	여성 교육의 부정의 발견	
심각한 가부장제 사회 (여성 공적 토론 배제, 언론 탄압, 여성 교육과 경제 활동 기회 박탈)	↑개선	↘ 개선 요구	행위주체성 성장	
	언론 탄압	⇒ 영향	언론 탄압의 부정의 발견	

(좌측 세로축) 낮음 ↑ 부정의 심각도 ↓ 높음

[표 4-4] 가부장제 사회에서 여성의 행위주체성이 성장하는 과정

4장: 이상론과 비이상론 - 만연한 부정의를 어떻게 제거할 것인가?

설령 뿌리 깊은 가부장제 문화로 인해 순응된 선호를 가진 여성들이라고 할지라도 심각한 언론 통제와 같은 명백한 부정의에 대해서는 비판을 할 수 있을 것이다. 특히 인터넷 등의 전 지구적 통신과 정보가 공유되는 현실 속에서 이러한 비판은 가능할 수 있다. 비록 자신의 행위주체성을 충분히 자각하지 못한다고 하더라도 비판을 통해 언론이 상대적으로 자유로워지면 순응된 선호를 가진 여성들은 더 많은 정보에 접근할 수 있게 되고, 이를 통해서 그들의 행위주체성은 조금씩 성장할 것이다. 이는 행위주체성, 개선 요구와 비판, 제도 변화가 나선형의 동적 구조를 갖게 되면 행위주체성이 계속해서 발전할 수 있을 것이라는 뜻이기도 하다. 이러한 과정에서 대중매체나 언론 등의 제도저 장치가 여성들의 행위주체성을 싱장시키는 과정, 즉 민주주의를 활성화하는 과정에서 중요한 역할을 감당한다. 대중매체나 언론이 기존의 부정의를 옹호하는 권력을 상대할 수 있는 "반작용적 권력countervailing power"인 반작용적 제도로서의 역할을 할 수 있기 때문이다(Sen 2009:81). 이러한 과정은 정의로워진 제도로 인해 개인의 정의감이 성장할 수 있다는 도덕심리학의 논리에 기반을 둔다. 결국 이런 발전적 구조는 개인의 행위주체성이 민주주의와 연결되면서 부정의를 발견하는 입장으로 나타날 수 있음을 보여 준다.

센은 "어떤 사람이 세계에 있는 부정의를 감소시킬 수 있는 능력power을 가지게 된다면 바로 그런 변화를 이행할 강한 사회적 논변", 즉 의무commitment가 있다고 주장한다(Sen 2009:205). 센의 행위주체성 개념의 동적 구조와 도덕심리학을 기반으로 센의 정의론을 재구성하면 개인의 삶에서 시작하여 사회적 공론장으로 확장되는 비교적 정의관이 가능하다.

======= 등대로서의 이상론과 실천적 비이상론의 여정을 위하여

이 장에서는 롤즈 정의론이 현실에서 작동할 수 있는가라는 물음에 대답하기 위해 센이 롤즈 정의론에 제기했던 불충분성 비판과 불필요성 비판을 차례로 검토했다. 롤즈 정의론에서 이상론은 비이상론을 위한 사회 개혁의 방향성을 설정해 줄 뿐만 아니라 4단계 논의 과정을 통해 부정의를 발견하고 제거하는 구체적인 기준으로서의 역할을 감당한다는 점에서 불충분하다는 비판은 부적절하다. 또한 이상론 없이 공적 추론을 통해 부정의를 제거하는 실질적 정의를 구현할 수 있다는 불필요성 비판은 민주주의 개념이 갖는 딜레마로 인해 성립하기 어렵다는 것을 보았다. 이러한 비판 검토에 덧붙여, 센이 주장한 비교적 정의관이 딜레마를 피하기 위해서는 센의 행위주체성을 롤즈의 도덕심리학적 토대에서 선순환적으로 발전하는 동적 개념으로 해석해야 한다는 대안을 제시했다

이 장은 현실성을 담보한 실천적 정의론을 제시하려면 롤즈 정의론에서 확인할 수 있는 것처럼 이상론과 비이상론의 올바른 관계를 설정하여 제시하는 것이 바람직함을 보여 준다. 이상론은 어두운 밤바다에서 배가 방향을 잃지 않도록 돕는 등대처럼 비이상론을

이끌어야 하며, 비이상론은 이상론의 도움 아래 정의를 향한 여정을 시작해야 한다. 이는 센처럼 비이상론의 독자성을 주장하거나 코헨처럼 이상론의 독자성을 주장하는 것은 바람직하지 않다는 점을 시사한다. 또한 실천성을 담보한 정의관을 수립하려면 도덕심리학에 기반한 개인적 차원과 제도적 차원의 상호 통합적 구조가 필수적임을 나타낸다. 특히 기존 제도 중심적인 정의관 논의가 주류를 이루는 현실을 고려해 볼 때 센의 비교적 정의관을 검토하는 과정에서 나타난 것처럼 실천적 정의관이 되기 위해서는 개인의 역할을 중시하는 도덕심리학적 논의의 필요성이 강조된다. 이와 관련한 구체적인 사례 논의는 정의로운 가족 정책을 다루는 이 책의 제6장에서 확인할 수 있다.

개인적 차원과 제도적 차원의 상호 통합적 구조의 필요성은 롤즈의 『정의론』에서도 엿볼 수 있다. 롤즈 정의론은 사회 기본구조를 정의의 제1주제로 삼는다는 점에서 센이 이해하는 것처럼 제도 중심적인 논의인 것은 분명하다. 하지만 롤즈가 초판 서문에서도 언급했듯이 개인적 차원과 도덕심리학 논의를 담고 있는 『정의론』의 제3부 목적론을 도외시한다면 정의론 전체가 오해될 수 있음을 잊어서는 안 된다(Rawls 1999a:xvii). 이 장의 시사점이 부정의가 만연한 한국 사회에서 부정의를 제거하고 정의를 실현하기 위한 방향성을 설정해 줄 수 있기를 기대한다.

5장

주거 정책

재산소유 민주주의는
어떻게 주거의 통제력을
가지는가?

한국 사회에서의
부동산 가격 폭등 논의

2017년 3월 우리나라 헌정 사상 최초로 대통령이 탄핵으로 물러난 뒤 2017년 5월에 집권한 문재인 정부는 정권 초기부터 가파르게 상승하는 아파트 가격을 잡기 위해 20여 차례의 부동산 정책을 발표했지만, 정책은 가시적인 효과를 얻지 못하고 있다. 더욱이 정부의 정책 방향과 달리 정부 고위 관료들이 다주택자이고 부동산을 이용해 재산 증식을 했다는 언론 보도는 정책을 불신하게 만들고 이는 사회적 불만으로 나타나고 있다.

아파트 가격 폭등과 함께 등장한 신조어 '영끌' (영혼까지 끌어모음)과 '패닉 바잉panic buying'은 이러다가 집을 소유하지 못할 것 같다는 불안감에 무리한 대출을 해서라도 아파트를 구매하겠다는 시민의 심리 상태를 잘 보여 준다.

한국 사회에서 부동산(아파트 가격)과 교육(대학입시)은 한국 사회 구성원의 욕망과 이해관계가 복잡하게 얽혀 있는 민감한 영역이어서 사실상 해결이 쉽지 않다. 그 때문에 정부마다 최우선 정책과제로 삼고 있지만 실효성 있는 효과는 거두지 못하고 있다.

≡≡≡ 재산소유 민주주의와 주거 정책 문제

　　롤즈는 『정의론』(1971/1999a) 제1부에서 자신의 정의론인 공정으로서의 정의justice as fairness, 즉 자유의 원칙과 차등 원칙이라는 두 가지 원칙이 협력체계로서의 사회의 제1원리로 사회 구성원에 의해 도출되고 정당화되는 과정을 설득력 있게 전개하고 있다. 더욱이 롤즈는 자신의 논의가 실현 가능한 이상향realistic utopia임을 입증하기 위해 『정의론』 제2부에서 제도 차원에서 공정으로서의 정의가 어떻게 구현될 수 있을지를 보여 주고자 시도한다. 『정의론』 초판(1971)이 나온 이후, 샌델을 비롯한 독자 대부분이 이러한 현실적 제도가 복지자본주의welfare capitalism에 해당한다고 해석하고 비판적으로 분석했다(Sandel, 1982:66).* 『정의론』 개정판(1999a) 서문에서 롤즈는 이

---

*　샌델은 여전히 롤즈의 정의론이 복지국가에 부합한다고 주장한다(Sandel 2020: 128-137). 샌델은 이런 오해로 인해 롤즈가 실력주의를 거부하면서도 여전히 실력주의를 옹호하는 대안을 제시하는 오류를 범한다고 비판한다. 샌델이 롤즈의 입장을 오해하지 않았더라면 이러한 비판을 제기하지도 않았을 것이고 실력주의에 대한 자신의 대안이 롤즈 논의에 대한 하나의 해석에 불과하다는 것도 알았을 것이다. 실력주의와 관련해서는 이 책의 제1장을 참고하기 바란다.

러한 해석이 오해라고 해명하며, 자신의 『정의론』은 복지국가 자본주의가 아닌 재산소유 민주주의property-owning democracy, 이하 POD에 적합하다고 강조한다. 그러나 롤즈는 자신이 『정의론』을 다시 쓴다면 이전과는 다른 방식으로 다루고 싶은 부분 중 하나가 "복지국가라는 관념과 재산소유 민주주의라는 관념을 더욱 예리하게 구분하는 것"이라고 밝히며 『정의론』에서 POD에 대해 너무 간략하게 다뤄 오해가 일어났음을 인정한다(Rawls 1999a:xiv). 롤즈에 따르면, "재산소유 민주주의는 각 시기의 마지막에 적게 가진 사람들에게 소득을 재분배함으로써가 아니라, 말하자면 각 시기의 시작에서 생산 자산과 인간 자본(교육된 능력과 훈련된 기예)의 광범위한 소유를 보장함으로써 소수가 경제 및 간접직으로는 정치적 삶 자체를 통제하는 것을 피한다. 이 모든 것은 평등한 기본 자유와 공정한 기회균등을 배경으로 하여 이루어진다"라는 점에서 사후 분배를 강조하는 복지국가와 사전 분배pre-distribution에 초점을 맞춘 POD를 구분한다(Rawls 1999a:xv).

롤즈는 자신의 POD 논의가 1976년 노벨상 수상자인 영국의 경제학자 미드James Meade로부터 영향을 받았음을 인정한다(Rawls 1999a:241-242:245). 그런데 역사학자 잭슨Ben Jackson에 따르면 POD의 정신, 즉 사회 구성원이 널리 재산을 고루 소유한다는 발상은 고대 플라톤의 시대로부터 역사 속에서 다양한 형태로 주장되었다(Jackson 2012). 이런 POD의 정신은 스코틀랜드의 보수주의 정치 사상가 스켈레톤Noel Skeleton이 1920년대 영국 노동당의 노동조합 사회주의에 반대하면서 대안으로 제시한 건설적인 사회 체제를 POD로

5장: 주거 정책 - 재산소유 민주주의는 어떻게 주거의 통제력을 가지는가?

명명하며 처음으로 명시되었다. 이는 이후 좌파에 우호적인 경제학자 미드로 계승되어 구체화된다(Jackson 2012:33). 이러한 POD의 기원적 논의는 POD가 구현되는 과정에서 보수적인 입장과 진보적인 입장 모두로 나아갈 수 있음을 짐작하게 한다. 그러나 롤즈는 POD라는 개념을 미드에게서 차용하지만, 미드와 동일하게 사용하지는 않는다. 예를 들어, 미드는 POD를 자유주의적 사회주의를 포함한 넓은 의미로 사용하지만 롤즈는 양자를 구분하여 미드보다 덜 급진적으로 사용한다(홍성우 2013:289). 따라서 원칙으로 제시된 롤즈 정의론의 실질적 내용이 무엇인지를 이해하기 위해서는 롤즈의 POD가 어떤 의미인지를 규명할 필요가 있다.

이 장에서는 롤즈의 정의론인 공정으로서의 정의가 POD와 어떻게 연결되고, 구체적으로 어떻게 정책으로 제시될 수 있는지를 고찰하고자 한다. 특히 롤즈가 다루지 않은 POD의 정책 가운데 주거 housing 정책에 초점을 두고자 한다. 주거가 갖는 의미는 특별해 롤즈 정의론의 토대가 되는 협력체계로서의 사회나 자존감과 깊이 관련될 것으로 보이기 때문이다. 이러한 고찰은 『정의론』 제1부 원리에서 제시된 공정으로서의 정의의 핵심적인 성격이 무엇인지를 규명하고 구체적인 현실에 어떻게 적용될 수 있는지를 시사하여 정의론에 대한 이해를 높이는 데 기여할 것이다.

≡≡ 롤즈『정의론』과 POD의 적합성

POD는 롤즈의 공정으로서의 정의가 구현되는 사회 제도이다. 롤즈는 이러한 사회 제도를 통해 세대를 넘어서는 지속 가능한 정의관, 안정성stability을 확보할 수 있는 정의관을 도모하고자 한다. 롤즈는 POD의 목적 중 하나가 자유롭고 평등한 사회 구성원들 사이에서 협력체계로서의 공정한 사회 이념을 오랫동안 지속하게 하는 것이라고 말한다(Rawls 1999a:xvi, 2001:137-138). 안정성과 관련된 POD 논의는 이 책의 제3장에서 차등 원칙의 토대 아래 논의했던 세대 간 정의인 정의로운 저축의 원칙의 구체적인 모습에 해당한다(Rawls 2001:158-162). 본 절은 이러한 정의론의 성격을 구현하려는 POD의 구체적인 모습이 무엇인지, 왜 다른 사회 체제가 아닌 POD가 롤즈 정의론에 부합하는지에 대해 고찰하고자 한다.

1. 정의론이 적용된 사회 체제로서의 POD

롤즈는 공정으로서의 정의 정신에 부합하는 사회 체제가 어떤 형태인지를 모색하기 위해 정치, 경제, 사회 제도를 완비한 다섯 가지 사회 체제를 검토한다. 첫 번째로 검토하는 사회 체제는 일당 체제가 감독하는 명령 경제를 갖춘 국가사회주의 체제이다. 이 체제는 일당 주도의 명령 경제라는 점에서 평등한 기본적 자유의 공정한 가치를 거부할 뿐만 아니라 평등한 기본적 권리와 자유를 침해한다. 이 체제는 비록 사회적 · 경제적 불평등을 시정하는 데 효과적일 수 있다고 하더라도 정의의 제1원칙인 자유의 원칙을 위반한다는 점에서 공정으로서의 정의를 반영하는 사회 체제로 볼 수 없다.

두 번째와 세 번째로 검토할 사회 체제는 자본주의의 두 가지 유형인 자유방임 자본주의와 복지국가 자본주의 체제이다. 먼저 자유방임 자본주의부터 검토해 보면, 이 체제는 롤즈가 『정의론』에서 제2원칙의 내용을 정확하게 규정하는 과정에서 나타날 수 있는 다양한 체제 가운데 효율성 원칙과 재능이 있으면 출세한다는 내용이 결합한 자연적 자유 체제이다. 롤즈는 제2원칙에 나타난 "모두에게 이익이 됨"이라는 구절과 "평등하게 개방됨"이라는 구절의 의미를 해석하고 [표 5-1]과 같이 정리하여 비교한다(Rawls 1999a:57).

		모두에게 이익이 됨	
		효율성 원칙	차등 원칙
평등하게 개방됨	재능 있으면 출세	자연적 자유 체제 (natural liberty)	자연적 귀족 체제 (natural aristocracy)
	공정한 기회균등	자유주의적 평등 체제 (liberal equality)	민주주의적 평등 체제 (democratic equality)

[표 5-1] 제2원칙의 해석과 네 가지 사회 체제

자연적 자유 체제인 자유방임 자본주의는 사회 기본구조가 자유 시장 논리에 입각한 효율성을 추구할 뿐만 아니라 재능이 있으면 출세할 수 있다는 형식적 기회균등의 개방된 사회 체제에 해당한다. 자연적 자유 체제에서의 현존하는 소득과 부의 분배는 자연적 우연성인 천부적 재능이나 능력의 선행적 분배가 사회적 여건과 행운이나 불행 등의 우연적 변수에 의해 계발되거나 실현되어 누적된 결과에 해당한다. 따라서 롤즈의 공정성 관점에서 볼 때 이 체제는 롤즈의 정의론이 극복하려는 사회적·자연적 우연성을 그대로 인정할 뿐만 아니라 강하게 영향을 받아 경제적 효율성과 성장만을 목표로 하는 자유방임 자유주의 체제로 불공정하며 공정으로서의 정의에 배치된다.

자유방임 자본주의의 한계를 극복하기 위해 제시된 복지국가 자본주의는 [표 5-1]에서 적절한 위치를 찾기는 어렵다. [표 5-1]은 롤즈가 제시한 두 번째 원칙의 모두에게 이익이 됨과 평등하게 개방됨이라는 구절의 의미와 관련되지만, 복지국가 자본주의는 평등하게 개방됨이라는 성격보다는 사회적 약자를 구제하고 지원하려는 목적에 주안점을 두기 때문이다. 앞에서도 언급한 것처럼 많은 학자가 복지국가 자본주의가 롤즈의 정의론에 잘 부합하는 체제라고 믿었다. 예를 들어, 울프Robert Paul Wolff는 롤즈의 정의론을 평등주의라는 이름으로 제시되는 복지국가 자본주의에 대한 철학적 옹호 논의라고 이해했다(Wolff 1977:195). 롤즈의 정의론과 마찬가지로, 복지국가 자본주의는 생산 자산에 대한 사적 소유를 허용하여 개인의 자유를 옹호하고 있으면서도 사회적 약자를 복지 제도를 통해 구제하는 전략을 중시하기 때문이다. 그러나 롤즈는 정의론이 복지국가 자본주의와 배치되며 자신이 옹호하는 POD는 자본주의의 대안임을 명시한다(Rawls 2001:135-136). 프리만은 롤즈의 『도덕철학사 강의Lectures on the History of Moral Philosophy』(2001)의 내용 분석을 통해 롤즈의 POD

와 복지국가 자본주의의 철학적 토대가 다름을 논증한다(Freeman 2006:108). 프리만의 분석에 따르면, 롤즈의 POD는 시민의 자유와 권리 보장에 초점을 둔다는 점에서 칸트Immanuel Kant, 헤겔G.W.F Hegel, 밀John Stuart Mill 등의 사상적 계보를 잇는 자유의 자유주의liberalism of freedom인 반면에, 복지국가 자본주의는 효용 극대화를 목표로 하여 기본적 자유 보장은 우연성에 기대는 벤담Jeremy Bentham, 밀James Mill, 시지윅Henry Sidgwick의 고전적 공리주의 계보를 잇는 행복의 자유주의 liberalism of happiness에 토대를 두고 있다. 롤즈의 『정의론』이 공리주의의 대안으로 제시된다는 점에서 볼 때, 공리주의에 철학적 기초를 둔 복지국가 자본주의가 롤즈 정의론을 구현하는 체제라는 주장은 수용하기 어렵다.

　　복지국가 자본주의와 POD는 생산 자산에 대한 사적 소유를 허용한다는 점에서는 동일하지만, 복지국가 자본주의는 생산 자산에 대한 소수의 독점을 용납하는 반면에 POD는 이러한 독점을 방지하고 사회 구성원 모두가 소유하는 방식으로 분산하려 한다는 점에서 다르다. 복지국가 자본주의에서 초래할 수 있는 소수의 사적 소유 독점은 경제뿐만 아니라 간접적으로는 정치적 삶까지 통제할 우려가 있기 때문이다. 복지국가 자본주의는 성장 위주 정책을 추구하면서도 이에 따른 부작용을 보완하기 위해 실업수당이나 의료 혜택을 제공하고자 한다. 이는 사회 구성원이 품위를 유지할 수 있도록 최소한의 생활수준을 보장하고 사고와 불운에 대한 보호로서 취해지는 조처라고 할 수 있다. 그런데 이러한 방식은 복지에 의존하는 하층계급을 형성하고 정책 과정에서 항상 수동자라는 배제의 인식을 낳게 된다. 더욱이 사고나 불운으로 손해 보는 이들을 지원하려는 복지국가 자본주의의 사후 재분배 정책은 수혜자로 하여금 의존적이고 굴종적인 태도를 갖게 하여 자존감을 훼손할 수 있다. 롤즈는 『정의론』에서 "자존감 없이는 어떤 것도 할 만한 가치가 없을 것"이라고 말할 정도로 자존감의 중요성을 강조하는데, 이러한 자존감 훼손을 초래할 수 있는 복지국가 자본주의는 정의론을 반영하는 제도로 보기 어렵다(Rawls 1999a:386).

복지국가 자본주의와 POD의 이러한 차이에도 불구하고, 롤즈가 세금 정책을 통해 정의론의 제2원칙을 실현하려는 시도에 대해서는 여전히 복지국가 자본주의와 같은 사후 분배 방식이 아니냐는 의문이 제기될 수 있다. 그러나 이러한 의문은 세금을 징수하는 것과 세금을 통해 정책을 구현하는 것 사이의 차이를 주목하지 못한 것으로 보인다. 사전 분배pre-distribution인지 사후 분배인지를 구분하는 것은 전자가 아닌 후자이기 때문이다. 롤즈는 『정의론』에서 정의를 구현하기 위한 배경적 체제로, 분배처distributive branch를 통한 상속세와 증여세 부과뿐만 아니라 재산소유의 광범위한 분배를 목표로 하는 누진세와 소득세 등의 세금 정책을 사용한다(Rawls 1999a:245-247). 롤즈의 정의론은 이러한 세금 정책의 목표와 초점에서 복지국가 자본주의와 구분된다. 제1장의 교육제도에서 보았던 것처럼 세금 징수를 통해 공정한 기회균등을 도모하려고 한다든지, 제2장에서 제시한 것처럼 기본소득의 재원으로 사용하여 일자리의 통제력을 갖게 하는 것은 사고와 불운으로부터 보호하려는 복지국가 자본주의와 다르며, 적용 방식도 사후가 아닌 사회 기본구조에 구축된 사전 분배라는 점에서 다르다.

　　롤즈는 POD뿐만 아니라 자유주의적 사회주의도 자신의 정의론에 부합한다고 해석한다.* 자유주의적 사회주의와 POD는 모두 민주 정치를 위한 입헌 체제를 인정하며, 정치적 자유의 공정한 가치 및 공정한 기회균등과 기본적 자유를 보장하고, 차등 원칙은 아니더라도 상호성 원칙에 따라 경제적·사회적 불평등을 규제하기 때문이다. 자유주의적 사회주의는 생산수단을 사회가 소유하지만 경제 권력이 기업들 사이에 분산된다고 가정한다. 이로 인해 자유주의적 사회주의 체제에서는 소수가 경제력을 집중하여 소유하고 이를 바탕으로 정치 영역을 지배하지 못하게 할 수 있다. 이런 점에서 자유주의적 사회주의는 롤즈 제2원칙인 차등 원칙과 결과적으로 동일한 효과를 낼 수 있다고 볼 수 있다. 더욱이 자유주의적 사회주의는 롤즈의 제1원칙인 자유의 원칙에도 부합한다. 자유주의적 사회주의에서는 생산 수단이 공유되며 기업의 경영이 이른바 노동자 협회나 혹은 그 협회들에 의해 지명된 대리인에 의해 이루어지고(Rawls 1999a:248), 국가사회주

---

*　롤즈가 자세하게 설명하지 않은 자유주의적 사회주의의 내용이 무엇인지를 규명하는 것은 롤즈의 POD를 명료하게 이해하기 위한 중요한 연구일 뿐만 아니라 롤즈 정의론과 사회주의와의 관련성을 해명하는 연구가 될 것이다. 이와 관련한 최근 연구로는 에드먼드슨Edmundson(2017)을 참조하기 바란다.

정의론과 대화하기

의와 달리 기업의 자유로운 경쟁을 허용하고 직업 선택의 자유도 허용하기 때문이다. 이러한 자유주의적 사회주의 체제는 민주 정치의 헌법을 정립하고 기본적 자유와 정치적 자유의 공정한 가치, 기회균등 보장, 상호성의 원칙에 따라 사회적 · 경제적 불평등을 규제한다는 점에서 롤즈의 정의론에 부합한다.

롤즈는 재산소유 민주주의와 자유주의적 사회주의 체제가 자신의 정의론과 부합하는 체제라고 말하면서, 두 체제 가운데 사회의 역사적 상황과 정치사상 및 실천의 전통 등을 통해 체제를 결정할 필요가 있음을 명시한다. 이런 언급에 주목해 본다면, 롤즈가 POD를 정의론에 가장 적합하다고 제시하는 이유는 정의론의 토대를 이룬다고 생각하는 사회가 개인의 사적 재산 소유를 옹호하고 인정하는 전통에 있기 때문으로 보인다.

2) 롤즈의 POD의 목표와 내용

앞 절에서는 롤즈가 옹호하는 POD의 모습을 복지국가 자본주의와의 대비를 통해 기술했다면, 본 절은 롤즈 POD의 목적과 내용 자체에 집중하고자 한다. 롤즈 POD의 목적은 "모든 시민이 적절한 수준의 사회적 · 경제적 평등의 토대 위에서 자신들의 삶을 꾸려 나갈 수 있게 하는 것"이다(Rawls 2001:139). 즉 부와 자본의 소유권을 분산하여 소수의 사람들이 직접적으로는 경제를 통제하지 못하게 하고, 간접적으로는 정치적 영역에서 영향력을 독점하지 못하게 하는 것이다. 롤즈는 POD 정책이 잘 구현되면, 최소수혜자the least advantaged

가 자유롭고 평등한 시민들 사이에서 다른 모든 구성원과 함께 정치적 정의의 차원에서 호혜적 상황에 놓이게 된다고 보았다. 또한 그들이 비록 적은 자원만을 통제한다고 할지라도 자존감에 합치하고 상호 이익이 된다고 모두가 인정하는 조건에 놓이게 되면 자신들의 사회적 역할을 완전히 구현할 수 있게 된다고 주장한다. POD가 공정한 협력체계로서의 사회라는 관념을 기본 제도에서 실현했다고 보기 때문이다.

롤즈는 재산 소유와 관련해 POD가 개인의 사적 소유를 인정하는 데 반해 자유주의적 사회주의는 사회가 소유한다는 차이가 있음에도 불구하고, 자신의 정의론이 POD와 자유주의적 사회주의 체제 모두에 부합한다고 말한다. 이 의미는 양쪽 체제 모두 정의의 두 가지 원칙을 충족할 뿐만 아니라 롤즈의 정의론이 추구하는 삶, 즉 사회 구성원이 경제적 영역에서뿐만 아니라 정치적 영역에서도 자존감을 보존하며 자유롭게 자신의 삶을 경영할 수 있음과 관련이 있는 것으로 보인다. 비록 자유주의적 사회주의 사회가 생산수단을 소유한다고 하더라도 기업들 사이의 자유로운 경쟁 활동과 직업 선택의 자유가 보장된다면 사회 구성원은 자존감이 고양되고 자유롭게 자신의 삶을 경영하는 것이 가능하기 때문이다. 이런 의미에서 롤즈의 POD는 재산소유가 아닌 민주주의에 방점을 두면서 이해하는 것이 타당한 것으로 보인다. POD 논의에서 재산소유에 중점을 두면 민주주의의 개념이 약화되고 신자유주의적 자유지상주의 체계로 귀결될 수 있을 뿐만 아니라 롤즈가 자유주의적 사회주의를 옹호하는 것과도 상충되기 때문이다. 더욱이 롤즈는 이러한 자유지상주의적 체계에 대한 반대 개념으로 POD를 제시했다는 점에서 롤즈의 POD 개념을 민주주의 중심으로 해석하는 것이 더욱 적절해 보인다(Ron 2008:172).

사회 구성원이 민주주의 구현과 불평등 완화를 통해 자존감을 보장받으며 상호 협력적 관계를 유지하는 지속 가능한 사회를 제시하는 POD의 구체적인 모습은 롤즈 논의에서 주제적으로 다루어지지 않았다. 여러 곳에 분산된 POD의 구체적인 제도와 정책을 정리하여 재분류하면, POD의 모습은 다음과 같은 정의론의 원칙에 따라 세 가지 모습으로 구현될 수 있을 것이다. 첫째, POD는 입헌 민주주의 체제의 모습이다. 롤즈는 『정의론』 43절에서 분배 정의를 위한 배경적 체제가 무엇인지를 설명하는데, 여기서 제시되는 POD의 다양한 제도는 일곱 가지로 정리될 수 있다(White 2012:134). 이 중 첫 번째인 개인적이고 정치적인 것 모두를 포함한 기본적 자유를 존중하는 배경적 정치 체제는 입헌 민주주의에 해당한다. POD는 절차적 민주주의가 아닌 입헌 체제를 옹호한다. 절차적 민주주의는 입법에 대한 헌법적 한계가 존재하지 않으며 적절한 절차가 주어진다면 어떤 내용도 제정되어 법이 될 수 있어 정의의 제1원칙에 반하는 입법이 논리적으로 가능하기 때문이다. 제4장의 이상론과 비이상론 논의에서 본 것처럼, 롤즈 정의론은 4단계 과정을 통해 원초적 입장에서 합의된 정의론이 헌법, 법과 정책, 법규 적용과 준수의 과정으로 현실화한다. 이러한 4단계 과정은 절차적 민주주의라기보다는 법과 규정이 정의의 제1원칙에 해당하는 근본적인 권리와 자유를 보장하는 입헌 체제이다. 이런 의미에서 POD는 정치 과정에 대한 공적인 규율 및 지원, 모든 사회 구성원의 실질적 정치 참여 기회 보장 등을 중시한다. 그러나 이러한 언급이 롤즈의 POD에서 경제적 측면이 부차적이라는 의미는 아니다. 롤즈 정의론의 제1원칙이 자유의 원칙이고 제2원칙이 경제적·사회적 불평등에 대응인 차등 원칙인 것처럼, 그리고 롤즈가 자유와 자유의 가치worth of liberty를 구분하고 양자의 관련성을 강조하는 것처럼 POD에서 민주주의와 재산소유는 강조에서는 차이를 보이지만 상호 연관되어 있다.* 즉 제1원칙과 관련된 자유와 민주주의 논의가 실질적으로 현실화되기 위해서는 제2원칙이 중점을 두고 있는 사회적·경제적 영역에 대한 논의가 필수적이다.

둘째, POD는 공정한 기회균등을 도모하는 사회 제도이다. 롤즈는 『정의론』 43절에서 배경적 체제에서 공정한 기회균등의 원칙

---

* 롤즈는 자유와 자유의 가치를 구분하면서 자신의 공정으로서의 정의가 추구하는 목표는 모든 사회 구성원의 자유의 가치도 일정 수준에서 보장하려는 것임을 강조한다(Rawls 1993:325-326). 여기서 언급하는 자유의 가치는 모든 자유가 아닌 기본적 자유의 가치이다. 기본적 자유가 형식적, 법적인 제도 측면이라면, 기본적 자유의 가치는 실제로 할 수 있는 물적 토대가 어느 정도 마련된 자유라는 점에서 실질적이다. 롤즈 정의론에서 제1원칙이 보장하는 기본적 자유는 모두에게 보장되지만, 자유의 가치 측면에서는 모두에게 보장되지 않는다는 한계를 알기에 롤즈는 제2원칙을 통해 일정 수준의 자유의 가치를 달성하고자 한다. 롤즈는 "두 가지 원칙이 함께 작동함을 통해서, 사회적 기본 구조는 모든 사회 구성원에 의해 향유되는 평등한 자유의 완벽한 체계의 최소수혜자에게 [자유의] 가치를 극대화하도록 조정되어야 한다"라고 주장한다(Rawls 1999a:179 [ ]는 필자 첨가).

을 보장하게 하는 교육 제도와 공정한 기회균등을 도모하는 반차별적 제도와 법령을 POD의 제도로 제시한다. 롤즈는 『정치적 자유주의』 서문에서 정의론을 구현하기 위한 기본 구조로 다섯 가지를 제시하는데, 이는 시민이 자신의 자유를 현명하고 효과적으로 사용할 수 있는 전 목적적 수단을 충분히 보장하고 상호성에 부합하여 사회적·경제적 불평등이 과도해지는 것을 방지하기 위한 기본 제도로 선거에 대한 공적 자금 지원과 정책에 대한 공적 정보 제공의 보장 방법, 그리고 교육과 훈련에서 공정한 기회 제공이다. 이러한 제도는 정치 참여에서의 공정한 기회균등을 도모하는 정책과 제3장에서 다뤘던 교육 정책, 즉 자존감 보장을 위한 최소한의 교육 성취를 목표로 하는 보편 교육 정책과 재능, 능력의 다양성과 탁월성을 인정하는 수월성 교육 정책으로 구체화될 것이다.

셋째, POD는 사회적·경제적 불평등을 시정하는 사회 제도이다. 『정치적 자유주의』에서 제시되는 자유를 실질적으로 향유하도록 보장하는 수입과 부의 적정한 분배, 정부의 사회 및 경제 정책을 통한 최후 고용인으로서의 사회, 기본적 건강의료의 보장은 차등 원칙과 관련된 POD 제도에 해당한다(Rawls 1993:lvi-lvii, 1999b:50). 또한 롤즈가 『정의론』 43절의 배경적 체제에서 제시하는 가족 수당이나 음의 소득세 등을 통해 보장되는 최소 수입, 부의 이전을 도모하는 세금 제도, 사회 정의를 충족할 재원 마련을 위한 소비세, 공공재 공급을 위한 세금 제도 등도 차등 원칙을 구현하는 POD의 제도이다.

『정치적 자유주의』에서 제시된 POD 제도가 불평등을 시정

5장: 주거 정책 - 재산소유 민주주의는 어떻게 주거의 통제력을 가지는가?

한다는 의미가 무엇인지 알려면 롤즈가 언급한 기본적 건강의료 보장과 관련된 논의를 살펴보는 것이 도움이 될 것이다. 기본적 건강의료 보장 부분의 경우 어떤 정의의 원칙과 관련되는지에 대해 논란이 있다. 본 절에서 차등 원칙과 관련된다고 해석한 기본적 건강의료 보장에 대해 롤즈의 제자인 대니얼스는 공정한 기회균등의 원칙에서 논의의 근거를 찾고 있고 롤즈 또한 대니얼스를 언급하며 공정한 기회균등의 원칙과 의료와의 관련성을 간략하게 지적하지만(Rawls 1993:184, 2001:174-175), 대니얼스와 차별화되는 방식으로 정의론에서 의료 분배가 어떻게 이루어질 수 있는지를 제시하기 때문이다. 롤즈는 추상적인 정의의 두 가지 원칙을 제시하는 자신의『정의론』이 의료 영역을 직접적으로 다루지는 않지만,『정의론』31절에서 제시되는 4단계 과정the four-stage sequence을 통해 구현될 수 있음을 밝힌다(Rawls 2001:173). 즉 의료 영역은 3단계에 해당하는 입법 단계에서 질병의 발병률, 질병의 심각성, 질병의 원인, 질병의 빈도수 등 다양한 정보를 고려한다. 예를 들어, 최소수혜자에 해당하는 시민 집단의 의료적 필요에 대해서는 구체적인 정보를 토대로 적정한 수준에서 치료를 받을 수 있도록 정의의 두 가지 원칙이 적용된다. 즉 이러한 공급은 차등 원칙의 지침 아래 더 많은 공급이 최소수혜자의 기대치를 낮출 수 있는 지점까지 제공될 수 있다. 이 과정에서 차등 원칙의 적용은 단지 최소수혜자의 지출을 보충하는 것이 아니라 자유롭고 평등한 시민의 요구 사항과 필요를 채운다는 의미이다. 이 사례를 통해 롤즈는 정의의 두 가지 원칙이 실천적인 의료 사례에 대해 지침을 제공하고, 시민에 대한 의료적 치료 가운데 상대적인 우선성과 긴급성을 토대로 판단을 내려 구체적으로 접근하고 구현될 수 있음을 밝힌다. 이상의 논의에서 볼 수 있는 것처럼, 롤즈는 의료 영역에서 자유와 평등의 양립을 위해 불평등을 용인한다. 하지만 그 불평등은 사회적 최소수혜자에게 이익이 되는 방식으로 제공된다는 뜻으로 해석된다. 따라서 롤즈의 기본적 건강의료 보장이라는 POD 제도는 차등 원칙과의 관련성 아래에서 이해하는 것이 타당할 것이다.

═══ 롤즈의 POD와 주거 정책

롤즈는 자신의 정의론을 실현 가능한 이상향realistic utopia으로 구현하고자 했기에 POD는 롤즈 정의론에서 중요한 위치를 차지한다. 이러한 중요성에도 불구하고, POD에 대해서는 『정의론』(1971/1999a)에서도 비중 있게 다뤄지지 못했을 뿐만 아니라, 분량 면에서 적지 않게 다뤄진 『공정으로서의 정의: 재서술』(2001)에서도 그 의미가 충분히 표현되지 못했다. 따라서 앞에서는 POD가 어떤 점에서 정의론을 구현하는 제도로서 제시 가능한지를 검토하고, 롤즈 저작 곳곳에 흩어져 있는 POD의 조각들을 정의의 두 가지 원칙과의 관련성 속에서 분류하여 POD의 모습을 구체화했다.

롤즈 정의론의 교육 정책을 다룬 제1장과 롤즈의 기본소득 정책을 검토한 제2장은 롤즈가 제시한 POD를 구체화하는 작업이었다.

본 절은 롤즈 POD의 제도와 정책 가운데 롤즈가 제시하지는 않았지만, 롤즈 정의론과 깊은 관련을 맺고 있다고 판단되는 주거housing 정책에 집중하고자 한다. 주거는 사회 구성원 대부분의 자존감을 보장하고 인생 계획을 실현하기 위한 토대가 되는 영역이라는 점에서 다른 제도보다 기초적이면서도 시급한 주제로 보이기 때문이다. 이를 위해 먼저 현대 사회의 불평등 심화와 관련된 주거 현실을 검토하고, 윌리엄슨Thad Williamson이 제시한 POD의 주거 정책을 비판적으로 검토하고자 한다.

1. 현대 사회의 불평등과 POD

롤즈의 공정으로서의 정의가 구현되는 사회는 앞에서 본 것처럼, 모든 사회 구성원이 재산상 의미 있는 몫share을 보장받고 실질적 자유를 향유하여 자존감이 고양되는 사회이다. 특히 정의의 두 가지 원칙이 구현되는 사회이다. 롤즈의 자유는 자유 이론의 다양한 분류에서 볼 때, 소극적 자유라는 성격뿐만 아니라 적극적 자유, 비지배 자유, 실질적 자유 등의 다양한 성격을 갖는다. 제2장에서 다룬 기본소득 정책은 개인의 자유를 보장하여 입헌 민주주의 구현에 기여한다. 기본소득 정책은 일정한 시기에 이루어지는 사회 상속 개념이다. 일정 금액을 일시불로 지급하는 방식, 매달 일정 금액을 평생 지급하는 방식 등 그 방식이 다양하다. 이는 해당 사회의 문화와 역사 속에서 자유롭게 선택될 수 있다. 이러한 방식은 사회 구성원으로 하여금 이사, 여행, 투자, 직업 선택 등에서 자유를 실질적으로 행사하게 한다. 또한 기본소득 정책은 제2장에서 논의한 것처럼 일자리에서의 민주주의를 실현하기에도 효과적이다. 기본소득은 사회 구성원에게 노동에 대한 실질적 자유를 확보해 줌으로써 개인의 자존감을 훼손하는 단순하고 반복적인 노동으로부터 의미 있는 일meaningful work로의 전환을 도모해 주기 때문이다. 쉐이Nien-hê Hsieh는 POD에서 일의 중요성을 언급하면서 대규모 경제 사업체large-scale economic enterprises로 구성된 현대 사회에서 시민이 소유권을 갖는 방법 중 하나는 일에 대한 통제력을 확보하는 것이라고 언급한다(Hsieh 2009:402-404). 생계유지를 위한 소득에서 일을 통한 소득 비율을 줄이는 방식, 즉 일에 대한 통제력을 갖게 하는 POD의 방식은 사회 구성원을 해고의 위협으로부터 벗어나게 하여 일터에 주체적으로 참여함으로써 민주주의를 구현하는 데 기여하여 상호성을 존중하고 자존감을 고양하게 한다. 만약 이러한 통제력을 확보하지 못한다면 사회 구성원은 일에 대한 통제력이 없어 고용주로부터 해고의 위협을 느끼게 되며, 이는 사회 구성원의 지위를 불안정하게 하여 고용주가 부당하게 대우하더라도 이에 저항하지 못하고 종속을 불러와 심각한 자존감 상실로 나타나게 될 것이다.

제1장에서 다룬 교육 정책은 공정한 기회균등을 반영하므로 POD의 생산 자원 제도에 해당한다. 롤즈는 『정의론』 서문에서 POD는 사전 분배 차원에서 "(교육된 능력과 훈련된 기예인) 인간 자본의 광범위한 소유를 보장"한다고 강조하면서 공정한 기회균등을 실현하려는 교육 정책의 중요성을 피력한다(Rawls 1999a:xv). 제1장에

서 제시한 것처럼, 롤즈의 정의론을 반영하는 POD의 교육 정책은 자존감을 보장하기 위한 최소한의 교육 성취를 목표로 하는 보편 교육 정책, 그리고 재능과 능력의 다양성과 탁월성을 인정하는 수월성 교육 정책 모두를 동시에 제시한다. 즉 롤즈의 공정한 기회균등 원칙이 교육에 적용될 때는, 적어도 교육이 모든 사회 구성원에게 평등한 사회적 지위를 확보할 수 있는 기본 수준의 보편 교육을 제공할 뿐만 아니라 각자의 재능과 능력을 계발하는 데 필요한 특별 교육, 즉 탁월성인 수월성excellency 교육의 기회 또한 제공해야 한다. 보편적으로 제공되는 기본 교육은 사회계급과 인종 등으로부터 발생하는 부정적 영향력을 감소시키는 하나의 방식이다. 이러한 방식은 자존감의 사회적 토대를 제공해 줄 뿐만 아니라 민주주의적 숙고능력 형성을 위한 민주주의적 최소치democratic threshold와 관련된 최소한의 교육 성취에 도달하게 하는 사회적 기본재화 분배와 관련된다(Daniels 2003:250). 특히 불우한 자연적 우연성, 즉 교육의 재능과 능력이 낮은 학생들에게는 더 많은 교육 재화를 투여함으로써 그들의 자존감을 함양하고 민주주의 시민으로서의 자질을 함양하게 하는 최소치 충족 방식으로 교육이 이루어질 것이다. 자유롭고 효과적이며 의무적인 기본 교육은 천부적 능력과 재능, 그리고 사회적 여건의 차이가 숙련도의 불평등으로 나타나는 정도를 감소시키는 방식에 기여해야 한다(Van Paris 2003:221). 이런 점에서 공정한 기회균등 원칙은 교육에 대한 함의를 통해 그리고 인종과 계급의 부정적 효과를 극복하기 위해 어린 시절부터 기획된 교육을 통해 사회적·경제적 불평등 감소에 기여한다

(Daniels 2003:261). 동시에 롤즈는 아리스토텔레스적 원칙에 따라 각자의 재능을 충분히 계발할 수 있도록 사회 제도가 구축되어야 한다고 주장할 것이다. 공정한 기회균등 원칙이 실현되기 위해서는 동등한 능력과 재능이 있다면 사회적 여건에 의한 차별, 예를 들면 가난한 가정 형편으로 교육받을 기회를 얻지 못하는 부당한 차별이 없어야 한다(Rawls 1999a:63). 이를 위해서 사회 구성원은 자신의 능력을 실현하기 위한 교육 기회를 사회로부터 제공받아야 한다.

롤즈 정의론을 현실화하려는 POD는 이처럼 제대로 구현되기만 한다면 일터workplace에서의 비지배 자유freedom as non-domination를 향유하고 실질적 자유를 획득할 뿐만 아니라 자연적·사회적 우연성을 극복하려는 공정한 기회균등의 원칙과 차등 원칙이 실현되어 민주주의적 평등이 현실화되는 사회를 형성할 것이다.* 이렇게 형성된 사회

---

* 롤즈는 자신의 자유 의미에는 고대인의 자유와 근대인의 자유가 모두 동등한 위상으로 공존한다고 강조한다(Rawls 1993:412). 롤즈는 강한 의미의 공화주의적 자유가 아닌 약한 의미의 공화주의적 자유인 신공화주의적 자유, 즉 비지배 자유 freedom as non-domination와 자신의 정의론이 양립 가능하다고 주장한다(Rawls 2001:142). 비지배 자유는 간섭받지 않는다고 자유가 보장되는 것이 아니라는 의미에서 소극적 자유와 구분되며, 타인이 실제로 강제를 행사하는지와 관계없이 타인이 자의적인 권력arbitrary power을 갖고 있지 않아야 한다는 의미에서 적극적 자유와도 구분된다. 이러한 임의적인 지배를 피하고자 신공화주의는 법의 지배를 중요시하는데, 이는 사회 기본구조를 통해 제도를 강조하는 롤즈와 유사하다. 롤즈의 논의에서 평등하고 자유로운 시민은 자신이 합의한 정의론에 토대를 둔 입헌 민주주의 아래 법의 지배를 통해 타인의 자의적 권력에 예속되지 않는다. 롤즈는 자신의 정의론에서 전제되는 자유로운 개인이 "서로에 대해 어떤 권위authority도 갖지

5장: 주거 정책 - 재산소유 민주주의는 어떻게 주거의 통제력을 가지는가?

는 사회적 · 경제적 불평등이 극심하지 않아 사회 구성원의 사회 협력을 원활하게 끌어내고 이는 세대를 거쳐 질서 정연함을 지속시키는 원동력으로 작용할 것이다. 그런데 롤즈『정의론』이 출판된 지 거의 반세기가 되었으나 현대 사회는 이런 전망과는 거리가 멀다. 특히 사회적 · 경제적 불평등의 심화는 사회 협력체계를 위협하는 수준이다. 경제적 불평등이 사회를 붕괴시킬 수 있다는 우려는 고대 철학자인 플라톤이 이미 언급한 바 있다. 플라톤은『법률』에서 경제적 불평등이 4배 이상 벌어지면 사회가 붕괴한다고 경고했다(플라톤 2009: 740a-741d, 744c). 그런데 현대 사회는 경제적 불평등이 이를 뛰어넘어 더욱 심화되고 있다. 윌리엄슨이 정리한 미국 사회의 세금과 부의 편중 자료를 보면, 2007년에 미국의 최고 부유층 상위 5%가 미국 전체 부의 62%를 차지했고, 1%가 금융재산의 42.7%와 주식의 49.3%를 포함하여 전체 부의 34.6%를 점유했다(Williamson 2012:226). 이러한 비율은 2007년 금융위기 이후로 더욱 늘어나 2009년엔 1%의 부자들이 미국 부의 37%를 차지했다. 이러한 현상은 비단 미국만의 현상이 아니라 전 세계적인 흐름이다. 프랑스의 경제학자 피케티 Thomas Piketty가 2013년에 출판한『21세기의 자본』에 따르면, 자본 소득은 노동 소득보다 훨씬 더 불평등하게 분배되어 사회 전체적인

않는다"라고 말해 서로 비지배 관계에 있음을 명시하고 있다(Rawls 1999c:59). 프란시스코Adnrés De Francisco는 이런 이유로 롤즈의 자유는 지배와 억압에 거부하는 공화주의적 특성을 담지하고 있다고 분석한다(Francisco 2006:287-288).

불평등이 가파르게 상승하고 있다. 이러한 불평등 심화는 한국 사회에서도 마찬가지이다. 한국 경제학자들의 분석에 따르면, 한국의 최고 부유층 상위 1%가 국민소득에서 차지하는 몫은 1997년 외환위기 이전까지는 6~7%에 불과했지만, 이후 급속도로 상승해 2012년에는 약 12%를 차지한다(이강국 2014:200). 또한 1979년부터 2008년까지 하위 10%의 월평균 소득이 101만 원 증가하는 동안 상위 10%의 월평균 소득은 약 9배인 888만 원으로 증가했으며, 2011년 현재 국내 상위 1%의 평균 소득(3억 8,120만 원)은 중위 소득(1,688만 원)의 22.6배에 해당한다(선대인 2013:14).

    미국의 경우, 이러한 경제적 불평등의 심화 과정에서 세금 정책은 오히려 부유한 사람들에게 유리하도록 변화해 왔다. 『정의론』이 처음 출판된 1970년대의 경우, 재산세estate tax의 최고 비율은 77%이었던 반면 2009년에는 45%이었고 2011년과 2012년에는 35%로 떨어졌다(Williamson 2012:228). 이러한 변화는 POD가 추구하는 정책과 반하는 방향으로 미국 사회가 변화되고 있음을 보여 준다. 그래도 미국은 한국보다는 상황이 나은 편이다. 한국의 경우는 소득과 부의 불평등이 심각한 수준임에도 불구하고 세금 부담이 전반적으로 낮다. 더욱이 이러한 경제적 불평등이 최근에는 부동산, 특히 주거인 집이나 아파트 가격 급등을 통해 더욱 심화하고 있다. 예를 들어, 경제정의실천시민연합(경실련)은 2020년 8월 3일 국민은행의 KB주택가격동향이 발표하는 서울주택유형(아파트, 단독, 연립)별 매매 중위가격(주택 매매가격을 순서대로 나열했을 때 가운데 가격)을 기

5장: 주거 정책 - 재산소유 민주주의는 어떻게 주거의 통제력을 가지는가?

준으로 문재인 정부 3년 동안 서울 전체 집값은 임기 초(2017년 5월) 5억 3,000만 원에서 1억 8,000만 원(34%) 상승해 현재(2020년 5월)는 7억 1,000만 원이 되었고, 같은 기간에 아파트값 상승률은 52%에 이른다고 발표했다. 이러한 부동산 가격 폭등은 사회적 우연성으로 인해 부모로부터 물려받은 자산을 갖고 있어야 집이나 아파트의 구매가 가능하다는 점에서 구매할 여건조차 없는 사회 구성원에게 상실감을 안겼으며, 자연적 우연성이라고 할 수 있는 도전적인 성향이나 모험심이 있는 사람들의 경우 무리한 대출을 감행해 아파트를 구매할 수 있었다는 점에서 그러한 성향을 지니지 못해 구매 기회를 갖지 못한 사회 구성원에게는 절망감을 안겼다. 노동 소득보다 부동산 소득의 상승률이 비교할 수 없을 만큼 큰 현실은, 노동 의욕을 낮춰 사회 협력체계를 약화했으며 전세를 끼고 집을 매입하는 이른바 갭gap투자와 같은 부동산 투기에 관심을 쏟게 만들었다. 더욱이 정책을 마련하는 정부 고위 관리들이 부동산에 투자해서 높은 이윤을 독점하는 현상으로 인해 부동산 가격 폭등을 막겠다는 정부 정책을 불신하게 만들었다.

현대 사회의 경제적·사회적 불평등 심화는 사회 협력체계의 일원이라는 사회 구성원의 지위를 취약하게 한다. 이는 소수의 경제적·정치적 영향력을 통해 계급을 형성하게 한다는 점에서 롤즈의 정의론 자체가 현실성을 갖지 못하게 하고 POD의 목표를 불가능하게 한다. 최근 들어 한국 사회에서는 거주지에 따른 계급이 형성되어 차별과 혐오의 분위기가 만연하다. 더 심각한 것은 이러한 부모 세대의 분위기가 자식 세대의 학생들에게 전이되어 임대 아파트에 사는 아이를 차별하거나 자존감을 훼손하는 일이 비일비재하여 사회 문제로 대두되고 있다는 사실이다. 예를 들어, 초등학생들 사이에서 유행하는 신조어 가운데 '전거지'나 '월거지'(전세/월세 거주자를 거지에 빗대 비하하는 은어), '휴거'(한국토지주택공사ⴑ 아파트 브랜드인 '휴먼시아'와 '거지'를 합성한 신조어) 등은 주거지로 인한 차별의 현실을 잘 보여 준다. 더욱이 최근 들어 심화되고 있는 집과 아파트 가격의 폭등은 불평등 심화를 더욱 가속화하고 계급과 차별 문화를 조장한다는 점에서 POD의 주거 정책을 통해 공정으로서의 정의가 실현되는 사회로 전환을 모색할 필요가 있다.

2. POD와 주거

롤즈가 POD에서 재산property의 의미를 구체적으로 구분하여 설명하지는 않았지만, 윌리엄슨은 이에 대해 현금 또는 저축savings, 주거를 포함한 부동산physical property, 생산 수단productive capital으로 구분하며 이러한 세 가지 요소 모두에 대해 통제력을 가질 수 있어야 한다고 주장한다(Williamson 2012:230). 앞에서 검토한 것처럼, 기본소득은 저축과 관련될 수 있고 생산 수단의 소유는 회사의 주식을 보유하는 방식 등이 관련된다. 더욱이 기본소득 정책을 통해 갖게 된 일자리에 대한 통제력은 생산수단 소유의 한 방식일 수 있다. 본 절은 롤즈가 제시하지 않은 부동산 가운데 주거와 관련된 POD 정책은 무엇일지를 윌리엄슨의 논의를 중심으로 검토하고자 한다.

1) POD 제도에서 주거의 중요성과 의미

윌리엄슨 논의를 검토하기 전에, 먼저 POD 제도에서 주거의 의미가 무엇인지 살펴볼 필요가 있다. 주거는 무엇보다도 POD의 토대로서 중요하다. POD의 목적은 "모든 시민이 적절한 수준의 사회적·경제적 평등의 토대 위에서 자신들의 삶을 꾸려 나갈 수 있게 하는 것"이다(Rawls 2001:139). 롤즈는 이를 위해 사회 구성원이 재산 소유를 광범위하게 분산하여 소유해야 한다고 하는데, 이러한 재산 소유에서는 부동산, 특히 주거에 대한 사회 구성원의 통제력이 중요하다. 주거는 사회 구성원에게 사회에 대한 소속감을 느끼게 하여 사회 협력을 도모하는 토대를 마련하기 때문이다(폴 콜리어Paul Collier 2020:304-310). 주거의 불안정, 즉 임차인이나 건물주로부터 주거가 박탈당할 수 있다는 위협은 임대인의 지위를 불안정하게 만들어 사회 협력의 토대를 상실하게 하기 쉽다. 예를 들어, POD의 기본소득 정책이 잘 구현되어 어떤 개인이 일터에서 민주화를 이루고 일자리에 대한 통제력을 가질 수 있게 되었다고 가정해 보자. 그런데 이 개인의 주거가 불안정하여 이사를 빈번히 가야 한다면 일터의 민주화를 이룬 일자리를 포기하고 다른 일자리로 이동할 수도 있다. 또한 그 자녀들은 POD의 교육 정책이 잘 구현되어 재능을 발현하기 좋은 주거지 근처의 학교에 다니고 있는데, 이사로 인해 다른 학교로 전학을 가야 한다면 자녀의 자아실현에 심각한 어려움이 생길 수 있다. 더욱이 이러한 일은 가장으로서의 개인의 자존감을 훼손할 수 있다. 제7장에서 자세하게 논의하겠지만, 롤즈의 자존감 개념은 "첫째로… 인간이 갖는 자기 자신의 가치에 대한 감각a person's sense of his own worth, 즉 자신의 좋음에 대한 자신의 관점 및 인생 계획이 실현할 만한 가치가 있다는 확고한 신념 등을 포함한다. 그리고 둘째로 자존감은 자신의 힘이 닿는 한에서 자신의 의도를 성취하는 자신의 능력에 대한 자신감을 내포한다"라고 기술하고 있다(Rawls 1999a:386). 주거의 불안정으로 인해 자신의 인생 계획 실현에 반영된 일자리와 일터가 의지와 무관하게 변경되고 자신의 자녀에 대한 책임을 다하지 못하는 현실은, 가장으로서 개인의 자존감을 상실하게 하기에 충분할 것이다. 비슷한 맥락에서, 웰스Katy Wells는 주거가 갖는 프라이버시 보호, 피난처, 안식처 등의 의미로 인해 주거를 자존감의 사회적 토대social bases of self-respect에 포함할 수 있다고 주장한다(Wells 2016:365). 이상의 의미에서 볼 때, 주거 정책은 개인이 사회 구성원이 되기에 필수적인 요소를 다룬다는 점에서 다른 POD 정책의 토대가 된다.

POD에서의 주거 정책은 주거 소유 개념보다 주거의 통제력에 초점을 둔다. 웰스가 잘 논의한 것처럼, 주거가 개인의 자존감 보장, 정체성과 행위주체성 형성, 프라이버시 보호 등의 의미에서 기여하는 것은 분명하지만, 그렇다고 해서 이런 의미가 주거의 배타적 소유로 나타나는 것은 아니다(Wells 2016:364-370). 주거가 갖는 의미가 주거의 배타적 소유가 아닌 임대에서도 충분히 가능하기 때문이다. 예를 들어, 오늘날 영국의 사례에서 볼 수 있는 것처럼 사회 구성원이 집에 대한 직접적 소유권을 가지고 있지 않은 임차인 지위라고 하더라도 정부가 집을 소유한 임대인일 경우 주거의 안정성

5장: 주거 정책 - 재산소유 민주주의는 어떻게 주거의 통제력을 가지는가?

이 확보되어 있을 주거에 대한 통제력을 가졌다고 볼 수 있다(Wells 2016:364). 이런 의미에서 볼 때, 주거 정책에서 중요한 것은 배타적 소유 자체가 아니라 주거의 통제력, 즉 개인의 소유이든 대여이든 상관없이 주거의 안정성을 확보할 수 있는 정책이다.

2) POD와 주거 통제력

POD의 주거에 대한 실천적인 정책 중 하나는 "비자발적 임대involuntary renting"를 종식하는 것이다(Williamson 2012:234). 비자발적 임대는 임대인이 자신의 주거에 대한 통제력을 갖지 못함으로써 불안정한 주거로 인해 지위의 불안정을 경험을 경험하게 상태를 의미한다. 따라서 윌리엄슨은 POD 체제의 주거 정책으로 정부가 각 성인이 영구 거주를 위해 계약금을 지불할 수 있도록 일정 금액 지원과 일정 한도 내에서 일대일 대응 자금을 들 수 있게 하고 정부가 운영하는 대출 보험을 통해 대출금 상환을 돕는 정책을 제안한다(Williamson 2012:235-236). 이러한 정책은 사회마다 처한 주거와 임대에 대한 관점이 달라 그대로 적용하기는 어려울 수 있지만, 비자발적 임대를 제거하고 주거에 대한 통제력을 가질 수 있게 해야 한다는 POD의 주거 정책 방향성에서 볼 때 의미 있는 정책이라고 할 수 있다.

정부가 계약금을 지원하고 대출금 상환의 위험을 담보하는 방식의 재정 지원을 통해 주거 안정성을 확보하려는 윌리엄슨의 정책은 주거가 소유나 월세 형식의 임대를 통해 대부분 이루어지는 서구 사회에서는 실효성이 있을 것으로 보인다. 그러나 독특한 주거 방식인 '전세' 제도가 만연한 한국 사회에서 이러한 윌리엄슨의 정책이 현실성을 가질 수 있을지는 의심스럽다.* 한국에서는 윌리엄슨의 주거 정책처럼 일정 계약금을 정부가 지원하거나 대출금 보험으로 대체한다면 이를 이용해 갭투자가 활성화될 수 있을 것으로 보이기 때문이다. 한국의 전세 제도는 한국 사회에서 오랫동안 지속되어 온 임대의 한 형태로 임대인과 임차인 모두에게 혜택이 되는 제도였지만, 최근 들어서는 이 제도가 갭투자 등의 부동산 투기에 악용되고 있다. 갭투자란 소액의 투자로 전세를 낀 여러 채의 아파트를 구매하고 아파트 가격이 상승하면 팔아 차액을 남겨 이윤을 얻는 행위로, 이는 전세 제도가 없었다면 불가능했을 투기 방식이다. 전세가 평균적으로 실제 주거 가격의 70% 정도라는 점에 착안하면 개인은 전세를 끼고

---

* 전세의 역사는 조선 시대부터 시작되었다(조미덥·주영재 기자, <전세난의 역사... 서울로 벼슬하러 온 퇴계 이황도 전셋집 살았다>, 경향신문, 2015. 4. 10). 조선 시대엔 세입자가 집주인에게 목돈을 빌려주고 집을 빌려 쓰는 가사전당家舍典當 제도가 있었는데, 빚에 대한 담보로 논과 밭을 넘기는 '전당典當' 제도가 집으로 확대된 것이다. 전세가 공식 문서에 등장한 첫 사례는 1910년 조선총독부가 만든 '관습조사부고서'인데, 여기에 전세가 "조선에서 가장 일반적으로 행해지는 가옥 임대차 방식"이며 "차주가 가옥 가격의 반액 내지 7·8할을 소유자에게 기탁하며 별도의 차임을 지불하지 않고, 반환 시 기탁금을 돌려받는다"라고 설명되어 있다. 전세는 광복 이후 도시화, 산업화와 함께 확산했고, 대출이 원활하지 않았고 은행 이자율이 높던 시대적 상황에서 임대인과 임차인 모두에게 경제적 효과가 큰 제도였다. 그러나 경제가 호황이나 불황의 변화 시기에는 전세 제도로 인한 임대인이나 임차인의 경제적 위기가 심각해지기도 했다.

아파트를 구매할 경우 실제 가격의 30% 정도만 자금이 마련되어도 구매가 가능하기 때문이다. 따라서 전세 제도가 있고 아파트 가격 상승과 투기가 활발한 한국 사회에서 정부의 주거 지원금은 주거의 통제력을 확보하기는커녕 주거의 불안정성을 고조할 수 있다. 더욱이 2014년부터 본격적으로 시행된 '등록임대사업자 제도'는 처음 취지와는 달리 갭투자와 맞물리면서 투기를 조장하는 정책으로 변질되어 주거의 안정성을 해치는 데 일조하고 있다. '등록임대사업자 제도'는 다주택자가 임대사업자로 등록을 하면 전세나 월세를 연간 5% 이하로만 올리도록 의무화하는 대신 임대사업자에게 취·등록세, 재산세, 양도소득세 감면 및 종부세 합산배제 등의 다양한 세금혜택을 주는 정책이다. 이 제도가 처음 시행되던 시기에는 아파트 가격이 하락하던 시기여서 전월세난을 해결하겠다는 정부의 정책 취지에 잘 부합했지만, 아파트 가격이 폭등하면서 투기를 조장하는 정책으로 변질되고 말았다.

윌리엄슨은 자신이 제시하는 주거 관련 논의에 대해 논란이 있을 수 있다는 점을 인정하면서 POD의 주거 정책에서 고려할 사항으로 여섯 가지 중요한 단서를 제시한다(Williamson 2012:235). 첫 번째는 집 소유 여부가 계층을 구분할 수 있는 수단으로 작동하지 못하게 해야 한다는 점이다. 미국 사회를 배경으로 논의해 본다면 집 소유 여부가 중산층과 빈곤층 사이를 구분하는 중요한 기준점일 수 있어서 임차인보다 집 소유주에게 불공정하게 우호적인 공적 부조 정책은 경계할 필요가 있기 때문이다. 두 번째는 집 소유자가 대출 상환에 대한 세금을 공제받는 것처럼 임차인의 임대비용을 부분적으로 세금 공제할 필요가 있다는 점이다. 특히 도시 지역에서 집을 소유하지 않고 자발적인 임대를 통해 이주를 원활히 하는 것이 경제 활성화를 도모한다는 합리적인 근거가 있기 때문이다. 세 번째는 집 소유가 단일 가족 단위로 고려될 필요는 없다는 점이다. 현대 사회에서 가정 형태는 분화하고 있어서 공동체나 집 공유 체제 등의 다양한 형태의 집 소유 방식 또한 가능하기 때문이다. 네 번째는 집 소유의 비율을 확장하려는 노력과 구분하여 확장된 소유권을 통해 부동산의 진정한 통제를 고양하려는 노력이 이루어져야 한다는 점이다. 가난한 임차인이 약탈적 임대인에 의해 착취되는 것을 막을 필요가 있기 때문이다. 다섯 번째는 POD의 부동산 정책은 집 가치가 계속해서 오를 것이고 집 취득이 리스크를 형성한다는 잘못된 전제에 입각하지 말아야 한다는 점이다. 여섯 번째는 POD의 부동산 정책이 실효성을 얻으려면 집 공급이 이루어져야 한다는 점이다.

　　이러한 여섯 가지 단서는 두 부분으로 재분류될 수 있고, 비록 윌리엄슨의 주거 정책이 앞에서 언급한 것처럼 한국 사회에서 적용되기 어렵다고 하더라도 고려할 내용을 숙고한다면 한국 현실에 맞는 POD의 주거 정책, 즉 비자발적 임대를 종식하고 주거의 통제력을 확보하는 정책을 모색하는 데 도움이 될 것이다. 윌리엄슨의 고려사항에서 주목할 시사점은 POD의 주거 정책에서 주거의 초점이 집이나 아파트이어야지 순수한 자산 용도이어서는 안 된다는 점이다. 첫째, 둘째, 다섯째 고려 사항은 집이나 아파트와 같은 주거 소유가 정책을 통해 각자의 필요에 따라 이루어져야 하는 것이지 재산 증식을 위한 재테크의 방식이나 투기로 작용하지 않게 해야 한다는 의미를 담고 있다. 즉 이러한 고려 사항은 현재 재산 증식과 주거라는 집이 갖는 이중적 의미 가운데 후자의 의미만이 부각되는 정책이 필요함을 시사한다. 집이 전통적으로는 사용 가치the use value of housing를 갖는 재화로서 개인의 안식처이자 일련의 거주 활동과 관련된 의미로 인식되었지만, 최근 들어서는 다른 상품처럼 거래를 통해 가치가 상승하여 투자 개념으로 바뀌면서 교환 가치the exchange value of housing가 강조되고 있다(Lee 2018:110). 집은 사용 가치와 교환 가치가 혼재되어 있는 재화이어서 적절한 균형이 필요함에도 불구하고 집의 교환 가치가 사용 가치와 독립하여 강조되는 현상은 집 가격 인플레이션을 초래하고 빈번한 이사를 통한 주거의 불안정성, 나아가서 지위의 불안정성을 초래한다. 거주의 의미를 강조하는 POD의 주거 정책은, 집을 소유하든 임대하든 그것이 사회 구성원이 자신의 자존감을 보존하기에 적절하다면 경제적 지위나 사회적 지위에 영향을 미치지 않는다. 앞에서 언급한 한국의 '등록임대사업자 제도'는 주거를 사용 가치보다 교환 가치로 강조하다 보니 제시된 정책이다. 그 때문에 아파트 가격이 상승하고 하락하는 사회적 분위기에 따라 주거 안정성에 기여하기도 하고 훼손하기도 한 것이다. 따라서 주거의 안정성이 앞에서 검토한 것처럼 중요하다면, 주거의 사용 가치를 부수적인 가치로 낮추고 교환 가치만을 강조하는 정책은 폐기하는 대신 사용 가치와 적절한 균형을 도모하는 정책을 수립하여 주거의 안정성을 확보할 필요가 있다.

　윌리엄슨의 고려사항이 주는 두 번째 시사점은, POD의 주거 정책에서 집이 주거의 의미가 되기 위해서는 다양한 정책이 뒷받침되어야 한다는 것이다. 셋째, 넷째, 여섯째 고려사항은 집 소유의 다양한 방식, 소유권의 통제력 강화, 집 공급 증가 등을 통해 주거의 의미를 침해하는 여타 요소를 제거하고 사회 구성원의 주거 통제력을 강화하게 한다. 윌리엄슨은 서구 사회를 배경으로 정부가 주거의 계약금을 지원하고 대출금 상환이 안정적으로 이루어지도록 보험을 제공하는 정책을 제안했다. 그러나 앞에서 비판적으로 검토한 것처럼 전세 제도가 만연한 한국 사회에서는 이 제도는 오히려 악용될 여지가 많기 때문에 새로운 상상력이 요구된다. 현 단계에서 구체적인 정책을 제시할 수는 없지만, 주거의 통제력 강화라는 측면에서 볼 때 POD의 주거 정책은 사용 가치를 강조하고 중시하는 방향으로 나아가야 할 것이다. 물론 이상론을 향한 비이상론의 현실에서 그 용도를 구분하는 것이 쉽지 않겠지만, 임대 사업을 목적으로 하는 집의 교환 가치를 배제하는 방향성은 분명히 할 필요가 있다. 정부가 제시하는 주거 정책에 두 가지 가치가 혼재되어 있고 방향성이 뚜렷하지 않을 때, 사회 구성원은 정책의 방향성을 의심하고 주거를 재산 증식의 수단으로 사용할 것이기 때문이다.

═══ POD의 정의로운 주거 정책을 향하여

이 장에서는 롤즈 정의론이 가장 잘 부합하는 현실적 제도로 제시된 POD가 어떤 측면에서 정의론과 어울리고, 어떤 특성이 있는지를 분석했다. 또한 불평등이 심화되는 현대 사회에서 롤즈 정의론을 통해 지속 가능한 사회 협력체계를 구축하려는 POD가 중점을 두어야 함에도 다루지 못한 주거 정책에 대해 살펴보았다. 덧붙여『정의론』과의 대화를 통해 구체적으로 주거의 통제력 확보가 어떻게 가능할지에 대한 정책 방향성과 내용을 제시했다. 여기서 논의된 것은 이상론으로서 정의론이 추구할 이상과 규범적 토대에 해당한다. 따라서 한국 사회에서의 구체적이고 현실적인 정책은, 제4장의 이상론과 비이상론 논의에서 보았던 것처럼 한국 사회의 역사적·사회적 현실과 사회 구성원의 인식을 고려하여 전략적이고 단계적으로 제시될 필요가 있다. 오랜 역사와 경험 속에서 형성된 집과 주거에 대한 한국인의 복잡한 인식을 고려하여 POD의 정의로운 주거 정책을 구체화하기 위해서는 아마도 세밀하고 정교한 전략이 필요할 것으로 보인다.

롤즈의 『정의론』이 출판된 이후 50여 년 동안 학계뿐만 아니라 대중적으로도 많은 사랑과 관심을 받았지만, 현대 사회의 불평등 심화 현상은 롤즈 정의론이 아직 사회에 충분히 제도화되지 못했음을 보여 준다. 우리가 롤즈 정의론에 관심과 사랑을 가졌다는 것은, 바로 롤즈가 꿈꾸는 사회, "모든 시민이 적절한 수준의 사회적·경제적 평등의 토대 위에서 자신들의 삶을 꾸려 나갈 수 있는" 사회에 공감했기 때문일 것이다(Rawls 2001:139). 만약 우리가 롤즈와 마찬가지로 정의로운 사회를 꿈꾼다면, 실현 가능한 이상향realistic utopia을 지향하는 롤즈의 기획인 정의로운 사회 구현을 위해 이 장에서 논의된 주거의 통제력을 확보하기 위한 실질적 정책부터 시작할 필요가 있다. 그렇지 않으면 사회적·경제적 불평등이 심화되어 개인의 지위가 불안정해지고 자존감이 상실되는 사회가 도래함으로써 사회 협력체계로서의 의미가 붕괴하여 정의 자체가 논의될 수 없는 환경으로 전락할 수 있기 때문이다. 롤즈가 즐겨 인용했던 칸트의 표현처럼, 정의가 없다면 이 세상은 살 만한 가치가 없을 것이다(Rawls 1999b:128).

5장: 주거 정책 - 재산소유 민주주의는 어떻게 주거의 통제력을 가지는가?

66

6장

가족 정책

양육자와
아이의 관계는
정의로운가?

99

한국 사회에서의
가족과 관련된 여성주의 논의

2020년 2월 12일에 여성가족부는 '2019년 경력단절여성 등의 경제활동 실태조사' 결과를 발표했다. 만 25세부터 54세까지의 대한민국 미혼 · 기혼 여성 6,020명을 대상으로 실시한 조사에 따르면, 경력단절을 경험한 여성은 조사대상 3명 중 1명(35.0%)꼴이었다. 경력단절을 처음 경험하는 나이는 평균 28.4세이고 경력단절 이후 다시 일자리를 얻기까지는 7.8년이 걸렸다. 경력단절을 경험한 시점은 첫 출산 이전이 56.9%로 가장 많았고, 출산 첫해가 23.2%로 그다음이었다.

최근 들어 아동 학대 관련 보도가 잇따르고 있다. 2019년 12월 보건복지부의 「학대피해아동보호현황」 통계보고서에 따르면, 2018년에 신고 접수된 사례는 2만 4,604건으로 2001년부터 꾸준히 증가하는 추세이다. 2020년 10월 13일에는 자녀 교육을 명분으로 하는 체벌의 법적 근거로 1958년에 제정되어 유지되었던 「민법」 제915조 징계권 조항 삭제를 포함한 민법 일부개정안이 국무회의를 통과했다.

2020년 8월 29일에 통계청이 발표한 '2019년 인구주택총조사'에 따르면, 2019년 11월 1일 현재 우리나라의 1인 가구 수는 614만 8,000가구로 2018년보다 5.1% 증가했고, 1인 가구 비율은 2018년 대비 0.9% 상승해 30.2%로 십계뇌였다. 빠른 고령화 추이와 노인 고독사 비율의 증가와 더불어 1인 가구의 증가는 새로운 가족 형태에 대한 필요성을 시사한다. 이러한 필요로 인해 결혼 관계 이외에도 동거돌봄 관계를 법적으로 보장하기 위한 '생활동반자법' 입법이 2012년부터 꾸준히 추진되고 있다.

정의론과 여성주의, 그리고 가족에서의 정의 문제

    제3장에서 검토한 롤즈의 세대 간 정의에서 제기된 많은 문제 가운데에는 여성주의feminism와 관련된 문제도 있다. 롤즈는 자신의 정의로운 저축의 원칙을 정당화하기 위해 합의 당사자를 가족의 대표the head of the family로 전제하는데 이러한 전제는 가부장제로 볼 수 있기 때문이다(English 1977). 그러나 이러한 비판이 현실적으로는 적절할 수 있지만, 이론적으로는 가족의 대표가 꼭 남성일 필요도 없다는 점에서 치명적이지 않다. 이보다는 오히려 개인이 아닌 가족의 대표만이 합의 과정에 참여할 수 있다는 부분이 논란의 소지가 될 수 있다. 여성주의자들은 가족을 억압과 착취의 영역 중 하나로 오랫동안 비판해 왔기 때문이다. 롤즈는 이렇게 비판의 대상이 된 가족을 어떻게 자신의 정의론에서 조명하는가?

    롤즈는 가족에게 사적이면서 공적이라는 독특한 이중적 위치를 부여한다. 가족은 롤즈가 정의의 대상으로 삼는 사회 기본구조basic structure에 포함되어 공정으로서의 정의justice as fairness가 적용되는 영역인 동시에 합당한 포괄적 교설reasonable comprehensive doctrine이 허용되어 자유로운 가치관이 향유되는 영역이기 때문이다. 이와 같은 가족의 특수성을 어떻게 보아야 할까? 여성주의 학자들 사이에서는 가족에 대한 롤즈의 이중적 태도를 비판하기도 하고, 여성주의적 관점에서 긍정적으로 평가하기도 한다. 누스바움Martha Nussbaum은 가족을 어떻게 대우할 것인가의 문제가 롤즈 정의론이 직면한 가장 어려운 문제라고 평가한다(Nussbaum 2003b:499).

　　　　이 장은 롤즈의 가족 논의가 무엇인지, 가족에서 나타나는 특수한 이중성이 여성주의적 관점에서 어떤 의미가 있는지를 분석하고자 한다. 롤즈의 전기를 쓴 제자 포기Thomas Pogge는 롤즈의 어머니Anna Abell Rawls(1892-1954)가 여성 참정권과 관련된 활동을 할 정도로 여성의 평등에 관심이 많았고, 롤즈가 이런 어머니의 영향을 크게 받았다고 기술한다(Pogge 2007:5). 포기는 또한 롤즈에게 박사 학위를 받은 여성 철학자가 많다고 언급하면서 롤즈가 여성이 철학 교수 사회로 진입하는 데 기여했다고 평가한다(Pogge 2007:24). 비슷한 맥락에서 롤즈의 제자인 로이드Sharon Lloyd 또한 롤즈가 여성 철학자들이 전문 직업을 갖도록 "전례가 없고 지금까지도 능가하지 못할 정도로" 교육하고 지지했다고 평가한다(Lloyd 2015:284).* 이러한 평가와 언급이 스승에 대한 제자들의 과장일 수도 있지만, 이 책의 시작 부분에서 언급했던 것처럼 롤즈의 제자 중에 유독 여성 철학자가 많다는 사

---

* 　로이드는 여성주의에 여성이 남성과 가치 면에서 평등하다는 것과 남성의 권리와 특권이 여성에게도 모두 부여된다는 신념, 그리고 사회 현실이 이러한 신념과 부합하도록 변혁하려는 실질적인 노력이 모두 포함된다고 규정한다(Lloyd 2015:284).

6장: 가족 정책 - 양육자와 아이의 관계는 정의로운가?

실은 이러한 평가에 신빙성을 더한다. 이 장은 삶과 교육 현장에서 여성주의 관점을 지향한 롤즈가 자신의 정의론에서 가족과 관련한 여성주의의 도전에 어떻게 대했는지를 중심으로 논의하고자 한다. 최근 들어 한국 사회에서 여성주의 논의는 한층 더 주목을 받으며 강조되고 있다. 따라서 롤즈의 가족 개념이 여성주의와 어떤 관련성이 있는지를 검토하는 것은 가족을 어떤 관점에서 보는 것이 정의로운지를 생각하게 하는 시사점이 될 것이다.

▬▬ 롤즈 논의에서의 가족

롤즈의 가족 논의는 『정의론』 초판(1971)에서부터 등장하며, 이후 제기된 비판에 대응하기 위해 1975년에 수정되어 1999년에 개정된 『정의론』과 『정치적 자유주의』(1993)에서 지속적으로 나타난다.* 롤즈는 『정의론』 초판에서 정의론이 성평등을 지향하고 있음을

---

* 누스바움은 1975년에 발표된 롤즈의 논문 「Fairness to Goodness」가 가족에 대한 롤즈의 수정을 보여 준다고 분석하는데, 이러한 수정이 급격한 변화라기보다는 오해를 제거하도록 명시하고 정교화한 것으로 평가한다(Nussbaum 2003:500-501). 롤즈 제자들의 전언에 따르면, 1999년에 출판된 롤즈 『정의론』 개정핀이 실제로 완성된 시기는 1975년으로 볼 수 있다(Freeman 2003:522; Pogge 2007:26). 더욱이 롤즈도 1990년 11월에 썼다고 밝힌 개정판 서문에서 1975년 수정을 언급하면서 개정판에서 달라진 내용을 소개한다.

명시하지 못한 것은 자신의 실수였다고 이후의 저작에서 자인한다 (Rawls 1993:466). 그러나 원초적 입장에서 성별에 대한 무지를 명시한 것, 가족의 다양한 형태가 가능하다고 암시한 것 정도로 수정된 것을 볼 때, 롤즈의 가족 논의는 공정으로서의 정의 논의에 지속적이고 큰 변화 없이 유지되고 있다고 할 수 있다. 이러한 수정에 대해서는 앞에 나와 있듯이, 여성주의 입장에서 롤즈의 가족 논의가 오히려 성차별주의적일 가능성을 인정하는 방식으로 퇴보했다는 분석과 여성주의의 이상을 구현하는 방식으로 진보했다는 분석이 공존한다. 본 절은 여러 논란에도 불구하고 롤즈가 여전히 고수하는 가족의 의미와 역할에 대해 검토하고자 한다.

1. 롤즈 논의에서 가족의 긍정적 의미와 역할

롤즈는 가족의 의미와 역할이 무엇인지에 대한 물음에 생물학적인 답변은 제외하고 기능주의적인 답변을 제시한다. 롤즈에게 가족은 사회 협력체계를 유지하는 재생산의 역할과 사회 구성원의 자존감 및 정의감을 고양하는 역할을 하는 영역이다(Rawls 1999a:405-409, 1993:467). 이 두 가지 역할은 롤즈 정의론이 존립할 수 있는 토대가 되는 필수적인 조건이라는 점에서 근본적이다. 롤즈의 정의론은 세대 간 정의로서 안정적 지속성을 중시하는데, 이러한 성격은 정의론의 토대가 되는 근본 관념 여섯 가지 가운데 핵심인 구성적 관념이 '공정한 사회 협력체계로서의 사회' 관념이라고 명시하는 부분에서 잘 나타난다(Rawls 2001:5-8). 사회 협력체계는 새로운 세대가 계속 이어지는 재생산이 이루어져야 유지될 수 있기 때문이다. 더욱이 롤즈 정의론은 정의감과 도덕감 없이는 정의의 원칙이 도출될 수 없을 뿐만 아니라 지속될 수도 없다는 점에서 롤즈 정의론의 안정성 측면에서도 롤즈가 제시한 가족의 역할은 필수적이다.

대체로 가족의 기능을 생물학적 재생산의 역할로만 국한하기 쉬운데, 롤즈는 가족을 문화적·사회적 재생산 역할의 중심으로 설명한다. 그렇다면 가족은 롤즈가 언급한 가족의 두 가지 기능적 역할을 롤즈의 인간관, 즉 가치관에 대한 능력과 정의감에 대한 능력이라는 인간의 두 가지 도덕적 능력과 연결하여 이해하게 한다. 롤즈의 가족이 이러한 능력 함양과 어떻게 관련되는가? 롤즈 논의에 따르면, 합리성과 정의감은 도덕 심리학을 통해 발달된다. 가 개인은 먼저 가족을 통해 권위에 의한 도덕을 습득하고 이후에 공동체에 의한 도덕을, 그리고 원리에 의한 도덕을 습득해 나간다(Rawls 1999a:8장). 이러한 정의감의 발생과 발달 과정에서 가정, 학교 등의 사회 제도가 중요한 역할을 감당한다. 우리는 사회 제도의 원리가 우리의 가치관을 증진한다는 것을 인식하면 그 사회 제도의 원리를 받아들이고 그에 따라 행동하려는 욕구를 가지며, 그로 인해 정의감이 성장하기 때문이다. 가족은 이러한 도덕감을 형성하고 함양하는 출발점이라는 점에서 중요하다. 롤즈의 도덕 심리학에 따르면 의존적일 수밖에 없는 아이들의 경우 도덕감 성장은 양육자와의 친밀감intimacy 관계를 통해 시작된다. 도덕감 발달 과정에서 가족은 도덕감의 토대가 되는 자존감 형성이 시작되는 영역이라는 점에서 중요하다. 이런 의미에서 어린 시절에 처음으로 친밀감이 향유되는 가족이라는 영역을 통해 자신의 존재를 그 자체로 즐거워해 주고 사랑받는 경험을 한 아이는 자신에 대한 자신감과 신뢰를 형성하게 된다(Rawls 1999a:406). 롤즈가 말하는 가족의 양육자는 생물학적 부모일 필요는 없다. 오히려 사회적 부모social parents 개념이 더 적합해 보인다. 사회적 부모는 아이와 장기간 상호작용을 지속하는 존재이고 아이의 건강, 안전, 그리고 육체적, 감정적, 지적, 도덕적 발달 전반에 걸쳐 중요한 책임이 있다고 스스로뿐만 아니라 타인에게도 인식되는 존재로, 부분적으로도 지속적인 돌봄care과 발달을 아이와의 상호 작용의 목표로 삼는 존재이다(Mullin 2010:160). 이렇게 본다면 롤즈가 말하는 가족이 여성주의자들이 주장하는 것처럼 가부장제를 전제하는 것이라고 보기는 어렵다. 여성주의자들은, 롤즈가 가족을 명시적으로 정의하지 않았지만 이성애적 관계에서 이루어진 핵가족 형태를 자연스러운 형태로 간주하는 것으로 볼 수 있다고 비판한다(Kearns 1983:38). 그런데 이렇게 보는 근거가 세대 간 정의를 논의하는 44절에서 합의 당사자를 가족의 대표로 규정한 구절 때문이라면, 앞에서도 언급한 것처럼 이론적으로는 불충분하다. 가족의 대표가 남성만 될 수 있다고 볼 수 없기 때문이다. 오히려 롤즈는 어떤 가족 형태가 공적으로 인정될 수 있을 것인가 하는 물음에 대해 기능주의적 답변을 제시한다는 점에서 그리고 스스로 다양한 가족 형태를 인정한다는 점에서 다양한 가족 형태를 옹호했다고 보는 것이 정당한 평가로 보인다(Rawls 1993:467). 더욱이 앞에서 언급한 사회적 부모의 조건을 충족한다면, 다양한 형태의 사회적

6장: 가족 정책 - 양육자와 아이의 관계는 정의로운가?

부모가 가능하고 다양한 가족 형태도 가능해 보인다. 롤즈는 "가족이 이러한 역할을 효과적으로 행사하도록 제도화되고 다른 정치적 가치들과 충돌하지만 않는다면 정치적 정의관에 의해서 어떤 특정한 형태의 가족(그것이 일부일처제, 이성애적, 또는 다른 방식이든)이 요구되지는 않는다"라고 주장한다(Rawls 1999c:596). 비슷한 맥락에서 로이드는 다원주의에 관심을 갖는 롤즈에게 중요한 것은 특정 가족의 형태가 아니라 정의로운 사회에서 사회 구성원을 효과적으로 양육하고 준비할 수 있는 역할을 어떤 형태의 가족이 할 수 있는가라고 분석한다(Lloyd 1994:358-359). 이런 의미에서 롤즈는 가족의 역할인 사회적·문화적 재생산과 상호부조 기능을 한다면 어떤 형태의 가족도 가능하다고 생각한다. 그러므로 롤즈의 논의는 동성애 가족, 생활동반자 법에 대한 입장도 포함하는 것으로 볼 수 있다.

다양한 가족의 형태를 인정하는 롤즈의 논의에서 가족은 사회 구성원으로 자라날 아이의 자존감 형성과 고양 측면에서 필수적이다. 롤즈에 따르면, 아이는 사회적 부모인 양육자가 그 아이를 먼저 분명히 사랑할 경우에만 그 양육자를 사랑하게 된다는 루소Jean-Jacques Rousseau의 심리학 법칙을 수용하는데, 이러한 법칙은 친밀감의 소규모 공동체인 가족의 역할을 잘 보여 준다(Rawls 1999a:406). 가족이 정의롭다면 그리고 양육자가 아이를 사랑하고 그들의 사랑을 아이의 좋음을 위한 돌봄을 통해 표현한다면 아이는 양육자의 자신에 대한 분명한 사랑을 인정하면서 양육자를 사랑하게 된다(Rawls 1999a:490). 나딩스Nel Noddings는 돌봄의 중요한 특징으로 양육자가 아이에 대해 평가나 판단 없이 '전념engrossment'하고 아이의 목표를 자신의 목표로 간주하여 실현하려고 행동하는 이해관심의 '동기 전이motivational displacement'를 제시한다(Noddings 1984:16-18). 이러한 돌봄 윤리를 옹호하는 학자들은 양육자의 전념과 동기 전이의 돌봄이 이루어지는 친밀감의 관계에서 자존감self-esteem이 형성되고 고양된다고 주장한다(Sander-Staudt 2006:31). 자존감에 대해서는 제7장에서 자세하게 보겠지만, 롤즈에 따르면 자존감이 없다면 사람은 살 의미를 느끼지 못할 정도로 인간에게는 중요한 가치이다(Rawls 1999a:386). 따라서 롤즈 정의론에서 사회 구성원이 자존감을 고양하고 보장하는 것은 사회 자체를 성립시키는 토대이자 정의로운 사회의 안정성을 유지하는 계기라는 점에서 중요하다. 롤즈는 자존감이 보존되고 고양되는 영역으로 개인이 의미를 부여하고 친밀도가 높은 공동체인 결사체association를 언급하지 특별히 가족을 명시하지는 않는다(Rawls 1999a:205). 롤즈는 자존감 형성과 고양을 위해 "필요한 것은 적어도 개개인에게 그가 속하고 거기에서 자신의 노력이 동료에게 인정받을 수 있는 이해관심을 공유한 공동체의 하나"라고 언급한다(Rawls 1999a:388). 그런데 롤즈가 말하는 자존감 형성과 고양을 위해 필수적인 공동체에 가족을 포함할 수 있을 것으로 보인다. 롤즈의 자존감 논의는 단순한 심리적 특성만을 의미하는 것이 아니라, 도덕화된 또는 규범화된 개념이라는 점에서 도덕 심리학과 관련을 맺고 있기 때문이다. 앞에서도 언급한 것처럼, 도덕 심리학에 따르면 도덕감 발달의 기초는 전념과 동기 전이의 돌봄이 이루어지는 친밀감

6장: 가족 정책 - 양육자와 아이의 관계는 정의로운가?

의 영역인 가족으로부터 시작한다. 더욱이 친밀감은 가족 관계의 의미에서 중요한 요소이다(Brighouse and Swift 2006:90).

　　더욱이 롤즈는 정의감이 성장하는 과정을 도덕 심리학을 통해 설명하는데, 이는 정의감이 발달하는 과정에서 어린 시절의 자존감 고양 없이 이후 정의감이 형성될 수 있을지 의심스럽기 때문이다. 롤즈는 인간의 두 가지 도덕적 능력을 가치관에 대한 능력과 정의감에 대한 능력으로 설정한다. 이러한 두 가지 능력과 자존감은 긴밀하게 관련된다. 앞에서 언급한 것처럼, 인간은 자기 자신에 대한 가치이자 자신의 능력에 대한 자신감이라고 할 수 있는 자존감 없이 가치관을 형성하고 수정하고 발전하는 능력을 행사할 수 없기 때문이다. 더욱이 그러한 자존감 없이는 다른 사람과 협력 관계를 가질 수도 없고, 그러한 협력을 이끌어 가는 정의감에 대한 능력도 행사할 수 없기 때문이다. 롤즈는 어떻게 성장하고 양육되었는가가 우리의 자존감sense of self-worth, 자신감 심지어 노력하려는 기질에도 영향을 미친다고 분석한다(Rawls 1999a:12절). 이런 의미에서 롤즈는 자존감이 없다면 어떤 것도 할 만한 가치가 없고 추구할 의지도 상실하여 삶이 공허하고 헛될 것이라고 말한 것으로 보인다.

　　이상의 논의에서 확인했듯이, 롤즈에게 가족이란 친밀감의 소규모 집단으로 사회 협력체계를 유지하는 재생산 역할과 사회 구성원의 자존감 및 정의감을 고양하는 역할을 하는 영역이다. 이러한 가족의 역할은 아이의 경우 자발적인 참여가 아니라는 점에서 다른 결사체에 의해서 보완될 수는 있어도 대체될 수는 없다. 그러므로 가족의 역할은 그 가치가 중요하고도 지대하다.

2. 롤즈 논의에서 가족의 부정적 영향

앞 절의 논의는 소규모의 친밀감 집단small intimate group인 가족이 사랑과 양육을 통해 아이의 도덕감 성장에 기여해 사회적·문화적 재생산 역할을 함을 살펴보았다. 그런데 가족이 아이의 도덕 발달에 긍정적인 기여만 하는가? 말론Ron Mallon은 이에 대해 의문을 제기한다(Mallon 1999:275-281). 말론에 따르면 가족은 아이의 도덕 발달에 필요조건일 수는 있지만 충분조건은 아니기 때문이다. 더욱이 이러한 친밀감의 영역인 가족이 자존감을 형성하고 고양하는 역할을 할 수 있는 동시에 자존감을 훼손하는 역할 또한 할 수 있다. 자유로운 결사체의 성격을 갖는 가족은 비공적 이성인 포괄적 교설이 허용되는 공간이어서 양육자가 가진 특정 포괄적 교설이 아이에게 강제될 여지가 농후하기 때문이다. 제8장에서 살펴보겠지만, 『정의론』은 칸트적 자유주의라는 단일한 포괄적 교설에 의한 사회를 배경으로 하는 반면에 『정치적 자유주의』는 합당하고 다양한 포괄적 교설의 공존을 허용하는 사회를 토대로 하여 다양한 포괄적 교설이 가족에게 영향을 끼치는 것을 허용하고 있다. 이런 이유로 어떤 합당한 포괄적 교설은 아이의 자존감과 도덕감 훼손을 초래할 수 있다. 롤즈 정의론은 기본적 자유의 우선성을 강조하는데 이러한 기본적 자유에 종교적 자유도 포함된다. 가부장제를 옹호하고 성차별주의적인 종교에 심취한 양육자들의 문화와 태도가 자유롭게 표현되는 가정에서 성장한 아이는 성차별주의적 태도를 가질 수 있다(Hirshman 1994:1864-1865). 예를 들어, 한 양육자가 성차별주의를 정당화하는 종교의 포괄적 교설을 옹호한다면 그 양육자의 가정에서 자란 아이는 해당 가족의 태도와 문화를 통해 자연스럽게 성차별주의를 당연시하면서 자랄 수 있고, 이러한 과정에서 자신의 성별과 신체에 대한 수치심과 열등감을 경험하여 자존감의 심각한 훼손을 경험할 수 있다(Brake 2013:68). 비슷한 맥락에서 밀John Stuart Mill은 『여성의 종속』(1869)에서 가족 영역이 소년들에게 성차별적 특권을 소유했음을 가르치는 "폭정의 학교school of despotism"라고 언급한다(Mill 1998:47).

　　많은 여성주의자가 롤즈의 합당한 다원주의에 성차별주의적 포괄적 교리도 포함된다는 사실에 비판적이다(Okin 1994:29-31; Yuracko 1995). 여성주의자들은 합당한 다원주의에 성차별주의를 옹호하는 포괄적 교설 자체가 포함되는 것은 이론적 비일관성이라고 비판한다. 오킨Susan Moller Okin은 비록 이러한 포함 문제에 대해서는 비판적 입장을 취하지만, 롤즈의 합당성 개념에서 볼 때 이러한 교리를 포함하는 것은 합당한 다원주의에서 거부할 수 없음을 인정한다. 포괄적 교설을 합당하게 만드는 것은 판단의 부담을 안고 다른 포괄적 교설과의 조정과 협력을 기꺼이 하려고 한다는 것으로서, 공권력을 통해 다른 포괄적 교설을 억압하지 않는 것을 의미하기 때문이다. 이런 관점에서 볼 때, 비록 어떤 성차별주의적 성격을 갖는 포괄적 교리가 있다고 하더라도 이 교리가 공권력을 통해 다른 포괄적 교리를 억압하려고 하지 않는다면 합당한 다원주의에 포함될 수 있다. 만약 성

정의론과 대화하기

차별주의적 성격으로 인해 특정 포괄적 교설을 배제한다면, 이는 합당한 다원주의 자체를 포기하는 것으로 볼 수 있다. 다만 이러한 허용이 원초적 입장을 통해 도출되고 중첩적 합의를 통해 그리고 넓은 반성적 평형을 통해 정당화된 정의관과 상충하는 포괄적 교설마저 수용함을 의미하는 것은 아니다. 따라서 롤즈의 가족 논의가 양날의 칼처럼, 롤즈 정의론의 토대로서 중요한 동시에 정의론의 기저를 훼손할 가능성 또한 있기 때문에 이에 대한 조정과 관리가 중요하다. 이에 대해서는 가족의 이중적 특성을 검토하는 다음 절에서 살펴보고자 한다.

▬▬ 롤즈의 가족 논의의 이중성 검토

앞에서 살펴본 바와 같이, 가족은 실제 현실에서와 마찬가지로 긍정적 의미와 역할뿐만 아니라 부정적 영향을 끼치는 측면도 지니고 있다. 이는 가족이 개인을 양육하는 사적 영역인 동시에 사회 구성원인 시민을 길러내는 공적인 영역이라는 이중적 특수성을 갖기 때문이다. 따라서 이러한 상반된 영향은 정의의 문제가 된다. 정의가 적용되지 않는 가족, 예를 들어 가부장제의 가족 틈바구니에서 성장한 아이가 정의감을 획득할 수 있을지는 의문이다. 부정의한 가족 구조에서는 정의로운 시민을 재생산할 수 없기 때문이다(Kearns 1983:36). 그리고 이러한 가족에서 성장한 아이는 성차별적 영향에 쉽게 노출된다. 예를 들어, 여성이 가사 노동과 돌봄 노동을 전담하고 남성에 종속된 현상을 목도하며 자란 여자 아이의 자존감, 특히 자중감은 자신의 여성성으로 인해 왜곡될 수 있다. 본 절은 가족이 갖는 이중성을 비판적으로 논의하고 어떤 대안이 바람직한지를 모색하고자 한다.

1. 가족이 갖는 이중성에 대한 롤즈의 대응

롤즈 가족 개념이 갖는 이중성은 복합적이다. 먼저 가족은 사적 영역인 동시에 공적 영역이며, 좋음인 포괄적 교설이 적용되는 동시에 옳음인 정의관이 적용된다. 또한 합리성이 강조되는 동시에 합당성이 작동하고(Rawls 2001:81-82), 개인에 대한 논의인 동시에 시민에 대한 논의이기도 하다(Rawls 1993:29-35). 공적과 사적으로 대표되는 구분은 분석적으로는 명백하게 구분되지만 실제로는 보다 자발적인 관계로부터 보다 강제적인 관계로까지 정도의 문제로 삶에 중첩되어 있다. 이러한 정도의 문제에서 가족은 양자가 교차하는 특수 영역이다(Walsh 2012:429). 롤즈가 말하는 가족은 기본적으로 사적 영역에 위치한다. 롤즈는 가족을 사적 결사체로서 강제적 원칙보다는 애정적 원칙에 따라 운영된다고 분석한다(Rawls 1993:137). 롤즈에게 가족이란 차등 원칙이나 효용의 극대화 원칙이 거부되는 특수한 영역이다(Rawls 1999a:105). 롤즈는 가족과 결사체의 유사성이 있음을 인지하고 결사체가 그런 것처럼 가족에도 정치적 정의관에 의해 명시된 통제constraints를 부여할 이유도 알고 있지만, 또한 구성원들에게 그러한 통제가 제한되어야 그들이 자유롭고 풍성한 내적 삶을 향유할 여지가 생긴다는 이유도 안다(Rawls 2001:165). 이런 의미에서 롤즈는 가족이 정치적인 것과 결사체적인 것 모두와 구별되는 이중성을 갖는다고 분석한다(Rawls 1993:137). 이러한 가족의 이중성이라는 특수한 지위 논의는 하나의 딜레마로 보이기도 한다. 롤즈는 정치적 간섭의 침투로부터 개인을 보호하여 개인의 자기실현의 장을 설명하고 싶어 하는 동시에(Rawls 1971:462-269), 가족 내에서도 사회적으로 구성되는 억압이 종종 있음을 인정한다(Rawls 1971:74, 301, 511). 롤즈가 말하는 가족은 개인의 도덕감을 함양하고 자유를 향유하는 영역인 동시에 성적 위계, 평등한 기회의 부인, 성과 관련된 폭력과 굴욕의 영역이기도 하다(Nussbaum 2003:500). 롤즈의 가족 논의는 가족 내에서의 성차별과 혐오를 허용한다. 그리고 이러한 허용은 가족 구성원의 자존감을 훼손하거나 자유를 억압할 수 있다. 즉 롤즈의 가족에서 나타나는 부정적 영향력은 제도적 측면과 관련된 부분도 있지만, 사적 영역으로서 비제도적 측면인 문화와 관계된 부분도 있다. 가족 논의에 내재된 이러한 이중성에 어떻게 대응하는 것이 정의로울까? 논리적으로는 세 가지 입장이 가능하다. 첫째는 일부 여성주의자가 주장하는 것처럼 가족의 긍정적 측면이 있지만 부정적 측면이 심각하다고 판단하여 가족을 해체해 부정적 측면을 제거하는 방식이고, 둘째는 보수주의자가 주장하는 것처럼 가족의 역할이 갖는 중요성으로 인해 부정적 측면을 불가피한 부작

6장: 가족 정책 - 양육자와 아이의 관계는 정의로운가?

용으로 묵인하는 방식이며, 셋째는 가족을 유지하면서 부정적 측면을 완화하고 긍정적 역할과 의미를 고양하려는 시도를 옹호하는 방식이다.

첫 번째 방식은 가족을 해체하는 것이다. 가족을 해체한다는 의미는, 현실의 가부장제적 가족을 해체한다는 의미가 아니라 앞에서 논의한 가족의 역할을 감당하는 공간을 제거한다는 의미이다. 다른 결사체에서는 자발적으로 참여할 때부터 해당 결사체가 자신에게 어떤 영향을 끼칠지를 고려할 뿐만 아니라 자신의 자존감을 훼손할 때는 자발적으로 탈퇴하는 것이 가능하다. 하지만 가족 결사체는 아이의 입장에서는 자발적인 참여도 아니며 양육자의 포괄적 교설에 대한 비판적 판단을 내리기도 어려우므로 일방적인 수용을 한 수밖에 없고 설령 자존감 상실을 경험한다고 하더라도 쉽게 탈퇴할 수 없다. 따라서 일부 여성주의자는 가족 탈퇴가 아닌 가족 해체를 주장하는 것이다. 친밀감의 소규모 집단으로서 사회 구성원의 사회적·문화적 재생산을 감당하는 영역을 제거한다면, 여성주의자가 옹호하는 것처럼 아이들이 가족 관계에서 성차별적 영향을 받아 자존감이 훼손되는 일은 없을 것이다. 그런데 기능주의적으로 해석한 가족의 역할이 사라지면 앞에서 언급한 것처럼 사회의 안정성이 유지될 수 있을지 의문이다. 자존감이 형성되지 못한다면 사람이 세상에서 살 만한 가치가 없다고 생각한다는 롤즈의 언급에서 알 수 있듯이, 사회 존립 자체가 어렵기 때문이다. 더욱이 롤즈는 앞에서 언급했던 가족의 부정적 영향뿐만 아니라 가족이 존재하는 한 개인이 떠안게 될 불평등한 삶의 운에 대해서도 인정한다. 제1장에서 확인한 바와 같이, 아이들이 노력하는 태도나 자세와 같은 특성도 대부분 스스로의 공로라고 주장할 수 없는 운 좋은 가정과 사회적 여건에 달려 있기 때문이다(Rawls 1999a:89). 롤즈는 가족의 문화와 내적 삶이 아이에게 동기를 부여하고 교육으로부터 획득하는 능력에 지대한 영향을 끼친다는 사실에 주목한다(Rawls 1999a:301). 그러므로 영향력이 지대한 가족이 존재하는 한 공정한 기회균등의 역할은 불완전하게 시행될 수밖에 없다(Rawls 1999a:74:301). 롤즈는 이러한 가족에 대한 문제점을 인지하고 가족을 해체해야 하는가라고 자문한다. 롤즈의 대답은 가족은 자유의 원칙에 입각해서 볼 때 해체할 수 없으며, 가족이 초래하는 부정적인 영향은 정의의 원칙들을 결합하면 상쇄할 수 있다고 주장한다(Rawls 1999a:448).

두 번째 방식은 첫 번째 방식이 직면한 문제를 그대로 받아들여 가족의 역기능을 불가피한 부작용으로 보고 묵인하자는 현상 유지 방식이다. 만약 역기능의 심각성이 순기능의 가치를 훼손할 정도가 아니라면, 그리고 역기능을 제거하거나 완화하는 것이 어렵다면 이러한 방식이 대안이 될 수 있을 것이다. 그러나 이 방식은 미래의 사회 구성원인 아이의 자존감을 심각하게 훼손한다는 점에서 묵인할 수 없는 역기능을 가질 뿐만 아니라, 세 번째 방식과 같은 대안을 제시할 수 있다는 점에서 수용하기 어렵다. 그렇다면 롤즈가 대안으로 제시한 세 번째 방식, 즉 가족을 유지하면서 부정적 측면을 완화하고 긍정적 역할과 의미를 고양하는 방식을 살펴보자. 롤즈 논의에

6장: 가족 정책 - 양육자와 아이의 관계는 정의로운가?

서 가족은 사회 기본구조의 내외에 존재하여 공적 영역인 동시에 사적 영역이라는 특수한 지위를 갖고 있다(Rawls 1971:7, 1999b:258, 1993:258). 가족을 기본 구조에 포함한다는 의미가 정의의 두 가지 원칙이 직접적으로 가족에 적용된다는 것은 아니다. 정의의 두 가지 원칙은 사회 기본구조에 적용되는 것이지 사회 기본구조에 있는 체제들에 직접 적용되는 것은 아니기 때문이다. 정의의 원칙은 전체로서의 시스템의 작동과 사회 기본구조 내에 있는 체제들 사이의 상호작용의 결과에 적용되는 것이다(Abbey 2013:9). 정의의 원칙이 적용되는 영역으로서 가족이 갖는 특징은 롤즈의 다음 구절에서 잘 나타난다.

> "정치적 원칙들은 가족의 내적인 삶에 직접적으로 적용되지 않지만, 이것들은 제도로서의 가족에 근본적인 제약을 부과하고 가족 구성원의 기본 권리 및 자유와 공정한 기회들을 보장해 준다. 정치적 원칙들은 가족의 구성원인 평등한 시민들의 기본적 주장을 구체화함으로써 적용된다. 기본 구조의 일부로서 가족은 그들의 자유를 침해당할 수 없다. 부인들은 그들의 남편과 동등하게 시민이기 때문에, 부인들은 그들의 남편들이 그러한 것처럼 동등한 기본 권리와 자유, 공정한 기회를 갖는다"(Rawls 2001:164).

정의의 원칙이 가족에게 적용되는 사례는 가족에게 지원하는 가족법 등에서 확인할 수 있다. 이는 공정한 기회균등이 침해되지 않도록 아이를 낳고 기르고 교육하는 부담을 여성이 더 과도하게 지지 않도록 한다(Rawls 2001:11). 오킨은 공정한 기회균등의 원칙은 불평등한 가족 환경에서의 영향이 감소되도록 하기 위해 직장에서 여성에게 아이 양육을 위해 일찍 퇴근할 수 있는 기회를 제공한다고 분석한다(Okin 1989:175-176). 여성이 사회적으로 더 큰 양육 부담을 지거나 이와 관련된 억압으로 기회가 차단되는 식의 불평등을 완화하기 위해 한층 여성 우호적인 정책이 제공될 수 있다. 그런데 이러한 적용이 남성과 여성의 평등을 고양하고 여성의 평등한 가치를 보장하게 할 수도 있지만, 현재의 가부장제가 갖는 성차별적 관행이나 문화를 유지하는 역할을 할 수도 있다. 로이드는 가족의 사적 영역을 보장하면서 공정으로서의 정의 실현을 위해 가족에 제공되는 정책, 예를 들어 양육 보조금, 유연한 노동 시간 정책, 육아 휴가 정책 등은 가족으로 하여금 불평등한 노동 분업을 채택하고 자연적 위계에 대한 성차별적 믿음을 유지하도록 허용할 수 있음을 지적한다(Lloyd 1994:362).

더욱이 롤즈는 가족을 사회 기본구조에 포함하여 정의의 원칙이 적용되도록 허용하지만, 앞의 인용문에서도 본 것처럼 이 적용은 가족의 내적인 삶에는 미치지 못하며 가족이 갖는 사적 영역을 허용한다. 이러한 사적 영역의 허용은 앞 절에서 논의한 가족의 부정적인 영향력이 정신적이고 문화적인 측면에서는 고스란히 나타날 수 있음을 보여 준다. 이렇듯 롤즈의 정의론은 사회 기본구조라는 제도적 측면에 한정된 논의라는 점에서 사적 영역인 비제도적 공간에 무기력한 것은 근본적이고도 필연적인 한계로 보인다. 그런데 롤즈는 제도 중심적 정의론을 제시하여 비제도적 측면에 긍정적 영향을 끼칠 수 있다고 믿는 것으로 보인다.* 롤즈가 이런 전망을 하는 것은 다음과 같은 세 가지 낙관에 근거한다. 첫째로 롤즈는 제도 확립을 통해 개인적 차원의 중요한 가치가 자연스럽게 함양된다고 본다. 예를 들어, 롤즈는 사회적 기본재화에 자존감의 사회적 토대social basis of self-respect 를 포함하는데, 이러한 논의는 자존감이라는 개인적 측면의 중요한 가치가 사회적 분배 제도 확립을 통해 함양될 것이라는 전제에 토대를 두는 것으로 해석된다. 둘째로 롤즈는 제도 확립을 통해 정의감이 자연스럽게 함양된다고 믿는다. 롤즈는 "정상적인 사회 여건 아래에서 정의감sense of justice이 개발된다"라고 언급하며, 공정으로서의 정의가 갖는 상대적 안정성을 검토하는 과정에서 "정의감이란 적어도 정의의 원칙들이 규정하는 한에서 도덕적 관점을 채택하고 그것에 따라 행동하고자 확립된 성향"이라고 분석한다(Rawls 1999a:430). 롤즈는 사회 기본구조가 인간 삶에 "지대하고 광범위한" 영향력을 행사한다는 입장을 취하기 때문이다. 이런 입장에서 롤즈는 정의로운 제도 확립에 해당하는 "배경적 정의background justice" 실현이 중요하다고 강조한다(Rawls 1999a:7, 1993:269-271). 결사체들과 집단들은 배경

---

* 롤즈의 제도 중심적 정의론 논의와 관련된 부분은 목광수(2018)에서 발췌하여 이 장의 목적에 맞게 수정하고 확장한 것이다.

적 제도 내에 존재하며, 구성원들의 행위는 이러한 배경적 제도에 의해 규제되기 때문이다. 비슷한 맥락에서, 탄Kok-Chor Tan은 롤즈 논의에서 정의의 대상이 좁은 의미의 제도에 적용되지만 이러한 제도가 개인의 행위에 규제적 요소로 작용하여 영향을 끼친다고 주장한다(Tan 2012:20). 셋째로 롤즈는『정의론』제3부에서 도덕 심리학적 논의를 도입하여, 정의로운 사회 제도에서 정의감과 도덕감이 충분히 함양될 수 있다고 믿는다. 롤즈는『정의론』70절부터 72절에 걸쳐 권위에 의한 도덕이 공동체에 의한 도덕을 거쳐 원리에 의한 도덕으로 발달하는 과정을 설명하는데 이는 도덕 심리학적 논의로서, 정의로운 제도를 확립하면 그러한 제도를 통해 정의로운 개인의 삶이 자연스럽게 실현될 수 있다는 믿음을 반영한 것이다. 롤즈는 이러한 도덕 심리학적 논의를 통해 정의로운 제도가 확립된 질서 정연한 사회well-ordered society에서 정의감이 자연스럽게 습득되어 개인 삶의 영역에서 정의가 실현될 수 있다는 것을 보여 주고자 한다.

롤즈의 이러한 기대와 믿음에 선뜻 동의하기 어렵다. 앞에서 본 것처럼 가족 내부의 생활과 문화에서 나타나는 자존감 훼손과 차별의 경험은 태도와 인식 속에서 이루어지는데, 이러한 부분에 대한 직접적 논의 없이 제도에 대한 믿음만으로 가족의 부정적 영향력이 상쇄되거나 제거될 것이라는 낙관적 기대는 이론적으로 취약하기 때문이다. 이러한 이론적 공백 상황에서는 제도 외적인 영역, 즉 문화적이고 인식적인 측면에서의 부정의가 만연할 수 있다. 예를 들어, 은행장이라는 사회적·경제적 지위를 갖고 있지만 흑인이라는 이유로 승차 거부를 당한 사례는 물질적 차원의 사회 제도 개혁뿐만 아니라 제도 외적인 영역에 해당하는 문화와 인식 등의 개인적 차원에서의 정의 실현이 이루어져야만 실질적인 정의가 실현될 수 있음을 보여 준다(Fraser and Honneth 2003:34). 제도 외적인 영역에서의 부정의는 가족 내에서 여성의 가사 노동과 돌봄 노동에 대한 정당한 보상이 없는 착취의 문제exploit, 가부장제와 성차별이 만연한 가족 관계에서 동성애자나 여성을 투명인간으로 취급하는 문제invisibility, 가족 내의 계급화된 권력 관계에서 아이에 대해 이루어지는 언어와 행동에서 나타나는 무시disregard 등이 있을 수 있다.

2. 대안 모색: 제도와 비제도의 협업

앞에서 분석한 대로, 자존감의 토대를 형성하고 고양하기 위한 어린 시절의 친밀감 공동체가 중요하다면, 그리고 그러한 역할을 가족이라는 영역에서만 할 수 있다면 가족은 해체될 수 없다. 더욱이 롤즈가 말하는 가족의 의미가 기능적 측면에서 사회적·문화적 재생산과 정의감 고양의 토대를 감당한다면 다양한 형태의 가족을 허용한다는 점에서 가부장제가 갖는 역기능을 완화할 수 있는 계기는 논의 자체에 배태되어 있다. 그렇지만 이러한 배태가 실질적으로 역기능을 완화하고 순기능을 강화하는 것은 아니다. 이런 점에서 롤즈 논의는 보완이 필요하다. 그렇다면 친밀한 소규모 공동체로서의 가족이 역기능은 완화하면서 순기능을 강화하기 위한 방안은 무엇일까? 본 절은 롤즈가 주목한 제도적 측면을 보강하고, 롤즈가 간과한 비제도적 측면을 강조하여 논의하고자 한다. 이중적 특성을 갖는 가족에서의 정의를 실현하려면 제도적 측면과 비제도적 측면의 협력이 필수적이기 때문이다.

1) 제도적 측면

롤즈는 가족을 사회의 기본 구조로 인정하기에 정의론을 가족에 적용한다. 그러나 앞 절에서 검토한 것처럼 이러한 적용이 사적 영역으로서의 가족을 인정하면서 이루어지기 때문에 제한적일 수 있다. 이러한 한계는 자유주의 논의가 가족과 관련해서 갖는 긴장과 연관된다. 롤즈는 1994년에 발표된 비공개 논문에서 밀을 제외하고는 대부분의 자유주의자가 가족의 정의에서 제기되는 문제에 대해서는 침묵했다고 비판한다(Nussbaum 2003:488). 오킨Susan Moller Okin은 롤즈 정의론이 사회에 내재된 성차별 문제에 근본적으로 도전할 수 있게 적용될 수 있다고 평가한다(Okin 1989:89). 롤즈가 전통적으로는 사적 영역으로 간주되던 가족을 공적 영역인 사회 기본구조의 하나로 여겨 시민들의 도덕 발전을 위한 중요한 체제로 기술했기 때문이다. 이는 가족이 정의와 양립하게 할 뿐만 아니라, 원초적 입장에서 무지의 베일을 쓴 합의 당사자는 자신의 성별에 대해 몰라서 성별에 불리한 합의를 하지 않을 것이기 때문이다. 왈시Mary Barbara Walsh는 이러한 롤즈의 시각이 가족을 합리적 삶의 선택으로 표현하려는 자기충실성integrity뿐만 아니라 가족에 정의론을 확장하여 여성의 해방을 도모하려는 관심을 보여 준다고 분석한다(Walsh 2012:426-427).

6장: 가족 정책 - 양육자와 아이의 관계는 정의로운가?

롤즈의 정의론이 보다 적극적으로 가족에 적용된다고 할 때 필자가 제도적 측면에서 보완될 필요가 있다고 제안하는 부분은 세 가지이다. 첫째, 롤즈 정의론은 가족 내의 포괄적 교설이 행사되는 기준을 제도적으로 마련할 필요가 있다. 즉 포괄적 교설이 과도하게 행사되어 아이의 이해관심을 저해한다면 제한되어야 한다. 자유주의자들이 세부 사항에서는 다양한 입장 차이를 보이지만 모두가 인정하는 기본적 토대는 개인은 자신의 삶에 대해서 통제할 권리와 자유를 가지고 있다는 점이다(Brighouse and Swift 2006:80). 그런데 이러한 기본 정신에서 적어도 하나의 예외를 두고 있는데, 그것이 바로 아이가 양육되는 가족 영역에서의 관계이다. 아이가 어릴 때는 자신의 삶을 스스로 통제할 수 없고, 양육자의 통제 아래 있어야 하기 때문이다. 더욱이 가족은 포괄적 교설이 적용되어 결사체라고 볼 수 있지만, 가족의 구성원인 아이의 경우 자발적 선택에 의한 결사체라기보다는 비자발적인 결사체이기 때문이다. 여기서 긴장 관계를 갖는 것은 양육자의 권리를 허용해야 한다는 관용의 원칙과 아이의 자율성 원칙이다. 양육자의 권리는 친밀감의 영역인 가족 관계에서 아이를 양육하기 때문에 아이가 어떤 종교 시설에 가야 하는지를 결정할 권리, 아이와 일정 시간을 함께 보낼 권리, 자신들의 특별한 문화적 유산에 대한 열망enthusiasm을 아이와 공유할 권리 등을 포함한다(Brighouse and Swift 2006:102). 아이를 양육한다는 것은 아이에게 어떤 서비스를 제공하는 것에 한정되는 것이 아니라 삶의 전반적인 공유를 의미하기 때문이다. 그러나 이러한 양육자의 권리를 인정한다는 것이 양육자의 권리가 아이의 자율권보다 우선한다는 것은 아니다. 만약 그렇다면, 앞 절에서 본 것처럼 가족의 부정적 역할이 고스란히 나타날 수 있기 때문이다. 양육자의 권리는 아이의 자율권이 함축하는 아이의 이해관심에 종속된다고 이해할 필요가 있다. 이러한 이해는 가족의 영역에 롤즈 정의론이 보다 적극적으로 개입할 수 있는 여지를 이론적으로 마련한다. 이러한 논리에 따르면, 만약 양육자가 아이의 이해관심을 저해한다면 정의 원칙을 통해 양육자의 권리를 정당하게 제한할 수 있다. 가족의 가치가 사적 영역으로 존중되지만, 가족의 가치가 붕괴하거나 합리적 이성에 의해 수용할 수 없을 정도로 양육자의 권리가 과잉되었을 때, 그리고 애정affection이나 공통의 이해관심이 더 이상 가족 구성원의 감동을 끌어내지 못할 때, 이해관심이 상충하는 정의의 여건이 충족되어 정의의 원칙이 적용될 여지가 마련된다 (Walsh 2016:431).

둘째, 롤즈 정의론은 아이가 가족을 떠날 권리를 제도적으로 보장해야 한다. 가족 구성원 가운데 성인은 결사체로서의 가족의 가치와 자신의 가치가 충돌할 때 가족을 떠날 수 있지만, 어린아이의 경우에는 가족을 떠나는 것이 어렵다. 그러나 첫 번째 제안처럼 가족 내에서의 양육자의 권리가 아이의 이해관심에 부합한다면 특정 포괄적 교설에 의한 양육이 롤즈 정의론 내에서 적용될 수 있을 것이다. 그러나 이러한 양육을 거쳐 어느 정도 성장하여 아이가 비판적 사고를 통해 해당 포괄적 교설에 대해 부정적 관점을 갖게 되고, 아이의 이해관심에 부합한다고 해석될 수 있음에도 불구하고 아이가 자신의 자존감이 훼손될 정도라고 인지한다면 아이는 가족을 떠나 공동양육시설과 같은 공간을 통해 새로운 가족을 찾을 수 있어야 한다. 롤즈는 가족의 역할을 생물학적 재생산이 아닌 사회적·문화적 재생산에 두었기에 이를 실현하는 공간은 논리적으로 가능하다. 그런데 여기서 제기될 수 있는 비판은, 가족을 통해 형성되고 고양되는 정의감과 가치관이 공동육아를 통해서 충분히 형성되고 고양될 수 있을지에 대한 것이다. 앞에서 본 것처럼 정의감과 가치관 발달에서 가족은 친밀감을 토대로 이루어지며 아이와 상호성이 아닌 일방적인 사랑과 돌봄을 통해 가치관과 정의감 발달을 도모하는 역할을 한다. 그러나 전념과 동기부여의 전이가 작동하는 돌봄이 이루어지는 친밀감 집단을 사회가 제공할 수 있다면 이러한 의심이 해소될 수 있을 것이다.

셋째, 롤즈 정의론은 공정으로서의 정의에 입각한 사회 제도를 이상론과 비이상론의 관계 속에서 비제도적 인식과의 협업 아래 정교하게 구축해야 한다. 공정으로서의 정의는 사회 구성원을 평등한 시민으로 간주한다. 이를 위해서는 사회의 다양한 제도와 체제가 성차별적이거나 혐오적인 가족 문화에서 나타날 수 있는 부작용을 교정할 수 있어야 한다. 즉 어린 시절의 학교 교육은 성차별과 혐오에 대해 가족 내 문화를 통제하고 제약하는 역할을 해야 한다. 우리 삶의 의미는 사회 협력 조건에 대한 이해가 허용된 공간에서 이루어지며, 협력의 공간에서 사람들은 타인의 선택과 목적을 존중할 수 있기 때문이다. 롤즈는 "어떤 사회도 그 자체 내에 모든 삶의 방식을 포함할 수는 없다"라고 기술하여 가족 내 문화가 공적 영역의 제도에 의해서 통제되고 제약될 필요가 있음을 인정한다(Rawls 2001:154). 그러나 이러한 제안이 어린아이의 공교육 의무화를 주장하는 것은 아니다. 합당한 포괄적 교설의 자유로운 향유를 인정하는 다원주의 사회에서 공교육은 그러한 포괄적 교설을 제한할 수 있기 때문이다. 가정 내에서의 포괄적 교설에서 양육된 아이가 공교육을 통해 상반되는 가치를 배워 혼란에 빠질 수 있다는 우려는 중첩적 합의의 정신에 따른다면 해소될 수 있을 것으로 보인다. 중첩적 합의에 도달한 정의관이 각자의 포괄적 교설에 의해서 지지받고 정당화될 수 있다면 아이의 발달 단계로 인해 생겨나는 혼란은 충분한 대화를 통해 해소될 수 있기 때문이다. 또한 가족 내의 부정의를 교정하기 위해 정의론에서 제안할 수 있는 제도는 양육자를 위한 조기 퇴근, 경력 단절 보완 등이다. 그러나 이러한 제도는 앞에서도 언급한 것처럼, 제도 제안의 의도와 달리 오히려 현재의 부정의를 고착화하고 인정할 우려가 있다. 그러나 제4장에서 본 것처럼, 부정의가 존재하는 비이상론의 상황에서 이상론을 향해 나아가는 과정에서 일어나는 이러한 우려는 불가피해 보인다. 다만 이러한 우려는 비제도적 측면의 문화와 인식 전환을 통해 보완이 가능할 것이다. 예를 들어, 양육자를 특정한 성별에 국한하지 않는 평등 인식과 문화 등이 보완된다면 비이상론으로 제기되는 정책도 효과적일 수 있다.

2) 비제도적 측면

가족에 대한 제도적 차원의 정책과 지원뿐만 아니라 비제도적 차원의 정책과 지원도 필요하다. 앞에서는 제도 중심적 정의론이라고 할 수 있는 롤즈 정의론이 가족의 이중적 특수성을 이해하면서 공정으로서의 정의 적용과 포괄적 교설 허용이라는 이중 정책을 시행했을 때, 친밀감의 사적 영역인 가족 내에서의 문화와 태도가 부정적인 영향력을 여전히 행사할 수 있음을 비판적으로 고찰했다. 아무리 제도적으로 정교화하고 앞에서 제시한 제안들로 제도적 보완을 이룬다고 하더라도 이에 대한 문화와 인식 전환이 충분히 이루어지지 않으면 여전히 제도적 정의론은 한계에 봉착할 수밖에 없다. 롤즈 정의론은 가족 문제와 관련해서는 제도 중심적 정의론이라는 한계를 가질 수밖에 없다. 본 절은 몇 가지 가족의 부정적 영향력을 억제하고 가족의 의미와 역할이 충실히 발휘될 수 있는 제안을 두 가지 하고자 한다. 이러한 비제도 측면의 대안은 앞의 제도적 측면의 제안과 상호 협력해야만 가족의 정의 실현에 기여할 것이다. 제도가 아무리 잘 완비된다고 하더라도 이를 운영하는 인식과 문화가 불충분하면 정의 실현은 어렵고, 비제도적인 인식과 문화가 아무리 잘 형성되어 있다고 하더라도 이를 뒷받침하는 제도가 완비되지 않으면 그러한 인식과 문화가 지속되기 어렵기 때문이다.

첫째, 가족의 의미에 대한 인식 전환이 필요하다. 롤즈는 철저하게 가족을 생물학적 의미로 보지 않고 기능주의적 의미로 바라본다. 따라서 롤즈 논의는 가족 형태에 대해 다양한 방식을 옹호한다. 이러한 방식은 다양한 성정체성을 인정하는 제도를 허용하지만, 이러한 제도가 사회 구성원에게 인식적으로 인정되지 않을 때는 여전히 불인정을 초래할 수 있다. 예를 들어, 제도적으로 성소수자에 대한 차별이 금지된 사회라고 하더라도 성소수자에 대한 인식과 문화가 여전히 차별적이라면 사회적 낙인과 차별로 인한 인식적 부정의가 여전하여 성소수자는 자신의 정체성에 대해 자존감 훼손을 경험할 수밖에 없기 때문이다. 또한 가족에 대한 기능주의적 이해 없이 앞에서 제안한 가족을 떠날 권리라는 제도는 무기력하다. 아무리 가족을 떠날 권리가 제도적으로 마련되어 있다고 하더라도 이에 대한 사회적 인식이 부정적이라면 그런 결정을 내리기 어렵기 때문이다.

둘째, 가족의 역할에 대한 인식 전환이 필요하다. 롤즈에게 가족은 사회 구성원의 재생산이라는 역할을 감당하는 공간이다. 이런 의미에서 양육자는 아이가 미래 사회 구성원이라는 인식을 가질 필요가 있다. 양육자는 자신이 선호하는 포괄적 교설이 아이의 이해관심에 가장 좋다고 판단하여 아이와 공유하고 싶을 수 있다. 그러나 아이를 자신의 소유가 아닌 미래 사회 구성원인 인격 주체로 인정한다면, 그러한 방식은 강제 주입이 아닌 소개가 될 것이고 아이의 자율성을 인정하는 방식으로 이루어질 수 있다. 또한 다양한 시각의 포괄적 교설도 아이의 선택을 위해 소개할 수 있을 것이다. 가족 내 아이와의 관계에서 폭력이 행사되거나 자존감 훼손이 발생하는 대부분의 이유는 아이를 양육자의 소유로 여기는 인식 태도에서 기인한다. 자신들이 선호하는 포괄적 교설을 아이에게 주입하려는 성향, 자신에게 있는 학력 신장에 대한 욕망을 아이에게 투여하여 과도한 교육 부담을 지우려는 태도 등이 가족의 부정적 영향력을 산출한다. 따라서 아이를 대하는 태도의 변화가 필요하다. 훈육의 대상이 아닌 인권의 주체라는 의식이 필요하다. 이런 관점에서 양육자는 아이 양육 시 민주주의적 태도, 자신의 포괄적 교설을 아이에게 교육하고 소통하는 기술의 필요성 등을 내면화할 필요가 있다. 또한 양육 부담에 대한 평등한 인식이 필요하다. 제도적으로 양육을 위한 조기 퇴근을 허용하고 경력 단절 방지 대책을 마련했다고 하더라도, 이에 대한 정의로운 인식이 부재한 상황에서는 이러한 제도를 실질적으로 사용할 수 없기 때문이다. 가족의 역할이 사회적·문화적 재생산에 있음을 인식할 때 그러한 제도의 필요성에 공감하여 실질적인 운영이 가능해질 것이다.

이상에서 제안한 인식 전환과 문화 확립을 위해서는 사회적 부모인 양육자의 역할이니 가치, 가족의 의미와 역할, 좋은 양육자가 되기 위한 방법론 등에 대한 캠페인이나 교육 기회 제공이 효과적일 수 있다. 일부 학자는 좋은 양육자를 위한 자격증과 같은 방식을 제안하기도 하지만, 정의로운 태도와 문화 형성은 반강제적인 방식보다는 자발적인 참여가 더욱 효과적이기 때문이다.

≡≡≡ 가족에서의 정의 실현을 위하여

이 장에서는 롤즈 정의론에서 양육자와 아이의 관계를 중심으로 가족과 관련한 여성주의의 도전에 어떻게 대응했는지를 검토했다. 롤즈 정의론이 제도 중심적 논의인 까닭에 공적인 영역과 사적인 영역이 중첩된 가족 영역에서는 근본적인 한계를 보인다는 점을 지적하고, 대안으로 제도적 측면에서는 정의론에 입각해 제도를 보완하고 비제도적 측면에서는 인식과 태도 변화의 필요성을 강조했다. 롤즈 논의가 보여 주는 것처럼, 가족은 정의론의 토대가 되는 사회 협력 체계에 핵심 요소여서 그 역할과 기능은 포기될 수 없을 만큼 중요하지만 그만큼 부정의에 노출될 가능성 또한 적지 않다. 따라서 이 글이 제시했던 것처럼, 롤즈 논의에서 나타난 이상으로서의 정의로운 가족을 추구하고 부정의를 억제하기 위한 현실적인 정책과 전략은 해당 사회의 문화와 역사를 고려하고 구성원의 인식을 토대로 효과적이고 단계적으로 제시될 필요가 있다.

남아프리카공화국의 대통령으로 노벨평화상을 받은 만델라 Nelson Mandela는 "한 사회가 아이들을 다루는 방식보다 더 그 사회의 영혼을 정확하게 드러내 보여 주는 것은 없다"라고 말했다(김희경 2017:5). 롤즈 정의론을 통해 양육자와 아이 사이에 정의로운 관계가 형성될 때, 그리고 성평등의 문화가 지향하는 가족 내의 정의가 실현될 때 정의론의 안정성이 보장될 수 있을 것이다.

3부

정의의
목적과 가치

『정의론』의 제3부는 공정으로서의 정의의 토대가 되는 가치와 목적이 무엇인지를 규명히여 정의론의 정당성과 안정성을 두무하고자 한다. 이 책의 제3부는 『정의론』 제3부에서 정의론의 목적과 가치 가운데 핵심에 해당하는 자존감, 그리고 인간관과 사회관을 다룬다. 왜냐하면 이러한 논의 주제는 『정의론』에서 중요할 뿐만 아니라, 한국 사회의 많은 문제와 갈등 기저에 깔려 있는 가치와도 깊이 관련된 것으로 보이기 때문이다. 『정의론』과의 대화를 통해 한국 사회에서 어떻게 하면 자존감을 보장할 수 있을지, 한국 사회가 정의 실현을 위해 추구할 인간관과 사회관은 무엇이며 이를 위해 정의론은 어떻게 기여할 수 있을지 등의 물음에 답하고자 한다.

66

7장

자존감

자존감을
어떻게
보장할 것인가?

99

* 이 장의 내용은 목광수(2017a, 2017b)를 바탕으로 이 책의 목적에 맞게 수정 및 보완
한 것이다.

한국 사회에서의
자존감 논의

\# 2013년 이후 한국 사회에 지대한 영향을 끼친 신조어 하나를 뽑자면 '갑질'을 빼놓을 수 없다. 갑질은 위계적이고 고압적인 한국 사회에서 당연시되던 기존의 권위적인 문화가 자존감을 중시하는 상반된 문화와 충돌하면서 새롭게 규정된 언어이다. 상대적으로 우위를 점한 사람이 자신의 우월한 신분이나 지위를 이용해 그렇지 못한 상대방의 자존감을 훼손할 정도로 무례함과 방자함을 행사하는 갑질을 한국 사회는 공분으로 대응했다. 갑질을 행사한 이른바 사회 지도층이 공직에서 물러나거나 사과하고, 대기업 갑질에 저항하는 한 방법으로 불매운동이 벌어졌다. 예를 들어, 2016년 대한항공 부사장인 조현아의 갑질로 대한항공 이륙이 지연된 사건은 "땅콩회항"으로 명명되며 사회적 공분을 일으켰고, 이는 대한항공 회장의 사과와 인사문책으로 이어졌다. 갑질 피해자가 느꼈을 자존감 훼손과 모욕감에 대해 사회 전반에 공감대가 형성되었기 때문이다.

\# 최근 들어 한국 사회는 자존감의 중요성을 인지하면서 사회적 관심도 점차 높아졌다. 책, SNS, TV를 비롯한 각종 미디어에서는 자존감의 중요성을 강조하고 자존감을 보호하려는 법 개정과 제도 마련으로도 이어지고 있다. 예를 들어, 고객의 폭언이나 폭력으로 자존감 상실을 경험하는 서비스업 종사자들, 소위 감정 노동자emotional laborer를 보호하기 위해 「산업안전보건법」이 개정되어 2018년 10월 18일부터 시행되고 있다.

▄▄▄ 『정의론』의 핵심 가치인 자존감 논란

롤즈의 『정의론』(1971/1999a)이 등장한 이래로 분배정의는 사회윤리 및 정치철학의 논의를 주도하고 있다. 롤즈의 오랜 숙적이자 하버드 대학교 철학과 동료인 노직Robert Nozick은 일찍이 "(앞으로) 정치철학자들은 롤즈의 이론 틀 내에서 연구를 수행하는 것이 아니라면 그에 대한 타당한 이유를 설명해야 한다"라고 롤즈의 영향력을 예견했고 역사는 그의 예견대로 흘러가고 있다(Nozick 1974:183). 분배정의의 주도적 흐름 속에서 최근 들어 인정recognition 또는 존중respect/자존감self-respect 개념이 주목받기 시작하면서 분배와 인정 양자 사이의 관계 설정을 둘러싼 철학적 논쟁이 계속되고 있다. 해당 논쟁은 2003년에 호네트Axel Honneth와 프레이저Nancy Fraser가 공저한 『분배냐, 인정이냐?Redistribution or Recognition?』에 상세히 나와 있다. 프레이저가 인정과 재분배의 이원론적 논의를 제시하는 반면, 호네트는 인정 중심의 일원론적 논의를 제시한다. 이 논쟁에서 중시되는 인정 또는 존중 가치의 중요성은 학계에서뿐만 아니라 사회 일반에서도 쉽게 볼 수 있다. 최근 들어 한국 사회에서도 '모욕,' '멸시,' '모멸,' '갑질' 등의 용어가 주목을 받고 있는데, 이러한 현상은 인정과 자존감 가치의

정의론과 대화하기

중요성을 잘 보여 준다. 이러한 시대적 흐름 속에서 롤즈의 『정의론』
에 다시금 주목할 필요가 있다. 롤즈의 자존감 논의에서 확인할 수 있
듯이 분배정의의 틀 내에서 인정 또는 존중 개념을 어떻게 포섭할 것
이냐는 롤즈의 선각자적 고민이 『정의론』에 담겨 있기 때문이다. 이
러한 고민은 『정의론』 서문에 잘 나와 있다. 그는 서문에서 평등에
관한 문제, 사회적 연합체들의 사회적 연합으로서의 사회에 관한 문
제, 자유의 우선성 문제 등을 해결하려면 자존감의 사회적 토대social
bases of self-respect가 기본재화에 포함되어야 한다고 주장하였다(Rawls
1999a:xix).

　　롤즈는 "자존감 없이는 어떤 것도 할 만한 가치가 없으
며"(Rawls 1999a:386), 자존감의 사회적 토대가 "가장 중요한 기본재
화"라고 천명한다(Rawls 1999a:79). 그런데 자존감의 사회적 토대는
롤즈의 다른 사회적 기본재화와 달리, 구체적으로 명시되지 않아 상
당한 논란을 빚고 있다. 더욱이 롤즈가 이렇게 강조하는 기본재화를
어떤 원칙하에 분배할 것인지가 분명하게 나와 있지 않아 논란이 가
중된다(Eyal 2005:195). 대표적인 논란으로는 자존감의 사회적 토대
가 무엇인지, 특히 소득과 부와 같은 물질적 재화가 포함되는지, 그리
고 자존감의 사회적 토대를 어떻게 분배해야 하며 롤즈의 두 가지 원
칙만으로 자존감의 사회적 토대에 관한 분배를 설명할 수 있는지 등
이다. 롤즈 스스로도 추후에 인정한 것처럼 『정의론』이 태도로서의
자존감 자체와 자존감의 사회적 토대를 구분하지 못하고 기술되었다
는 점도 논란을 불러일으키는 데 한몫했다(Rawls 2001:60 n27). 따라

서 이 장은 롤즈『정의론』에서 언급한 사회적 기본재화인 자존감의 사회적 토대를 다룬다. 구체적으로 그 내용은 무엇이고 기본재화를 어떻게 분배해야 하는지를 체계적으로 규명하여 자존감의 사회적 토대와 관련해 롤즈에게 제기된 비판에 대응하고자 한다.

≡≡≡『정의론』에서 자존감의 의미

롤즈는 자신의 2001년 저서인『공정으로서의 정의: 재서술』에서 자존감과 관련해 두 가지를 해명한다. 첫째는『정의론』에서 자신이 태도로서의 자존감과 사회적 기본재화로서의 지존감의 사회직 토대를 구분하지 못했다는 것이고, 둘째는 사회적 기본재화는 자존감 자체가 아니라 자존감의 사회적 토대라는 것이다. 롤즈의 해명으로 자존감은 그 자체로 사회적 기본재화가 아니라 어떤 심리적이고 주관적인 태도라는 것이 명시되었다. 본 절은 이러한 자존감 개념이 롤즈의 정의론 내에서 어떤 의미와 특징이 있는지를 검토하고자 한다.

1. 자존감의 두 가지 의미

롤즈의『정의론』에는 자존감에 대한 두 가지 의미가 공존한다. 첫째는 칸트적Kantian 의미로서의 지존감 개념이고, 둘쌔는 자중감self-esteem으로서의 자존감이다. 이러한 두 가지 의미는 다월Steven Darwall의 자존감 구분(인정적 자존감과 평가적 자존감)과 상통한다

(Darwall 1977:39, 47).* 다월은 존중 개념을 인정적 존중recognitive respect과 평가적 존중appraisal respect으로 구분한다. 인정적 존중의 토대는 모든 사람이 일반적으로 소유한 능력capacities, 특성traits, 권력powers인 반면, 평가적 존중은 개인의 특정한 강점merits, 덕목virtues, 가치values, 역량capabilities, 성취accomplishments 등과 관련된다.

『정의론』에서 롤즈의 자존감이 갖는 첫 번째 의미는 칸트적 의미이다. 롤즈는 자존감이 "자기 자신의 가치"에 기반한다고 말한다(Rawls 1999a:79). 이러한 언급은 칸트적 의미에서 인간의 존엄성에 대한 신념 그리고 그 자체가 목적이 되는 자신의 지위에 대한 신념 등을 암시하는 것으로 볼 수 있다. 초기 논문인 「분배정의Distributive Justice: Some Addenda」(1968)에서 롤즈는 자존감의 사회적 토대를 제공하려는 롤즈적 정치 체계의 경향은 "항상 인간을 목적으로만 간주하고 결코 수단화하지 않으려는 칸트적 정신의 더 강한 변형"이라고

---

* 다월은 존중 개념 분석에 주목하지만, 존중이 자신을 향할 때는 자존감과 관련된다고 언급한다. 존중과 자존감의 관련성은 많은 학자가 의견을 같이하는 것으로 보인다(Russell 2005:102; Bird 2010:17). 다월은 롤즈가 설명한 자존감(67절의 첫 부분)이 자신의 평가적 자존감과 매우 긴밀한 유사성을 보인다고 분석한다(Darwall 1977:48n18). 그러나 나머지 부분, 특히 자연적 수치심과 자존감의 관련성을 설명하는 부분은 자중감의 태도와 관련된다고 평가한다. 다월은 자중감의 여러 형태 가운데 하나가 평가적 자존감이며, 평가적 자존감은 행위와 성품 등에만 제약된다고 주장한다. 롤즈의 자존감 개념과 다월의 자존감 구분이 완전히 동일하지는 않지만, 많은 학자가 다월의 구분법으로 롤즈의 자존감을 이해하기 때문에 필요에 따라 이 장에서도 다월의 구분법을 따른다.

설명하는데, 이러한 부분은 자존감이 칸트적 의미를 가진다는 해석을 뒷받침한다(Rawls 1999c:171). 이얼Nir Eyal은 『정의론』의 네 군데 (Rawls 1999a:155-157, 225, 437, 511)에 이러한 칸트적 의미의 자존감이 기술되었다고 분석한다(Eyal 2005:202, 214 n23). 일부 학자는 『정의론』에 나타나는 자존감의 개념을 모두 칸트적 의미로 해석해야 한다고 주장하기도 한다. 예를 들어, 도펠트Gerald Doppelt는 평가적 자존감은 너무도 "변덕스럽고, 변화무쌍하며, 그리고 롤즈의 목적과 비교해 볼 때 주관적"이어서 인정적 자존감만을 롤즈의 자존감 개념으로 간주해야 한다고 주장한다(Doppelt 2009:133-134). 유사한 맥락에서 브레이크Elizabeth Brake는 평가적 자존감 개념은 상대적이고 주관적인 평가의 문제를 안고 있다고 지적한다(Brake 2013:62). 브레이크는 따라서 상대적이고 주관적인 평가 문제를 피할 수 있는 인정적 자존감 개념이 자존감의 사회적 토대에서의 자존감 개념에 적합하다고 주장한다.

둘째, 『정의론』에서 롤즈는 때때로 '자존감'과 '자중감'을 동일시한다.* 예를 들어 자존감을 언급한 후에 롤즈는 "공정으로서의

---

* 학자들 대부분이 롤즈와 달리 양자를 구분하는 경향이 있다. 예를 들면, 마갈리트 Avishai Margalit는 "존중respect은 사람들을 평등하게 대우하는 근거인 반면, 존중감 esteem은 사람들을 서열화할 근거를 제시한다"라고 주장한다(Margalit 1996:44). 롤즈 또한 예외적으로 1975년 논문 「A Kantian Conception of Equality」에서는 양자가 구분된다고 명시한다(Rawls 1999c:260). 그러나 롤즈의 그 밖의 저작에서는 이런 구분이 반영되지 않았다. 이로 미루어 롤즈 논의에서 자존감과 자중감은 구

정의론과 대화하기

정의가 다른 원칙보다 자중감을 더 잘 지지한다는 사실 때문에 사람들이 자존감을 채택하게 된다"라고 말한다(Rawls 1999a:386). 롤즈는 『정의론』에서 자존감은 "첫째로 … 인간이 갖는 자기 자신의 가치에 대한 감각a person's sense of his own worth, 즉 자신의 좋음에 대한 자신의 관점 및 인생 계획이 실현할 만한 가치가 있다는 자신의 확고한 신념 등을 포함한다. 그리고 둘째로 자존감은 자신의 의도를 성취하는 것이 자신의 힘이 닿는 한에서 자신의 능력에 대한 자신감을 내포한다"라고 기술하고 있다(Rawls 1999a:386). 비록 자존감의 첫 번째 정의는 "자기 자신의 가치에 대한 감각"이라는 칸트적 의미로 보일 수 있지만, 이를 규정하는 이후 논의가 칸트적 요소가 아닌 자신의 계획과 능력에 대한 신념이라는 점에서 통상적으로 이해되는 자중감 개념으로 이해될 여지가 있다. 롤즈는 인생 계획이 합리적이고 아리스토텔레스적 원칙Aristotelian Principles에 부합하며 자신이 속한 결사체의 구성원에게 인정받는 동반 효과companion effect를 얻을 때 긍정적인 자아상과 삶에 확신이 생긴다고 보았기 때문이다(Rawls 1999a:386-387).** 자존감의 두 번째 정의는 롤즈의 자존감이 자중

분 없이 이해해도 될 것으로 보인다.

** 롤즈의 『정의론』에 따르면 아리스토텔레스의 원칙은 다른 조건이 같다면 인간은 자신의 능력이 실현되어 행사되는 것을 즐기며, 그 능력이 더욱 많이 실현되거나 그 복잡성이 증가할수록 그와 같은 즐거움이 증가한다는 동기유발의 원칙이다(Rawls 1999a:364).

7장: 자존감 - 자존감을 어떻게 보장할 것인가?

감과 동일하다는 것을 더욱 분명히 보여 준다. 심리학에서는 자중감을 다음과 같은 도식으로 표현한다: 자중감self-esteem = 성공successes / 열망aspirations(Thomas 1978:258). 즉 자신의 열망 대비 성공의 비율로, 자신의 사회적 가치를 스스로 존중하는 마음이다. 토마스Larry L. Thomas는 롤즈가 자존감과 자중감을 구분하지 않으며, 롤즈의 자중감 개념은 앞서 언급한 심리학적 견해와 일치한다고 분석한다(Thomas 1978:259, 259 n5). 이얼 또한 자기 능력에 대한 평가를 포함하는 의미인 자중감만이 롤즈가 말하는 자존감이라고 주장한다. 즉 평가적 자존감만이 롤즈의 자존감에 해당된다고 말한다. 그러나 롤즈의 자존감을 모두 평가적 의미의 자중감으로 이해하려는 방식은 앞에서도 언급한 것처럼 자존감을 상대적이고 주관적인 개념으로 간주하게 하여 도덕적 객관성을 상실할 우려가 있다.

　　문헌적으로 볼 때 『정의론』에는 자존감에 칸트적 의미와 평가적 의미가 공존한다. 그렇지만 이 두 가지 의미가 동일한 위상은 아니다. 이와 같이 롤즈의 자존감을 인정적 자존감만으로 해석하려는 도펠트와 브레이크 같은 학자들의 시도는 당위에 근거한 주장일 뿐 롤즈의 『정의론』에서 문헌적으로 뒷받침되지는 않는다. 더욱이 이러한 이해는 평가적 자존감의 의미를 지나치게 폄하하는 것으로 보인다. 오히려 『정의론』 자체에서 칸트적 의미는 소극적으로 표현되는 반면에 자중감의 의미는 적극적으로 부가되기 때문이다. 더욱이 자중감이 더 강조되는 위상은 아래에서 살펴볼 자존감의 공동체적 특성에서 또다시 부각될 것이다. 이러한 위상 차이를 『정의론』의 약점으로 여기는 일부 학자는 롤즈의 자존감에 칸트적 의미를 보강해야 한다고 주장한다. 그러나 롤즈의 자존감에서 칸트적 의미를 강화하는 것은 롤즈의 논의를 다원주의 사회에 부적합한 포괄적 교설comprehensive doctrine로 전락하게 하는 심각한 문제를 일으킨다는 점에서 수용하기 어렵다(Rawls 1993:xv-xvi).

2. 자존감의 공동체주의적 특성

자존감은 기본적으로 주관적이며 심리적인 태도이다(Hill 2014:206). 이는 모든 사람이 갖고 싶어 하는 좋은 것이며 다른 것들을 향유하는 데 필수적인 심리적 조건이다. 이러한 자존감의 주관적이고 심리적인 특성은 가치감과 자신감을 강조하는 롤즈의 자중감 개념에 잘 나타난다. 그러나 롤즈의 자존감 논의는 단순한 심리적 특성만을 의미하는 것이 아니라, 도덕화된 또는 규범화된 개념이라는 점에서 도덕 심리학과 관련된다. 이러한 특징은 사회의 기본 구조에 적용될 수 있는 정의의 원칙을 모색하는 시도와 마찬가지로 자존감의 사회적 의미를 밝히려는 롤즈의 전략으로 파악된다. 롤즈는 사회 구성원의 자존감이 사회 체제의 기본 구조와 공적 토대public rationale에 지대한 영향을 받는다고 본다. 왜냐하면 롤즈는 주관적이고 심리적인 개인의 자존감만으로는 타인의 무관심과 경멸을 견뎌 낼 수 없다고 분석하기 때문이다(Rawls 1999a:297). 롤즈는 자존감이 도덕적 수치심moral shame과 관련된다고 말한다. 도덕적 수치심은 인격적 탁월성의 상실 또는 부재에서 시작된 부정적 자아상으로 인한 자존감 상실

을 의미한다. 따라서 롤즈는 자연적 의무인 상호 존중의 의무가 지켜

지는 사회에서는 자존감을 보존하고 고양할 수 있다고 주장한다.

자존감의 도덕화된 또는 규범화된 개념은 자존감의 공동체

주의적 특징에서 잘 나타난다. 롤즈는 자존감이 보존되고 고양되

는 공간을 개인의 의미가 부여되고 친밀도가 높은 공동체인 결사체

association라고 주장한다(Rawls 1999a:205). 롤즈는 "일반적으로 우리

의 자존감은 다른 구성원의 존중에 의존하며, 다른 구성원이 우리의

노력을 존중하지 않는다고 느낀다면 우리의 목적이 실현할 만한 가

치가 있다는 신념을 견지하기가 불가능하지는 않겠지만 어렵게 된

다"라고 명시한다(Rawls 1999a:155-156). 자이노Jeanne S. Zaino는 이

러한 공동체 내의 다른 구성원의 평가로 자존감 개념이 형성된다는

점에서 자존감의 공동체주의적 또는 사회적 특징이라고 규정한다

(Zaino 1998:745). 이러한 특성은 자존감이 통상 타자의 존중과 무관

하게 인간이 본래 가진 특성인 존엄성에만 근거한다고 보는 칸트적

시각과는 구별된다. 오히려 자존감의 공동체주의적 특성은 자중감,

즉 평가적 자존감 개념과 밀접한 관계가 있다. 롤즈가 자존감이 다른

사회 구성원의 존중에 의존한다고 말할 때 이것은 사회 구성원 전체

의 존중을 의미하는 것이 아니라 자신이 자발적으로 속한 소집단, 즉

롤즈식으로 표현하면 사회적 연합체social unions 구성원의 존중을 의미

한다. 이러한 사회적 연합체로서의 집단은 구성원의 자연적 자산, 능

력, 이해관심, 사회 경제적 지위 등이 비슷하다는 점에서 상대적 평등

을 유지하는 집단, 즉 공유된 가치와 문화를 전제하는 집단으로 볼 수

있다(Rawls 1999a:388). 이런 맥락에서 롤즈는 "이해관심을 공유하고 자신의 노력이 동료에게 인정받는 공동체가 적어도 하나는 있어야 한다"라고 주장한다(Rawls 1999a:388). 이러한 공동체와의 관계 속에서 자중감은 상호주관적 관점으로 객관성을 얻어 도덕적 개념인 칸트적 의미로 재구성된다.

롤즈의 자존감 개념이 타인의 존중에 의존한다는 공동체적 특성은 헤겔에 기원한 인정recognition 개념과 관계가 밀접함을 보여 준다. 특히 롤즈가 자존감을 수치심 그리고 탁월성과의 관계 속에서 설명하면서 "(도덕적 감정으로서의) 수치심은 자존감이 상하거나 자중감에 타격을 받을 경우 갖게 되는 감정"(Rawls 1999a:388)이며, "탁월성(의) … 결함이 나타나면 자존감에 상처를 입고 그에 따라 수치심이 생겨난다"(Rawls 1999a:390-391)라고 말할 때, 테일러, 호네트, 마갈리트 등이 주목한 불인정 개념이 연상된다(Taylor 1992; Honneth 1996; Margalit 1996). 테일러는 인정 개념이 역사적으로 왜 중요하게 되었는지를 명예와 수치심 개념으로 설명하고, 호네트는 인정투쟁의 동기를 인정받지 못한 도덕적 상처에서 찾고 있으며, 마갈리트는 인정받지 못한 모욕감humiliation이 없는 사회인 품위 있는 사회decent society를 구현하고자 한다.

3. 자존감에 대한 동적 해석과 보완된 자존감의 의미

롤즈의 『정의론』에는 자존감 개념이 소극적 차원의 칸트적 의미와 적극적 차원의 자중감의 의미가 위상의 차이에도 불구하고 공존하며, 이러한 양자의 의미가 직접적이든 간접적이든 공동체주의적 성격과 연결된다. 자존감에 관한 기존 논의에서는 이러한 의미와 특성을 연결하여 이해하지 않지만, 이를 동적으로 해석한다면 각각의 의미를 결합하여 새롭게 이해할 수 있다. 비록 롤즈가 명시적으로 설명하지는 않았지만 자존감의 두 가지 의미가 공동체주의적 성격과 결합한다는 것은, 자존감의 의미가 비록 심리적이고 주관적인 특성을 중심으로 제시되었지만 공동체에서 형성되는 상호주관적 관점을 통해 객관성을 얻어 도덕적 개념, 즉 칸트적 의미의 자존감 개념으로 재구성됨을 보여 준다.

롤즈의 자존감을 동적으로 해석하면 자존감의 의미는 칸트적 의미의 부각이 가져올 수 있는 형이상학적 부담을 피할 수 있을 뿐만 아니라, 도펠트나 브레이크가 우려했던 것과 같은 심리적이고 주관적 특성이 초래할 상대주의적 부담도 피할 수 있다. 파인버그Joel Feinberg 와 헬드Virginia Held 등이 자존감을 토대로 권리를 설명하려는 방식을 풀어낸 매시Stephen Massey의 분석에서 확인할 수 있듯이, 시간성을 고려하지 않은 채 칸트적 의미만을 강조한다면 자존감이 독립적 기준으로 작용하지 못하고 도덕적인 권리 개념과 순환하는 오류를 범하기 쉽다(Massey 1995:209-210). 그러나 롤즈의 자존감 개념을 동적으로 해석한다면 도덕적 개념과 거리가 있는 심리적 차원의 의미가 부각되어 칸트적 의미 강조의 한계를 피하면서도 공동체주의적 특성 덕분에 객관성을 확보할 수 있다. 또한 비록 소극적 차원이지만 칸트적 의미의 자존감 개념을 토대로 자중감을 지탱한다는 점에서 심리적이고 주관적인 자존감 개념이 초래하는 상대주의의 문제는 피할 수 있다. 이러한 동적으로 해석한 자존감의 구체적인 내용은 러셀 Daniel Russell의 설명에서 일부 엿볼 수 있다.

"자존감은 자기 자신에 대한 일종의 조화, 즉 자신을 자신이게끔 만들어 주는 것이다. 결론적으로, 어떤 사람은 진정한 우정을 위해 상대방과의 관계에서 스스로 자신을 존중해야 할 것이다. 자존감은 도덕적 성숙함의 한 형태인데, 이러한 성숙함은 사랑할 수 있는 사람의 핵심 성품이며, 사람이 잘 살기 위해 필요한 성품의 하나이다. 그렇다면 자존감은 인간의 바람직한 측면이고 좋은 사람의 성품이기 때문에 자존감은 그 자체로 도덕적으로 적합하다"(Russell 2005:120).

롤즈의 자존감을 동적으로 해석한다면 상대주의적 문제와 형이상학적 문제가 어느 정도 해소될 수 있을 것으로 보인다.

=== 분배 대상으로서 자존감의 사회적 토대

인간의 도덕적 가치를 포괄적으로 설명하는 "좋음에 대한 전체 이론thick theory of the good"은 롤즈의 자존감 개념과 관련된다(Rawls 1999a:348-349). 이러한 자존감 개념이 원초적 입장original position에서 논의되려면 "좋음에 대한 기초 이론thin theory of the good"의 형태로 제시되어야 한다. 좋음에 대한 기초 이론은 정의의 원칙을 도출하기 위해 요구되는 전제의 근거를 제시하는 데 필요한 논의로, 원초적 입장의 당사자가 갖는 동기와 관련해 사회적 기본재화를 이론적으로 설명한다(목광수 2017d). 롤즈는 사회적 기본재화를 근본적인 권리와 자유인 사상의 자유와 양심의 자유 등, 이동의 자유와 다양한 기회의 배경 아래 갖는 직업에 대한 자유로운 선택, 권력과 특권, 소득과 부, 자존감의 사회적 토대로 분류한다(Rawls 2001:58-59). 이러한 사회적 기본재화는 원초적 입장의 합의 당사자들이 정의로운 사회 구현을 위해 어떠한 분배 원칙을 적용할지를 논의할 때 고려하는 분배 대상으로, 사회적 기본재화의 목록은 필요성이 입증되면 새로운 재화가 추가될 수 있다는 점에서 열려 있다(Rawls 1993:181, 1999c:455; Pogge 2007:107). 본 절은 사회적 기본재화인 자존감의 사회적 토대가 무엇이고 이러한 재화가 어떻게 분배되는 것이 롤즈에게 적절한 논의인지를 검토하고자 한다.

1. 사회적 기본재화로서의 자존감의 사회적 토대

롤즈가 언급한 사회적 기본재화의 특징은 세 가지로 정리할 수 있다. 첫째, 롤즈의 사회적 기본재화는 기본적이다. 기본적이라는 의미는 다양한 가치가 공존하는 다원주의 사회에서 모든 합의 당사자가 전 목적적all-purpose 수단과 사회적 조건으로서 더 많이 갖고 싶어 하는 재화라는 뜻이다. 롤즈는 사회 구성원으로 살아가는 합리적인 사람들이 자신들의 인생 계획이 무엇이든지 간에 그들이 원하는 것을 얻기 위한 수단으로서 원하는 재화를 기본재화로 보았다(Rawls 1999a:54). 사회적 기본재화는 사회 구성원의 기대치를 향상하는 데 필수적인 요소이기 때문이다. 특히 롤즈는 1980년 논문에서 다음과 같이 자존감의 사회적 토대를 "가장 중요한 기본재화"라고 강조한다.

> "만약 개인들이 도덕적 존재로서 자기 자신의 가치에 대한 생생한 감각을 갖고 살고자 한다면 그리고 열정을 가지고 자신들의 목적과 자기확신self-confidence을 고양하고 자신의 고차원적 이해관심을 실현하려고 한다면, 자존감의 사회적 토대는… 일반적으로 볼 때 핵심적이다"(Rawls 1980:526).

자존감의 중요성은 『정의론』에서 "자존감이 없다면 어떤 것도 할 만한 가치worth가 없어 보이며, 또한 어떤 것이 우리에게 가치value 가 있더라도 그것들을 추구할 의지를 상실하게 된다. 모든 욕망과 활동은 공허하고 헛된 것이 될 것이며, 우리는 무감각하고 냉소적인 상태에 빠질 것이다. 따라서 원초적 입장의 당사자는 어떤 희생을 치르더라도 자존감을 침해하는 사회적 조건을 피하길 바랄 것이다"라는 문학적인 표현을 통해서도 강조된다(Rawls 1999a:386).

둘째, 롤즈의 사회적 기본재화는 사회적이다. 즉 인간은 사회의 기본 구조에 직접적인 영향을 받는 시민이라는 정치적 관점에서 사회적 기본재화가 필수적이라는 의미이다(Rawls 2001:58). 사회적 기본재화는 자유롭고 평등한 사람들이 시민으로서, 즉 사회의 협력적 구성원으로서 필요로 하는 재화이다. 한편 건강과 정력, 지력과 상상력 등의 기본재화는 또한 사회의 기본 구조의 영향을 받기는 하지만 직접적인 통제 아래 있지 않는다는 점에서 사회적 기본재화와 구별되는 자연적 가치에 해당한다(Rawls 1999a:54). 롤즈는『정의론』초판(1971)에서 사회적 기본재화가 인간 심리의 자연적 사실에만 의존하는지 아니면 어떤 이상을 구체화하는 도덕적 인간관에도 의존하는지에 대해 모호한 태도를 보였다는 점을 인정하면서,『정의론』개정판(1999a)에서 시민은 정의감과 가치관을 가지며, 이는 곧 도덕적 능력이라고 밝혔다. 인간은 이러한 도덕적 능력을 가질 뿐만 아니라 도덕적 능력을 더 많이 계발하고 발휘하는 것에 더 높은 이해관심을 가지려는 존재라고 명시한다(Rawls 1999a:xiii). 이런 의미에서 볼 때, 시민이 두 가지 도덕적 능력을 적절히 계발하고 충분히 행사하려면 자존감의 사회적 토대가 필수적이다.

셋째, 사회적 기본재화는 객관적이다. 사회적 기본재화는 분배 정의론의 분배 대상이기 때문이다. 따라서 사회적 기본재화는 사회 구성원의 행복, 선호, 바람 등과 같은 공리주의적 관점에서의 주관적 대상, 그리고 이상과 같은 추상적 대상과 차별된다(Rawls 2001:60). 앞에서도 언급한 것처럼, 롤즈는 태도로서의 자존감과 사회적 기본재화로서의 자존감의 사회적 토대를 구분하지 못한 점을 인정하며, 사회적 기본재화는 자존감이 아닌 객관적으로 규정할 수 있는 자존감의 사회적 토대라고 명시한다. 이러한 해명을 따른다면,『정의론』초판(1971)과 개정판(1999a)에서 자존감을 사회적 기본재화라고 언급하는 것은 잘못된 것이며 자존감의 사회적 토대가 사회적 기본재화라고 수정해야 할 것이다.

2. 자존감의 사회적 토대

롤즈에게 자존감이란 자신의 가치에 대한 감각과 자기 능력에 대한 자신감을 의미한다. 그러나 롤즈는 이러한 자존감의 사회적 토대가 무엇인지 명시하지 않는다. 다시 말해 어떤 재화가 자기 가치에 대한 감각과 자기 능력에 대한 자신감을 유지하고 고양하는지 분명하게 밝히지 않는다. 본 절은 사회적 기본재화로서의 자존감의 사회적 토대가 무엇인지 규명하고자 한다. 구체적으로는 자존감의 사회적 토대에 자유와 권리, 기회 등의 법적·형식적 재화뿐만 아니라 소득과 부와 같은 물질적 재화가 포함되는지, 그리고 그 밖에 어떤 재화가 있는지 검토한다.

1) 자유와 권리

자존감의 사회적 토대가 자유와 권리라는 주장은 자유와 권리가 자존감 고양에 기여한다는 적극적 측면과 다른 재화, 특히 물질적 재화가 자존감의 사회적 토대에 속하지 않는다는 배타적 논의로 구성된다. 먼저 롤즈는 평등한 정치적 권리가 자존감self-esteem을 고양하고 강화한다고 주장한다(Rawls 1999a:205). 자존감을 고양하려면 개인의 긍정적인 자아상을 지지하는 이해 관심의 결사체를 형성할 수 있어야 하는데, 이러한 결사체가 존재하려면 평등한 권리와 자유가 필수이기 때문이다. 자유를 토대로 형성된 결사체에서 개인의 합리적 활동이 결사체 구성원에게 공적으로 인정받을 때 자존감이 고양된다. 또한 롤즈는 질서 정연한 사회에서 자존감은 자유와 권리에 토대를 둔 평등한 시민성의 지위에 대한 공적 인정을 통해 보장된다고 주장한다. 사회적·경제적 불평등이 초래하는 자존감 훼손보다 정치적·시민적 불평등 그리고 문화적·인종적 차별이 더 심각한 자존감 훼손을 초래하기 때문이다(Rawls 1999a:477-478). 정치적 자유와 권리가 평등하게 향유될 때, 시민들은 자신의 가치를 확신하고 삶에 충실할 수 있다. 따라서 자유와 권리는 자존감의 사회적 토대에 포함된다.

자존감의 사회적 토대에 자유와 권리가 포함된다는 주장에는 학자들 대부분의 의견이 일치한다. 그런데 일부 학자는 이러한 입장에서 더 나아가서 롤즈는 자존감의 사회적 토대에 물질적 재화를 포함하지 않으며, 기본적 자유와 권리만이 자존감의 사회적 토대라는 배타적 주장을 제기한다. 이 주장의 문헌적 근거는 롤즈가 "정의로운 사회에서 자존감의 토대는 개인의 소득이 아니라 기본적 권리와 자유의 공적으로 인정되는 분배"라고 언급한 부분이다(Rawls 1999a:477).* 이러한 배타적 주장을 옹호하는 슈Henry Shue는 자존감

---

* 다음 절에서 논의될 내용처럼 자존감의 사회적 토대에 물질적 재화가 포함될 수 있다는 해석이 타당하다면 정합성을 위해 이 구절은 자유와 권리를 강조하기 위한 수사적 표현으로 이해해야 할 것이다. 또는 물질적 토대가 어느 정도 충족되어 자존감

290
정의론과 대화하기

의 사회적 토대를 자유와 권리로만 국한하고 물질적 재화를 제외하려는 롤즈의 시도는 롤즈에게 필수적이라고 주장한다. 슈는 만약 부와 자존감이 연결되어 있다면, 즉 자존감의 사회적 토대에 물질적 재화가 포함된다면 부가 불평등하듯이 자존감 또한 불평등할 것으로 예측한다(Shue 1975:201). 그런데 롤즈는 경제적 불평등이 일으키는 경제적 인센티브의 효율성에 깔린 심리적 전제, 즉 차등 원칙에 근거한 물질적 불평등을 허용하고 있으므로 물질적 재화의 평등 분배를 통한 자존감의 평등을 옹호할 수 없다. 따라서 슈는 롤즈가 자존감의 사회적 토대에서 물질적 재화를 제외함으로써 물질적 재화와 자존감 사이의 심리적 연결고리를 의도적으로 끊으려 한다고 분석한다(Shue 1975:201).

슈의 이러한 분석은 물질적 재화의 불평등이 자존감의 불평등을 초래한다는 심리적 입장을 전제하고 있다. 그런데 이러한 심리적 전제가 수용할 만한지는 의문이다. 어느 정도의 물질적 재화가 충족된다면 그 이상의 수준에서 물질적 재화가 더 적은 사람이 많은 사람보다 자존감이 더 낮을 것인지 의심스럽기 때문이다. 예를 들어, 만약 사회에서 자신의 미래를 설계하고 진행하는 데 5억 원으로 충분하다고 할 때 10억 원을 가진 사람과 10억 100만 원이 있는 사람 사이에

에 영향을 미치지 못하는 적정 수준의 상황에서 자유의 우선성을 강조하는 표현으로 이해할 수 있다(Penny 2013:340).

서 후자가 전자보다 자존감이 낮다고 볼 수 있을지 의심스럽다. 비슷한 입장에서 마이클맨Frank I. Michelman은 최소치의 보험 권리가 보장되면 자존감은 충족된다고 주장한다(Michelman 1989:340-341). 이러한 논의를 참고한다면 자존감은 높고 낮음을 비교할 것이 아니라 최소치라 할지라도 보장 여부를 따져 보는 것이 더 타당할 것이다. 따라서 롤즈가 자신의 논의를 위해 자존감의 사회적 토대에서 물질적 재화를 제외해야만 했다는 슈의 주장은 의문이다.

2) 물질적 재화

자존감의 사회적 토대에 물질적 재화가 포함되는지를 둘러싼 논의는 크게 세 가지로 구분된다. 첫째는 앞에서 논의된 것처럼 자존감의 사회적 토대에 물질적 재화가 포함되지 않는다는 입장이다. 예를 들어, 슈가 이에 속한다. 둘째는 자존감의 사회적 토대에 물질적 재화가 포함되지만 롤즈가 이를 포함하지 않았다는 입장이다. 예를 들어, 배리Brian Barry는 자존감이 부나 권력의 불평등 때문에 훼손될 수 있다는 것을 롤즈가 인지하지 못한다고 비판한다(Barry 1973:32). 비슷한 맥락에서 밀러David Miller는 경제적 불평등이 사회적 지위가 낮은 사람들의 자존감을 위협할 수 있다는 점을 롤즈가 간과했다고 비판한다(Miller 1978:18). 셋째는 롤즈 또한 자존감의 사회적 토대에 물질적 재화를 포함한다는 해석이다. 그중 본 절은 세 번째 논의에 집중하고자 한다. 만약 세 번째 입장이 정당화된다면 첫 번째와 두 번째 입장은 자연스럽게 부정될 수 있기 때문이다.

롤즈는 자존감의 사회적 토대로 자유가 가장 중요하다고 강조하면서 물질적 재화의 중요성을 간과했지만, 학자들 다수가 자존감의 사회적 토대에는 물질적 재화가 포함된다고 주장한다(Doppelt 1981:274; Cohen 1989:737; Daniels 1989:275-276; McKinnon 2000:491-505). 롤즈 또한 다른 언급에서는 자존감의 사회적 토대에 물질적 재화를 포함하고 있기 때문이다. 예를 들어, 롤즈는 "어느 정도까지는 자기 가치에 대한 인간의 이해는 자신들의 제도적 지위와 소득에 달려 있기도 하다"라고 언급하여 자존감과 물질적 재화에 기초한 사회경제적 지위socio-economic status와의 관련성을 인정한다(Rawls 1999a:478). 또한 롤즈는 "사적 소유권의 근거는 자존감과 독립성을 위한 충분한 물질적 토대를 허용하는 것이며 … 사적 소유권을 보유하고 행사하는 것은 자존감의 사회적 토대 가운데 하나"라고 주장한다(Rawls 2001:114). 더욱이 롤즈는 자존감의 사회적 토대는 정의의 두 가지 원칙에 의해서 가장 효과적으로 조장되고 지지될 수 있다고 주장한다(Rawls 1993:318). 만약 롤즈가 자존감의 사회적 토대에 기본 자유만을 포함하고 싶었다면 두 가지 원칙을 언급하는 대신에 제1원칙만 언급하는 것으로 충분했을 것이다.

더욱이 자존감의 토대에 물질적 재화를 포함하는 것은 상식적으로도 타당하다. 소득이나 부와 같은 물질적 재화는 사회 구성원에게 자신들의 인생 계획이나 능력에 대한 신념을 확증시키기 때문이다. 이얼은 "소득과 부는 자유와 마찬가지로 시민들 자신의 분명한 계획과 능력에 대한 확고한 신념을 발전시킬 가능성을 보장해 줄 수 있

7장: 자존감 - 자존감을 어떻게 보장할 것인가?

다"라고 주장한다(Eyal 2005:208). 포기Thomas Pogge는 평등한 기본 자유가 충분히 보장되는 사회 기본구조에서조차 경제적 불평등이 심각할 때는 사회적 빈자의 자존감이 훼손될 수 있음을 지적한다(Pogge 1989:162). 그러한 사회 구성원은 2등 시민이라는 의식을 갖게 되거나 상대적 박탈감으로 인해 "이유 있는 시기심excusable envy"에 노출될 수 있기 때문이다(Rawls 1999a:468). 이런 점에서 물질적 재화가 자존감의 사회적 토대에 중요하며, 비슷한 맥락에서 롤즈도 "자존감은 차등 원칙에 의해 더 확고하게 강화되고 지지된다"라고 언급한다(Rawls 1993:318, 326). 이러한 이유로 학자들 다수가 용어의 차이가 있음에도 불구하고 자존감의 사회적 토대는 자유와 물질적 재화로 구성된다고 본다.

3) 다양한 재화의 포함 가능성

자존감의 사회적 토대에 자유, 평등, 소득 부 이외에 새로운 재화가 포함될 수 있느냐를 두고 논란이 계속되고 있다. 포기는 롤즈의 사회적 기본재화 목록의 마지막인 자존감의 사회적 토대를 "자존감의 잔여적 사회적 토대residual social bases of self-respect"라고 수정하는데, 그 이유는 롤즈가 자존감의 사회적 토대에 나머지 네 가지 사회적 기본재화를 모두 포함함에 따라 그 외 자존감 관련 목록을 포함하기 위해서라고 언급하고 있다(Pogge 2007:73). 즉 자존감의 사회적 토대에는 롤즈가 명시하는 자유와 권리, 소득과 부, 권력과 특권 등의 사회적 기본재화뿐만 아니라 교육, 여가leisure time 등의 새로운 재화도 포함된다고 주장한다(Pogge 1989:163, 168 n9, 198). 모리아티는 롤즈가 "의미 있는 일meaningful work과 직업의 기회를 얻지 못하는 것은 … 시민들의 자존감에 … 파괴적이다"라고 주장했던 부분을 근거로, 의미 있는 일과 직업의 기회가 새롭게 포함될 수 있는 자존감의 사회적 토대라고 주장한다(Moriarty 2009:441). 자존감의 사회적 토대에 다양한 재화가 포함될 수 있다는 주장은 앞에서 검토했던 사회적 기본재화의 조건을 충족하고 필요성이 입증된다면 새로운 기본재화가 포함될 수 있다는 롤즈의 입장과 상충하지 않는다. 그런데 포기나 모리아티가 사례로 제시하는 재화가 새로운 기본재화라기보다는 롤즈의 사회적 기본재화에 이미 포함된다는 주장이 제기될 수 있다. 약간의 해석만 가미한다면 여가, 교육, 직업의 기회 등은 직업 선택의 자유 또는 기회라는 기본적 재화에 포섭될 수 있기 때문이다.

　　자존감의 사회적 토대가 기존의 기본재화를 모두 포함할 뿐만 아니라 나머지 다른 명시되지 않은 재화까지도 포함한다는 해석이나, 자존감의 사회적 토대가 사회적 기본재화의 기존 네 가지 재화와 동일하다는 해석은 모두 롤즈의 사회적 기본재화가 중복되었다는 의미를 내포한다. 자존감의 사회적 토대에는 사회적 기본재화의 기존 네 가지 재화가 다시 자존감의 사회적 토대로 중복되어 나타나기 때문이다. 이러한 중복은 자존감의 사회적 토대가 갖는 독립적 의미가 무엇인지, 그리고 더 나아가서 그 존립 근거가 무엇인지 의문을 제기한다. 앞에서 언급한 대로 포기는 이러한 중복을 피하기 위해 자존감의 사회적 토대를 자존감의 잔여적 토대로 표현하는데 이는 사회적 기본재화가 명시되지 않음을 보여 준다. 명시되지 않았다는 것은 행위의 근본적인 동기를 유발할 정도로 중요한 가치인 자존감을 충족하는 데 필요한 다양한 재화를 포함할 여지를 마련해 준다는 점에서 유연성 있는 논의로 볼 수 있다. 그러나 이러한 기본재화의 중복과 명시되지 않음은 롤즈 논의의 특징인 명료함과 단순함의 미덕the merit of simplicity을 훼손한다(Rawls 1999a:129, 456-457).* 사회적 기본재화가 명료하게 구분되는 다섯 가지로 한정되지 않고 자존감의 사회적 토대의 목록은 필요에 따라 제한 없이 추가될 여지가 있을 뿐만 아니라, 자존감의 사회적 토대가 다른 재화와 명확히 구분되지도 않기 때문이다. 이상의 자존감의 사회적 토대에 대한 논란은 자존감이 다양한 사회적 기본재화들과 관련된다는 점과 이러한 관련성으로 인해 롤즈 논의의 명료함과 단순함이 훼손될 수도 있음에도 불구하고 보존할 가치가 크다는 사실을 시사한다.

3. 분배 원칙

앞의 논의는 자존감의 사회적 토대에 롤즈의 사회적 기본재화

---

* 단순함의 미덕은 복잡하지 않다는 구조적 장점뿐만 아니라, 전제를 최대한 약하고 간단하게 구성하여 결론을 도출함으로써 얻게 되는 설득직 효과라는 의미 또한 담고 있다. 롤즈에 따르면, 좋은 이론의 조건으로 제시되는 단순성의 요구사항the requirement of simplicity은 다른 것들이 동일하다면 사용되는 원칙의 개수에 따라 어떤 설명explication이 만족스러운지가 결정된다는 것이다(Rawls 1999c:9).

인 자유와 권리, 소득과 부, 기회뿐만이 아니라 다른 재화도 새롭게 포함될 수 있음을 밝혔다. 롤즈는 자존감의 사회적 토대가 두 가지 원칙에 의해 적절히 분배되어야 한다고 주장한다(Rawls 1993:318). 앞의 논의를 정리해 볼 때 롤즈는 자존감의 사회적 토대로서의 자유와 권리를 중요한 재화로 간주한 것은 분명할 것이다. 따라서 이러한 기본적 자유와 권리는 정의의 제1원칙에 의해 평등하게 분배되어야 한다. 롤즈는 『정의론』 82절에서 자유의 우선성은 "자존감의 사회적 토대에서의 평등"을 함축한다고 말하는데 여기에서 평등 분배 논의는 맥락상 자존감의 사회적 토대들 가운데 자유를 언급한 것으로 볼 수 있다(Rawls 1999a:129, 456-457). 또한 자존감의 사회적 토대를 구성하는 의미 있는 일을 할 기회나 권력 등은 제2원칙인 공정한 기회균등의 원칙으로 분배될 수 있다. 오킨은 성차별적인 사회에서 여성을 특정 직업군에서 배제하는 것, 즉 직업을 선택하는 데 공평한 기회균등의 원칙이 적용되지 않는다면 여성의 자존감이 훼손될 우려가 있다고 강조한다(Okin 2005:242). 이상에서 살펴본 것처럼, 자존감의 사회적 토대의 일부 재화는 제1원칙인 평등한 자유의 원칙과 제2원칙인 공정한 기회의 균등 원칙에 의해 분배될 수 있다. 그런데 자존감의 사회적 토대로서의 물질적 재화는 어떻게 분배해야 하는지에 대한 논란이 야기되고 있다. 본 절은 물질적 재화와 관련된 분배 원칙이 무엇인지를 중심으로 논의하고자 한다.

1) 자존감의 물질적 토대에 대한 분배 원칙 논란 검토

롤즈는 자존감의 사회적 토대, 특히 물질적 재화가 차등 원칙에 의해 분배된다고 주장한다(Rawls 1993:318, 326). 차등 원칙은 최소수혜자the least advantaged에게 이익이 될 때만 사회적 · 경제적 불평등이 허용될 수 있다는 우선성 입장the priority view or prioritarianism의 정신을 담고 있다. 그런데 만약 롤즈가 주장하는 것처럼 자존감의 사회적 토대가 대단히 중요한 재화라면 차등 원칙이 아닌 평등 원칙으로 분배되어야 한다는 주장이 제기될 수 있다. 롤즈가 원초적 입장의 당사자들은 자존감 없이는 아무것도 할 만한 가치가 없어서 어떤 희생을 치르더라도 자존감이 훼손되는 사회적 조건을 피하고 싶어 한다고 주장했기 때문이다. 자존감이 이렇게 원초적 입장의 당사자들에게 중요하게 인식된다면 자존감의 사회적 토대, 특히 물질적 재화가 차등 원칙으로 분배된다는 것은 이해하기 어려워 보일 수 있다. 물질적 불평등을 인정하는 차등 원칙은 물질적 불평등으로 인한 자존감 상실을 허용할 것이기 때문이다. 오히려 원초적 입장의 당사자들은 평등 원칙에 따른 물질적 재화의 분배를 더 타당하다고 볼 수 있다. 이얼은 이런 입장을 견지하며 "자존감의 사회적 토대를 평등하게 분배하라"라는 롤즈의 '은밀한covert' 원칙이 롤즈 정의론에 포함되어야 하며, 두 가지 원칙보다 우선성을 갖는다고 주장한다(Eyal 2005:197). 은밀한 원칙을 통한 물질적 재화의 평등한 분배가 시민들의 가치관에 대한 가치와 실현 가능성에 대한 공적 신뢰를 마련해 주기 때문이다(Eyal 2005:208). 이얼은 은밀한 원칙이 포함됨으로써 롤즈 정

정의론과 대화하기

의론은 물질적 재화에 대해 때로는 최소극대화 규칙maximin rule을, 때로는 평등분배를 적용하는 비일관성이 나타난다고 비판한다(Eyal 2005:209).* 이얼의 비판이 정당하다면 롤즈의 정의론은 두 가지 원칙이 아닌 세 가지 원칙으로 구성되어야 할 뿐만 아니라 물질적 재화에 대한 분배에서는 비일관적이라는 심각한 문제에 봉착한다. 이러한 평등 분배가 롤즈 논의의 토대가 되는 심리적 동기부여 경향성과 충돌하기 때문이다(Shue 1975:200). 롤즈는 물질적 분배를 차등 분배할 때 효율성이 증진된다는 심리적 전제를 하고 있으므로 "만약 소득과 부에서의 불평등이 … 존재함으로써 그것이 최초의 평등이라는 기준점과 비교해서 모든 사람의 처지를 향상하도록 작동한다면, 왜 이러한 불평등과 차등을 허용하지 말아야 하는가?"라고 되묻는다 (Rawls 1999a:130-131). 롤즈는 이러한 심리적 전제에서, 『정의론』

---

* 롤즈가 인정한 것처럼 비록 『정의론』에서 명확히 구분하지는 못했지만(Rawls 2001:43 n3), 이후 1974년 논문에서 최소극대화 규칙the maximin rule과 최소극대화 기준 또는 최소극대화 형평 기준the maximin equity criterion을 명확히 구분하고 있다(Rawls 1999c:172). 최소극대화 규칙은 불확실한 조건에서의 합리적 의사결정 이론과 관련된 규칙으로 최소 가운데 최대를 추구하는 규칙인 반면에, 최소극대화 형평 기준은 차등 원칙을 의미한다. 이얼은 자신의 논문에서 이러한 구분에 대한 고려 없이 최소의 이익을 극대화한다는 일반적 의미로 최소극대화를 사용하고 있다. 롤즈의 구분법에 따르면 이러한 이얼의 최소극대화는 최소극대화 규칙으로 볼 수 있다. 따라서 이 글은 이얼의 최소극대화는 최소극대화 규칙으로 규정하며, 최소극대화 평형 기준은 이 장의 차등 원칙 해석에 따라 최소치 보장 아래 최소극대화 규칙을 포함하는 기준으로 규정한다.

7장: 자존감 - 자존감을 어떻게 보장할 것인가?

개정판(1999a)에는 빠졌지만 "모든 기본재화의 평등한 분배는 어떤 불평등을 수용함으로써 모든 사람의 처지를 개선할 가능성을 고려해 볼 때 비이성적irrational이다"라고 언급하며 강한 비판을 제기한다 (Rawls 1971:546).

자존감의 사회적 토대에 대한 평등 분배를 주장하는 이얼의 논의는 의심스러운 두 가지 내용을 전제한다. 첫째, 자존감의 사회적 토대가 정의의 두 가지 원칙 가운데 하나의 원칙에 의해서만 분배되어야 한다는 전제이다. 이얼은 자존감의 사회적 토대에 자유가 포함되므로 자유를 우선시하는 것과 마찬가지로 자존감의 사회적 토대도 우선시될 수 있다고 추론한다. 그런데 이러한 추론은 자존감의 사회적 토대를 구성하는 다양한 재화가 하나의 원칙에 의해서만 분배된다는 전제에 근거한 것으로 보인다. 『정의론』 제1부에서 기술된 사회적 기본재화와 정의의 원칙을 고려해 볼 때 이러한 전제는 그럴듯하다. 그러나 사회적 기본재화가 반드시 하나의 원칙으로 분배될 필연적 이유는 없으며 어떤 기본재화에 대해 두 가지의 분배 원칙이 적용된다고 하더라도 논리적 오류라고 볼 수 없다. 더욱이 이미 검토한 것처럼 자존감의 사회적 토대는 다양한 기본재화를 포함하고 있다는 점에서 하나의 원칙으로 분배될 수는 없어 보인다. 예를 들어, 자존감의 사회적 토대의 내용에 포함된 자유의 경우는 제1원칙인 평등한 자유의 원칙에 의해서 분배될 것이지만 교육이나 일work은 제2원칙인 공정한 기회균등 방식으로 분배되는 것이 적절할 것이기 때문이다.

둘째, 이얼은 사회경제적socio-economic 불평등이 자존감의 불평등을 일으킨다는 심리적 토대에 근거를 두고 있는데 이러한 전제는 타당성이 다소 떨어진다(Penny 2013:342). 앞에서도 언급했듯이 물질적 재화가 어느 정도 충족되면 물질적 재화로 인한 자존감의 불평등이 발생하지 않을 것으로 보이기 때문이다. 롤즈 또한 물질적 재화의 차등 분배가 자존감을 훼손하지 않을 수 있다는 입장을 지지하는 것으로 사료된다. 롤즈는 다음과 같이 질서 정연한 사회에서의 물질적 재화와 자존감의 관계를 설명한다.

"질서 정연한 사회에서 … 그 구성원들은 [물질적 재화의 차등 분배로 인한] 그들의 상대적 지위 그 자체에 대해서는 거의 관심을 두지 않는다. 우리가 검토한 바와 같이, 그들은 시기와 질투에 크게 영향을 받지 않으며 대부분의 영역에서 사회적으로 멀리 떨어진 타인들이 누릴 더 큰 즐거움과 향락으로 인해 의기소침함 없이, 그들 자신의 인생 계획과 자신이 속한 결사체의 계획에 따라 판단되는 것을 그들의 최선인 것으로 행동한다"(Rawls 1999a:477〔 〕는 필자 첨가).

여기서 언급되는 질서 정연한 사회는 정의의 두 가지 원칙이 잘 적용된다는 점에서 만약 앞으로 논증할 것처럼 차등 원칙이 최소치 보장을 전제로 최소극대화 규칙 추구를 함축하는 최소극대화 형평 기준이라면 이미 물질적 재화의 최소치 보장이 이루어졌다고 볼 수 있다. 그리고 이러한 최소치 보장이 이루어진다면 롤즈의 언급대로 자신의 인생 계획을 추구하는 데 제약이 없을 것이다. 즉 경제적 불평등이 자존감 훼손으로 이어지지 않을 수 있다. 이런 의미에서 롤즈는 차등 원칙이 적용된다면 이유 있는 시기심이 경제적 불평등에 적용되지 않는다고 주장한다.

2) 자존감의 물질적 토대와 차등 원칙

앞에서 검토한 것처럼 자존감의 물질적 토대가 차등 원칙이 아닌 평등 원칙에 따라 분배되어야 한다는 주장은 의심스럽다. 이러한 주장은 자존감의 사회적 토대가 다양한 원칙으로 분배될 수 있다는 점을 간과하고 있을 뿐만 아니라 물질적 불평등이 자존감의 불평등을 초래한다는 의심스러운 심리적 전제가 깔려 있기 때문이다. 앞절의 논의가 자존감의 물질적 토대와 관련된 분배 논쟁에 대한 소극적 대응이었다면, 본 절은 자존감의 물질적 토대가 차등 원칙에 의해 분배된다는 적극적 대응을 제시하고자 한다. 여기서 강조하고 싶은 것은 차등 원칙이 최소치 보장을 전제로 최소극대화 규칙 추구를 포함하는 최소극대화 형평 기준이며, 자존감의 물질적 토대를 차등 원칙으로 분배한다는 것은 최소치 보장을 추구한다는 점이다.* 적정 수

---

* 최소치 보장주의sufficitarianism는 기본적으로 사람들이 충분한 물질적 자원을 갖는 것이 도덕적으로 중요하다는 주장과 일단 모든 사람이 충분한 물질적 자원을 가지면 어떤 사람이 더 많이 갖고 더 적게 갖는 것은 절대적으로 도덕적 의미를 갖지 않

준의 물질적 토대가 마련되면 자존감이 충족된다는 전제에서 볼 때 차등 원칙의 이러한 의미가 확인된다면 차등 원칙이 자존감의 사회적 토대의 물질적 재화를 분배하는 데 적합한 분배 원칙임을 알 수 있을 것이다.

차등의 원칙이 최소치 보장을 전제로 최소극대화 규칙 추구를 포함하는 분배 원칙이라고 해석할 수 있는 근거는 세 가지로 볼 수 있다. 첫째, 롤즈는 차등 원칙이 최소치 보장과 관련된 박애 정신을 담고 있다고 주장하기 때문이다. 학자들 다수가 차등 원칙을 최소극대화 규칙과 동일시하는 것과 달리 롤즈는 양자가 뚜렷이 구별되는 서로 다른 논의임을 명시한다(Rawls 2001:43 n3). 차등 원칙이 다른 분배 원칙보다 우월하다고 주장하기 위해 불확실한 조건에서의 결정인 최소극대화 규칙을 사용하지 않기 때문이다. 롤즈는 차등 원칙이 여타 분배 원칙보다 우월함을 보이고자 차등의 원칙은 보상의 원칙이 추구하는 정신과 호혜성을 추구하며 박애 정신을 담고 있다고 주장한다(Rawls 1999a:86-92). 이러한 특징 가운데 박애 정신은 차등 원칙이 최소치 보장을 전제하고 있음을 보여 준다. 롤즈에 따르면 박

는다는 주장으로 구분할 수 있다(Casal 1997). 그런데 차등 원칙은 첫 번째 주징과는 양립할 수 있지만 두 번째 주장과는 양립할 수 없다는 점에서 최소치 보장주의로 볼 수 없다. 차등 원칙은 최소치 보장 이후에는 최소극대화에 따라 최소수혜자에게 이득이 될 때만 경제적 불평등이 허용된다는 도덕적 의미를 부여하고 있기 때문이다. 이런 의미에서 이 글은 차등 원칙을 최소치 보장주의와 우선성 입장이 결합한 분배 원칙으로 이해한다.

애는 복종과 굴종의 방식 없이 다양한 공공적 관습에서 나타나는 사회적 존중감social esteem을 어느 정도 동등하게 갖는 것이며, 시민적 우애와 사회적 연대감을 의미한다(Rawls 1999a:90). 이러한 의미로 인해 차등 원칙은 정의의 두 가지 원칙의 사회가 불운한 사람들이 경쟁에서 뒤처지도록 내버려 두는 식의 평등한 기회에 입각한 실력주의 사회meritocratic society로 전락하지 않게 한다. 롤즈는 차등 원칙이 이렇게 사회의 성격 자체를 바꾸게 되는 것은 자존감의 사회적 토대를 고려하고 질서 정연한 사회가 사회적 결사체들의 사회적 통합체라는 사실을 주목할 때 더욱 명백해진다고 주장한다(Rawls 1999a:91). 롤즈의 차등 원칙의 박애 정신 설명에서 알 수 있듯이 차등 원칙은 최소수혜자에게 조금의 이익이 있는 것만으로 심각한 경제적 불평등을 용인하는 것이 아니라 최소수혜자를 포함한 사회 구성원 전체의 자존감이 유지될 수 있을 정도에 해당하는 적정 수준 이상의 경제적 수준을 유지하게 하는 기능을 한다.

둘째, 차등 원칙이 최소치 보장을 전제한다는 것은 배경적 제도background institutions 설명에서도 알 수 있다. 롤즈는 분배적 정의가 실현되는 적절한 체계, 예를 들면 재산소유 민주주의 체계의 배경적 제도를 설명하면서 다양한 정책을 통한 사회적 최소치 보장을 제시한다(Rawls 1999a:243). 롤즈 논의에서 물질적 재화와 관련된 원칙은 차등 원칙인데 이러한 설명과 일관되게 차등 원칙을 해석하려면 차등 원칙이 적정 수준의 최소치를 토대로 이루어지는 원칙으로 보아야 할 것이다. 롤즈는 차등 원칙이 이론상으로는 혜택을 적게 받는 사람에게 사소한 이득을 주는 대신에 무한히 큰 불평등을 허용할지는 모르나, 실제로는 배경적 제도로 인해 소득과 부의 간격이 그리 크지 않게 된다고 주장한다(Rawls 1999a:470). 이러한 입장은 롤즈의 차등 원칙과 일반적인 정의 원칙 사이의 관련성 속에서도 발견된다. 롤즈는 차등 원칙이 포함된 특수한 정의관을 일반적인 정의관으로부터 도출하는데, 일반적인 정의관의 차등 원칙 부분은 다음과 같다. "모든 사회적 가치―자유, 기회, 소득, 재산 및 자존감의 사회적 토대―는 이러한 가치의 일부 또는 전부의 불평등한 분배가 모든 사람에게 이익이 되지 않는 한 평등하게 분배되어야 한다"(Rawls 1999a:54). 롤즈의 차등 원칙은 평등한 분배보다는 사회 구성원 모두에게 이익이 되는 방식일 때만 정당화된다고 볼 수 있다. 그리고 그러한 평등한 분배는 사회 구성원에게 사회적 최소치와 유사한 수준에서 설정될 것으로 예측된다. 따라서 이러한 논의는 차등 원칙이 적정 수준의 최소치를 전제하고 있음을 보여 준다.

셋째, 차등 원칙의 조건인 정의로운 저축의 원칙에서 차등 원칙이 최소치 보장을 전제한다는 것을 알 수 있다. 롤즈의 정의로운 저축의 원칙은 동일 세대intragenerational 맥락에서의 분배 정의인 차등 원칙의 세대 간intergenerational 맥락에서의 형태이다(Mckinnon 2012:32). 이는 차등의 원칙과 정의로운 저축의 원칙이 긴밀하게 관련되어 있음을 의미하는데 롤즈는 제2원칙인 차등 원칙의 성립 조건으로 최소 수혜자에게 이익이 되어야 정의로운 저축의 원칙이 충족되어야 함을 명시하고 있다(Rawls 1999a:266). 차등의 원칙이 정의로운 저축의 원칙과 양립해야 한다는 조건이 『정의론』 44절 세대 간 정의와의 관련성 속에서 현세대와 미래 세대와의 관계에서만 이해되고 있지만, 정의로운 저축의 원칙을 세대 간 정의의 정신에 맞춰 보면 과거 세대와 현세대의 최소치 보장 조건으로도 해석할 수 있다. 정의로운 저축의 원칙은 현세대가 적정 수준의 문명과 질서 정연한 사회를 이룩하는 데 필요한 최소치를 미래 세대에게 보장해 주려는 방안인 동시에 현세대가 이전 세대로부터 부여받은 최소치를 전제하는 방안이기 때문이다. 이러한 맥락에서 롤즈는 충분히 협력적인 사회 구성원이 되기 위해 최소한의 핵심 요소들이 요구된다고 주장한다(Rawls 2001:175). 롤즈는 원초적 입장의 합의 당사자들이 정의의 요건을 모두 알고 있다고 언급하는데, 그렇다면 세대 간 정의에는 임밀한 의미는 아니지만 일종의 상호성이 담겨 있다고 볼 수 있다. 세대 간 정의가 원초적 입장의 합의 당사자에게 "이전 세대가 너에게 했던 것처럼 너도 미래 세대에게 하라"라는 지침이 될 수 있다는 점에서 결과적으로 상호성의 원칙과 닮았기 때문이다(Freeman 2007:138-139).

이상의 논의에서 보듯이 롤즈의 차등 원칙은 자존감을 충족할 수 있는 최소치를 보장한 이후에 최소극대화 규칙 추구를 포함하는 최소극대화 형평성 기준으로 해석될 수 있다. 차등 원칙에 담긴 최소수혜자의 이익을 극대화하라는 최소극대화 규칙은 앞에서 언급된 것처럼 우선성 가치를 담고 있다. 따라서 차등 원칙은 최소치 보장과 우선성 가치가 결합한 형태로 볼 수 있다. 이러한 해석은 『정의론』의 여타 논의들과 일관성을 유지할 수 있으면서도 그동안 자존감의 사회적 토대 분배와 관련되어 제기되었던 롤즈에 대한 비판에 적절히 대응할 수 있다는 장점이 있다. 차등 원칙에 대한 이러한 해석이 타당하다면 롤즈의 논의는 이얼이 주장하는 것과 같은 비일관성이나 새로운 원칙을 추가해야 한다는 문제에 봉착하지 않으면서도 롤즈의 두 가지 원칙을 적절히 조화하여 자존감의 사회적 토대를 효과적으로 분배할 수 있게 하기 때문이다.

▆▆ 자존감 존중의 정의로운 사회를 향하여

지금까지 롤즈의 『정의론』에서 가장 중요한 가치로 인정되는 자존감과 정의의 분배 대상인 자존감의 사회적 토대가 무엇인지를 규명하고 그 의미를 해명했다. 구체적으로, 『정의론』에서 자존감 개념이 소극적 차원의 칸트적 의미와 적극적 차원의 자중감의 의미가 위상의 차이에도 불구하고 공존하며, 이러한 양자의 의미가 공동체주의적 성격과 연결되어 있다고 분석했다. 그리고 이러한 분석을 토대로 자존감의 사회적 토대에 롤즈가 제시한 사회적 기본재화뿐만 아니라 자존감 확보에 필요한 새로운 사회적 기본재화도 포함될 수 있다고 주장했다. 또한 이러한 자존감의 사회적 토대에 해당하는 재화들은 정의의 두 가지 원칙이 협업함으로써 효과적으로 분배될 수 있음을 규명했다. 따라서 자존감의 사회적 토대에는 물질적 재화뿐만 아니라 다른 재화도 추가될 수 있음을 밝혔다.

이 장에서 다룬 논의는 롤즈의 자존감 논의가 『정의론』의 일관성과 정합성을 유지하면서도 현대 사회에서 요구되는 인정 가치를 적극적으로 수용할 수 있음을 보여 준다. 한국 사회에서 자존감을 보장하고 고양하기 위해서는 롤즈의 자존감 논의에서 볼 수 있는 것처럼 사회적 차원에서 최소한의 경제적 토대가 마련되고 제도가 정비되어야 한다. 사회 구성원에게 최소한의 경제적 기반과 자유 및 권리가 보장되어 일터에서의 민주주의가 확립된 사회에서는 갑질이 더 이상 발붙일 수 없을 것이다. 더 나아가서 친밀감을 공유하는 결사체들이 자유롭게 형성된다면 사회 구성원의 자존감은 고양될 것이다.

"
———
"

66

인간관과 사회관

어떻게 합당한
다원주의 사회를
이룰 것인가?

99

한국 사회에서의
부정의 논의

\# 2014년 4월 16일 인천항을 떠나 제주도로 향하던 세월호가 진도군 병풍도 부근에서 침몰했다. 이 사건으로 수학여행을 가던 단원고 학생들을 포함해 승객 304명이 사망하거나 실종되었다. 이 참극은 한국 사회의 만연한 부정의의 민낯을 드러냈다. 사고 발생 이전에는 비용 절감을 위해 여객선의 선령 제한을 완화한 규제 완화 정책이나 경제적 이익을 위한 무리한 증축과 개조로 언제든 사고가 일어날 조건이 마련되어 있었다. 사건 발생 후에도 부정의는 이어졌다. 정부의 구조 행태는 안일하고 무책임했다. 언론은 통제되었고, 왜곡 보도가 쏟아졌다. 우리 사회 일부 세력은 세월호 희생자들을 조롱하거나 비하하고 진실 규명을 회피했다. 이 사고로 한국 사회에 존재하는 비윤리성과 부재한 공동체성이 여실히 드러났다. 2017년 세월호 진실 규명을 약속하고 문재인 정부는 정권교체에 성공하였지만 2021년 현재까지 진실은 여전히 밝혀지지 않고 있다.

\# 한국 사회는 1997년 외환위기를 거치며 사회적 고통을 집단적으로 겪었다. 외환위기로 외환보유액이 39억 달러까지 급감하여 국제금융기구IMF에서 195억 달러의 구제금융을 받으면서 한국 경제는 IMF가 요구하는 경제체제를 수용하고 그 요구에 따라 대내적인 국가경제 구조조정이 이루어져 대량 해고와 경기 악화를 경험했다. 2001년 IMF 관리 체제가 공식적으로 종료되었지만, IMF 체제 이후 한국 사회는 물질주의적 관심이 고조되고 공동체성이 약화되었다. 이러한 경향은 계속되어 2015년에 들어서는 "헬조선"이라는 신조어가 등장했고 사회 구성원들이 각자도생해야 한다는 분위기가 만연했다.

▬▬ 인간관과 사회관에 따른 정의 전략

롤즈는 자신의 정의론을 오해하지 않으려면 『정의론』 제3부를 제대로 이해하는 것이 중요하다고 말한다(Rawls 1999a:xviii). 『정의론』 제3부는 정의론의 토대인 좋음에 대한 논의, 정의감과 사회, 안정성을 위한 인간관과 사회관 등의 도덕 철학 논의들을 다양하게 담고 있다. 이 중 핵심 개념은 사회관과 인간관이다. 롤즈는 『공정으로서의 정의: 재서술』(2001)을 시작하면서 정의론의 토대가 되는 근본 관념 여섯 가지 가운데 핵심인 구성적 관념이 '공정한 사회 협력체계로서의 사회' 관념이고, 이에 동반하는 관념이 '인간관'과 '질서 정연한 사회' 관념이라고 명시하고 있기 때문이다.* 정의의 두 가지 원칙을 구성하여 제시하는 『정의론』 제1부에서는 인간관과 사회관만을 간략하게 다루는데, 제3부에 제1부의 논의를 뒷받침하는 논의가 담겨 있다. 따라서 이 부분에 대한 고찰은 『정의론』 전체를 이해하기

---

* 나머지 세 가지 근본 개념은 기본구조 관념, 원초적 입장 관념, 정당화 관념(중첩적 합의, 반성적 평형, 공적이성 관념)으로 정의관의 도출 및 정당화와 관련된 개념들이다.

위해 중요하다. 그렇다면 롤즈의 인간관과 사회관은 무엇인가? 특히 롤즈의 정의론 3부작인 『정의론』(1971), 『정치적 자유주의』(1993), 『만민법』(1999)에서도 인간관과 사회관은 일관성을 유지하는가? 만약 일관적이지 않다면, 그 이유는 무엇일까? 특히 이러한 차이를 롤즈 정의론에 대한 비판들과의 관련성 속에서 이해해 본다면, 롤즈의 사회관 변화를 하나의 연속선상의 과정으로 이해할 수 있지 않을까?

　　　이 장은 롤즈의 인간관과 사회관을 통시적으로 분석하여 롤즈 정의론이 사회의 발전 단계에 따라 어떻게 적용되는 것이 적합한지를 제시하고자 한다. 먼저 인간의 한 유형으로서 『만민법』에서 말하는 합의 주체인 사회 또는 인민people과 국내 사회domestic society의 한 유형으로서 전 지구 사회global society를 재해석하는 과정이 필요하다.** 이 장은 사회 발달 단계별로 롤즈의 정의론 3부작을 구분하므로, 전 지구 사회가 국내 사회의 어떤 발달 단계에 해당하는지 재해석할 필요가 있기 때문이다. 또한 『만민법』에 대한 이러한 재해석을 바탕으로 롤즈의 인간관과 사회관을 정의론 3부작에서 비교하고자 한다. 이러한 비교는 사회의 다양성이 줄어들면서 안정성이 높아지는 방향으로, 즉 통시적으로 재구성하여 롤즈 정의론 3부작이 하나의 연속선상

**　인간관과 사회관 유형의 하나로 『만민법』을 해석하는 것이 적절한지에 대해서는 논란의 여지가 있을 수 있다. 이러한 재해석은 롤즈의 정의론 3부작을 인간관과 사회관의 관점에서 분류하려는 시도에 필요한 작업이다. 필자는 이러한 시도 자체가 논리적으로 부당하지 않으며 가능하다고 생각한다.

의 발달 과정에서 설명될 수 있음을 보이고자 한다. 본문에서 논증하겠지만, 공시적 입장에서 집필된 롤즈의 정의론 3부작을 통시적 관점에서 재구성하면, 출간 순서와 달리 다원성이 약화되는 정도에 따라 『만민법』에서 『정치적 자유주의』, 『정의론』의 순서로 사회가 포괄적 교설comprehensive doctrine과 가치를 더 많이 공유하는 것을 알 수 있다.* 이러한 통시적 분석으로 어떤 사회의 모습에 어떤 정의관이 적절한지 파악할 수 있다. 도덕 체계는 사회 구조와의 상관성에서 정당성과 현실성feasibility을 확보할 수 있기 때문이다(황경식 2012:45-46). 부수적으로 이런 분석은 롤즈에게 제기되었던 중요한 반론과 비판이 롤즈가 전제하는 사회관이나 인간관과 다른 관점에서 비롯되었다는 점을 보여 줄 것이다

다원성이 감소하는 방향으로 사회가 변화한다고 가정한다면, 롤즈의 정의론 3부작은 통시적으로 단순 다원주의simple pluralism 사회를 배경으로 하는 『만민법』, 합당한 다원주의reasonable pluralism 사회를 배경으로 하는 『정치적 자유주의』, 단일한 자유주의 포괄적 교설 liberal comprehensive doctrine 사회를 배경으로 하는 『정의론』의 순서로 볼 수 있을 것이다. 다원성 감소는 합당한 포괄적 교설과 합당하지 않은

---

* 롤즈에 따르면 포괄적 교설은 개인의 삶 전반에 영향을 미치는 도덕적, 철학적, 종교적 견해로서 개인의 실천적, 규범적 토대에 해당한다(Rawls 1993:441). 포괄적 교설은 개인의 삶의 가치관과 동기부여의 토대로서 삶의 전반에 실천력으로 나타나는 토대가 된다.

포괄적 교설의 공존에서 합당한 다원주의로 이어지며, 더 나아가서 단일한 포괄적 교설로 전개된다. 이와 같이 사회가 거시적 관점에서 변화한다는 전제는 사회학자 다수가 수용하는 전제이며, 근대 사회계약론이 자연 상태state of nature에서 문명사회로의 전환을 전제하는 것처럼 어느 정도 경험적 타당성을 확보할 수 있다. 그러나 이러한 논증은 사회의 변화 과정에서 이루어질 수 있는 발전 단계를 구분한 것이지 어떤 단계가 다음 단계로 변화하는 것이 바람직하다는 것을 의미하는 것은 아니다. 정의론을 통시적으로 분석한다면 사회 변화 단계에 적합한 정의론을 파악하고 실질적 전략을 마련할 수 있을 것이다.

===== 단순 다원주의 사회에서의 정의

롤즈의 정의론 3부작 중 전 지구 사회에서의 정의관을 다루는 『만민법』(1999)이 가장 나중에 기술되었지만 다원성이 가장 확장된 사회를 배경으로 하고 있다고 볼 수 있다. 따라서 이는 사회의 다양성이 줄어들면서 안정성을 도모하는 방향이라는 통시적 관점에서 볼 때, 가장 먼저 검토할 논의이다. 롤즈가 제시한 합당한 다원주의와 단순 다원주의의 구분법에 따르면, 『만민법』은 합당성을 거부하는 포괄적 교설 그리고 다른 포괄적 교설을 파괴하려는 교설까지도 존재하는 단순 다원주의 사회로 보이기 때문이다.

8장: 인간관과 사회관 - 어떻게 합당한 다원주의 사회를 이룰 것인가?

1. 『만민법』의 인간관과 사회관

『만민법』은 전 지구 사회에서의 인민 또는 사회를 합의 주체로 보지만, 다른 저작들과의 비교를 위해서는 합의 주체를 국내 사회에서와 마찬가지로 인간관의 차원에서 검토할 필요가 있다. 이러한 전제에서 볼 때, 『만민법』의 합의 주체인 자유주의 사회와 비자유주의의 적정 수준 사회illiberal decent people는 자유주의 인간관과 비자유주의 인간관 모두를 『만민법』이 수용한다고 해석할 수 있다. 다만 이러한 비자유주의 인간관은 인간에게 폭력적이거나 다른 사회 구성원을 파괴하려는 성향이 없다고 본다. 롤즈는 만민법 합의에 참여하는 당사자들을 자유주의 인민과 적정 수준의 인민인 '질서 정연한 인민'으로 제한하면서 제도, 문화, 인간 본성이라는 세 가지 측면에서 그 특징을 제시하고 있다. 자유주의 인민은 첫째, 인민의 기본적 이해관심을 충족하는 합당하게 정의로운 입헌 민주 정부 수립, 둘째, 공감대common sympathies 형성, 셋째, 도덕적 본성인 합리성과 합당성을 보유한다고 말한다(Rawls 1999b:23-25). 이러한 자유주의 인민의 모습은 자유주의 인간관과 일치한다. 또한 적정 수준의 인민은 사회 기본 구조에 적정 수준의 협의 위계체제를 보유하고, 전 지구 사회에서 평화를 유지하고자 바라며 공동선 및 인권 개념을 보장한다고 말한다(Rawls 1999b:63). 이러한 적정 수준의 사회 모습은 비폭력적이고 다른 사회 구성원과 협력하려고 하지만 비자유주의의 포괄적 교설을 따르는 인간관으로 해석할 수 있다.

『만민법』을 인간관의 관점에서 해석한다면 사회에는 자유주의와 적정 수준의 포괄적 교설을 따르는 사회 구성원만 있는 것은 아니다. 롤즈는 『만민법』에서 전 지구 사회에는 자유주의 사회, 적정 수준의 사회, 고통받는 사회society burdened by unfavorable conditions, 자선 절대주의benevolent absolutism 사회, 무법 국가가 존재한다고 분석하기 때문이다(Rawls 1999b:4, 63). 나머지 세 가지 사회를 인간관으로 재해석해 본다면, 고통받는 사회는 사회 내에서 자립할 수 없을 정도의 열악한 수준에 있는 개인, 자선 절대주의 사회는 특정 포괄적 교설에 심취하여 자율성을 결여한 개인, 무법 국가는 폭력을 통해 자신의 이익을 도모하려는 개인으로 볼 수 있다. 앞의 두 부류는 질서 정연한 사회의 구성원으로 수용하기 위해 다른 사회들이 노력해야 하는 존재이고, 마지막 폭력적 부류는 공존 자체를 위해 변화가 요구되는 존재이다. 이와 같은 차이가 있지만, 세 부류 모두 협력심이 부족한 존재이다.

『만민법』의 인간관은 이처럼 다양한 존재를 전제한다. 이러한 존재들은 일반적으로 자신의 이익을 도모하려는 합리성을 공통으로 가지고 있지만, 합당성과 적정성과 관련해서는 이를 가진 존재도 있고 그렇지 않은 존재도 있다는 점에서 각자의 포괄적 교설을 따른다고 보는 것이 타당할 것이다. 이 같은 인간관을 반영하는 『만민법』의 사회는 합당한 포괄적 교설과 합당하지 않은 포괄적 교설이 공존하는 단순 다원주의 사회에 해당한다. 즉 질서 정연한 사회well-ordered society로 볼 수 없다. 롤즈는 질서 정연한 사회란 사회 구성원의 좋음을 증진하기 위해 세워지고 공공의 정의관에 의해 규제되는 사회라

8장: 인간관과 사회관 - 어떻게 합당한 다원주의 사회를 이룰 것인가?

고 언급했다(Rawls 1999a:397-398). 따라서 질서 정연한 사회는 사회 구성원이 공공의 정의관을 모두 수용할 뿐만 아니라 이러한 사실을 모두 인식하는 공지성이 이루어지는 사회이다. 하지만 단순 다원주의 사회에서는 이러한 질서 정연한 사회 자체가 불가능하고, 사회 협력체계social cooperation로서의 사회 또한 성립하지 못한다. 롤즈는 "모든 사회 구성원이 기꺼이 일하려 하고 사회적 삶의 부담을 공유하는 데 각자의 역할을 기꺼이 하려" 하는 사회를 사회 협력체계라고 규정하는데, 공공의 정의관이 부재한 사회에서는 이러한 협력 자체가 불가능하기 때문이다(Rawls 2001:179).

2. 『만민법』의 정의 실현 전략

합당한 포괄적 교설뿐만 아니라 합당하지 않은 포괄적 교설도 존재하는 사회에서 정의를 구현하려는 전략으로 크게 두 가지를 들 수 있다. 첫째는 롤즈가 『만민법』에서 그랬던 것처럼, 상호 협력과 공존을 도모하려는 합당한 포괄적 교설들과 적정 수준의 포괄적 교설을 따르는 사회 구성원들 사이에서 먼저 정의관을 확립하여 실천하고 이를 다른 사회 구성원에게로 확장하는 방식이다. 합당한 포괄적 교설을 가진 사회 구성원에게 심각한 위협이 되지 않는다면 합당하지 않은 포괄적 교설을 가진 구성원을 관용함으로써 공존과 평화의 가치를 옹호하고 확장할 수 있다. 이런 방식은 사회 협력체계로서의 사회를 배경으로 하는 것이 아니며, 사회 전체적 차원에서 공공의 정의관을 도모하는 방식도 아니다. 롤즈는 고통받는 사회처럼 절대 빈곤층은 원조를 통해 질서 정연한 사회의 구성원이 되도록 도와야 하고, 사회에 위협적 폭력을 행사하는 사람들은 힘으로 저지해야 한다고 주장한다. 이러한 주장이 자유주의적 정의관을 다른 사회 구성원에게 확장하려는 현상을 설명하는 방식으로 적절한지 여부는 차치하더라도 정당한 방식인지에 대해서는 의문이 제기될 수 있다(목광수 2010b). 이런 방식은 다른 사회 구성원에게 특정 자유주의 가치를 강요하는 것으로 보이기 때문이다.

두 번째 방식은 센Amartya Sen이 『정의의 아이디어The Idea of Justice』에서 제시한 비교적 정의관comparative perspective of justice을 따른다(Sen 2009:xvi).* 롤즈에게 헌정된 『정의의 아이디어』에서 센은 롤즈의 정의론을 초월적 제도주의transcendental institutionism로 규정하고 이러한 입장은 부정의를 발견하고 제거하는 데 실질적인 역할을 하지 않을 뿐만 아니라(불충분성 비판), 롤즈의 정의론 같은 이상론 없이도 부정의를 제거하는 것이 가능하다(불필요성 비판)고 주장한다(Sen 2009:5, 15).** 여기서 센이 비판하는 대상은 원초적 입장이라는 이상적 가상상황에서의 합의를 통해 정의관을 제시하는 『정의론』과 『정치적 자유주의』로 보인다. 센은 계몽주의 시대에 등장한 두 가지 정의론 전

---

* 센의 비교적 정의관에 대한 일부 내용은 목광수(2011a, 2012)에서 발췌하여 이 책의 목적에 맞게 수정 보완한 것이다.

** 센이 제기한 롤즈 비판이 정당한지에 대해서는 이 책의 제4장에서 부분적으로 다루었다. 자세한 논의는 목광수 (2011a; 2011b, 2018)의 논문을 참조하기 바란다.

8장: 인간관과 사회관 - 어떻게 합당한 다원주의 사회를 이룰 것인가?

통 가운데 롤즈 정의론이 속하는 역사적으로 우세했던 계약론 전통을 비판하고, 스미스Adam Smith 등이 제시했지만 역사적으로 주목받지 못한 정의론의 전통, 즉 자신이 "비교적 정의론"이라고 명명한 전통을 그 대안으로 제시한다(Sen 2009:xvi). 이 책의 제4장에서 논의했던 것처럼, 비교적 정의론이 토대로 삼고 있는 계몽주의 전통은 부정의를 발견하고 제거하면서 조금씩 나아지는 방식을 중시한다. 센은 롤즈의 정의론으로 대표되는 기존의 정의론 전통은 완전히 정의로운 사회perfectly just society에만 적용된다는 점에서 초월적transcendental이라고 주장한다. 이러한 초월적 정의론은 실천성 또는 현실성이 결여되어 있기 때문에, 센은 정의론이 "완전한 부정의의 본질에 대한 답을 제시하기보다는 부정의를 제거하고 정의를 고양하는 문제들에 대한 논의를 어떻게 전개할 수" 있는가에 주목해야 한다는 롤즈와는 다른 방향성을 제시한다(Sen 2009:ix). 센은 자신의 입장을 "무엇이 완전하게 정의로운 체계인가?"라는 질문보다는 "어떻게 정의가 고양되어야 하는가?"라는 실천적 질문을 중심으로 논의를 시작하는 후자의 전통으로 규정한다(Sen 2009:xvi).

비교적 정의관이 실천성을 확보하려면 센의 주장처럼, 규범적 지향점으로서의 이상론 없이도 부정의를 발견할 수 있어야 한다. 센은 우리가 노예제와 같은 부정의를 초월적 정의관 없이도 충분히 발견할 수 있는 것처럼, "우리는 다양한 [추론을 통한] 근거로 부정의를 파악하는 강한 감각을 가질 수 있다"라고 주장한다(Sen 2009:2). 센은 이러한 도덕감뿐만 아니라 공적 추론public reasoning으로 부정의를 발견하고 제거할 수 있다고 주장한다(Sen 2009:4-5).* 센의 비교적 정의론은 기존에 주목받지 못했던 비이상론non-ideal theory적 상황, 즉 부정의injustice 상황을 배경으로 하는 정의론을 제시한다. 이상적인 정의론을 확립하기보다는, 부정의를 제거하는 데 주목하는 센의 비교적 정의관은 실질적이고 현실적인 부정의의 제거에 효율적이라는 의의가 있다. 이러한 센의 비교적 정의관은 『만민법』과 같은 단순 다원주의가 만연한 사회에서 효과적일 것으로 판단된다. 고통받는 사회나 무법 국가와 같은 부정의가 만연한 상황에 있는 사회 구성원들이 존재하는 단순 다원주의 사회에서는 모두가 합의 과정에 참여할 수도 없을 뿐만 아니라, 시급성을 고려할 때 명백한 부정의가 도덕감이나 공적 토론으로 발견 및 제거될 수 있기 때문이다. 센이 비판하고 대안을 제시한 것은 『정의론』과 『정치적 자유주의』에서의 정의론에 대한 것이었지만, 오히려 『만민법』의 상황에 더 적절한 것으로 보인다.

---

* 센은 자신의 민주주의 개념인 공적 추론이 모든 문화에서 발견된다는 사실을 규명하고자 아프리카, 중동, 동양권 등 다양한 문화와 역사 속에서 공적 주론의 사례를 찾아 제시한다(Sen 2009:329-335). 센은 모든 문화에서 보편적으로 발견되는 민주주의의 정신을 공적 추론으로 해석하면서 민주주의의 의미인 토론에 의한 통치 government by discussion와 일치시키고 있다(Sen 2009:3). 센이 제시하는 공적 추론에 주목한다면, 민주주의는 투표나 선거로 대표되는 서구 사회의 전유물이 아닌 전지구적 가치이다.

≡≡≡ 합당한 다원주의에서의 정의

앞에서는 『만민법』을 재해석하여 단순 다원주의 사회에서의 인간관과 사회관이 무엇인지, 그리고 이러한 사회에서 정의 구현의 방식으로 적합한 정의관은 무엇인지를 검토했다. 단순 다원주의 사회에서 정의 실현의 방안으로 제시된 『만민법』의 방식이나 센의 비교적 정의관의 방식으로 폭력적이고 파괴적인 포괄적 교설이 사라지고 비록 양립 불가능할지라도 상호 협력과 공존을 도모하려는 사회로 변화한다면 합당한 다원주의로 나아갈 수 있을 것이다. 본 절은 합당한 다원주의 사회에서의 정의관과 인간관, 그리고 이러한 사회에서 적합한 정의관이 무엇인지를 검토하고자 한다.

1. 『정치적 자유주의』의 인간관과 사회관*

뒤에서 자세하게 살펴보겠지만, 『정의론』에서의 다원주의는 칸트적 인간관을 전제한다. 『정치적 자유주의』의 인간관은 『정의론』에서의 인간관보다 다원성을 더 폭넓게 인정하기 때문에 칸트적 인간관 이외에 다른 자유주의도 수용하는 넓은 의미의 자유주의적 인간관에 해당한다. 롤즈는 「중첩적 합의의 개념」(1987)에서 "칸트의 자율성 이상과 그것과 결부된 계몽주의의 여러 가치 및 밀John Stuart Mill의 개체성의 이상과 그것과 결부된 근대성의 여러 가치"는 포괄적인 철학적 교설로서 정치적 정의관에 부적합하다고 평가한다 (Rawls 1987:6). 롤즈는 다원주의를 합당한 다원주의와 단순 다원주의로 구분한 후, 자신의 정의론은 전자를 배경으로 하고 있음을 명시한다. 합당한 다원주의는 양립 불가능한 포괄적 교설들이지만 상호 협력을 위해 공존을 도모하는 다원주의 사회이다. 이와 같은 성격을 보여 주는 것이 합당성 개념이다. 잉그램Attracta Ingram은 롤즈의 합당성을 이해 가능성으로서의 의미reasonableness as the sense of intelligibility, 판단 부담으로서의 의미reasonableness as the burdens of judgment, 조정의 의미reasonableness as the sense of moderation로 구분한다(Ingram 1996:154-155). 이해 가능성으로서의 합당성은, 포괄적 교설들이 상호 이해가 가능하고 양립 가능할 정도의 다원주의이어야 함을 보여 준다. 이러한 이해를 바탕으로 판단의 부담으로서의 의미와 조정의 의미를 설명한다. 판단의 부담으로서의 합당성은, 자신의 입장을 절대적이라고 주장하지 않으며 타인의 주장을 무시하지 않는 상호 존중의 태도

---

* 본 절의 일부 내용은 목광수(2013a)에서 발췌하여 이 책의 목적에 맞게 수정 보완한 것이다. 박정순은 다른 학자들의 견해를 따라,『정의론』(1971) 이후의 롤즈 논의를 1971년 이후의 논문인「정의의 주제로서 기본구조」(1978)부터「기본적 자유들과 그 우선성」(1982)까지의 1단계와 1982년 이후인「공정성으로서의 정의: 형이상학적 입장이냐, 정치적 입장이냐」부터「공정으로서의 정의: 안내지침」(1989)까지의 2단계로 구분한다(박정순 2009:49-50). 1단계는『정의론』의 입장을 정교화하는 작업으로, 2단계는 특정한 칸트적인 포괄적 교설을 포기하고 합당한 다원주의로 전환하는 단계로 이해할 수 있다(Daniels 1989:xv). 롤즈의 이 기간 논문들 가운데 일부가 1단계와 2단계의 구분 없이『정치적 자유주의』에 포함되었는데, 이 장에서『정치적 자유주의』의 논의라고 할 때는 주로 2단계 이후의 논의가 취하는 입장을 대표한다.

의 인간관과 관련된다. 이런 태도는 밀John Stuart Mill이 인간의 오류가
능성을 근거로 자유 토론의 중요성을 강조하는 부분에서도 나타난
다. 이런 태도 없이는 토론이나 합의 진행 자체가 불가능하다는 점
에서 중요성이 더욱 부각된다. 구체적으로 이런 태도는 롤즈의 논
의에서 공적 이성의 역설paradox of public reason을 해소하려는 시민성
의 의무the duty of civility로 나타난다. 롤즈는 "가장 근본적인 정치적 문
제들에 대해 토론하고 투표할 때, 해당 행위를 공적 이성에 국한하
려는 시도를 시민들은 왜 존중해야 하는가? 이 문제가 대단히 중요
하고 근본적일 때, 시민들이 진리라고 간주하는 자신들의 포괄적 교
설이 아닌 공적 정의관에 의거하는 것이 어떻게 합리적이며 합당하
다고 할 수 있는가? 의심할 여지없이 가장 근본적인 문제는 가장 중
요한 진리에 호소하여 해결해야 한다. 그런데 이 방식은 공적 이성
을 넘어서는 것이다!"라고 하며 공적 이성의 역설을 제시한다(Rawls
1993:216). 롤즈는 이와 같은 역설을 해소할 수 있는 방안으로 시
민성의 의무를 제시하는데, 시민성의 의무는 타인의 논의를 기꺼이
경청하려는 자발적 의사와 이들의 입장에 대한 조정이 언제 합당하
게 이루어져야 하는가를 결정할 때 공정한 마음가짐fairmindedness을
갖는 것이다(Rawls 1993:217). 이러한 시민성의 의무가 바로 엷은
thin 의미의 시민적 덕성, 즉 민주주의적 덕성인 상호 존중과 연대성
을 의미한다. 롤즈가 말하는 시민은 자신을 공적 영역에서 공적 이
성뿐만 아니라 자신의 포괄적 교설에 따라 토론을 전개하는 "양면
적 사고 능력"을 갖고 있다는 점에서 다양한 입장을 수용할 수 있

는 관용적 태도를 견지한다. 이러한 이유로 롤즈의 시민관이 정치적 덕목론the theory of political virtue에 매우 가깝다고 규정하기도 한다(정원섭 2008:163-169).

조정은 다른 사회 구성원이 동참한다는 확신이 주어진다면, 자신도 기꺼이 협력의 공정한 조건으로서 기준을 제시하고 이를 준수하겠다는 의미이다. 즉 합의 과정에서 사회 구성원이 공존과 더불어 상호 이익을 위하여 협력의 필요성에 공감하여 사회 협력체계에 기꺼이 참여한다는 것을 의미한다. 이러한 합당성 개념 자체가 없다면 합의 당사자들이 원초적 입장에 참여하여 무지의 베일을 쓸 근거가 없다는 점에서 합당성 개념은 롤즈 논의에서 중요하다. 조정의 의미로서의 합당성은 사회 구성원과 상호의존적interdependent 협력에 대한 신념이라는 인지적 측면과 기꺼이 협력하겠다는 정서적 측면으로 구성된 연대solidarity 개념과 관련된다. 롤즈는 원초적 입장에 참여하는 사람들을 합리적rational이며 합당reasonable하다고 전제한다. 여기서 합리성이 자신의 이익을 추구하는 개인주의적 요소를 표현한다면, 롤즈의 합당성은 정의감sense of justice과 관련된 공동체주의적 요소를 표현한다. 롤즈가 말하는 합당한 사람이란 공정한 자세로 사회적 협력에 참여하고자 하면서 판단의 부담을 인정하는 이들이기 때문이다(Rawls 1993:54-58). 단일한 하나의 포괄적 교설 아래의 칸트적 인간관을 전제하는『정의론』과 달리 합당하지만 양립 불가능한 포괄적 교설 다양성을 인정하는『정치적 자유주의』의 자유주의적 인간관은 다른 사회 구성원에게 열린 마음가짐, 기꺼이 논거를 제시하려는 태

8장: 인간관과 사회관 - 어떻게 합당한 다원주의 사회를 이룰 것인가?

도, 타인의 권리를 존중하고자 하는 자세와 같은 자유주의적 덕목을 갖춘 사람을 의미한다(Galston 1991:221-224).

　『정치적 자유주의』는 합당한 다원주의 사회를 배경으로 한다. 앞에서 본 것처럼, 합당한 다원주의 사회의 합의 과정에서는 합당하지 않은 개인 자체가 존재하지 않으며, 합의 이후에 합당하지 않은 개인이 나타난다면 관용의 원칙에 따라 대우한다. 만약 합당하지 않은 개인이 『정치적 자유주의』에서 합의된 정의관인 정치적 자유주의를 거부할 뿐만 아니라 위협할 때는, "전쟁이나 질병과도 같은 합당하지 않은 포괄적 교설들이 정치적 정의관을 전복하지 못하게 해야 한다"라는 불관용 원칙이 적용된다(Rawls 1993:64 n19). 이것은 합의 이후에 등장한 합당하지 않은 포괄적 교설이 관용의 범위를 넘는 불관용이라는 점에서 정당화된다(Rawls 1999a:193).

2. 『정치적 자유주의』의 정의관 모색 방법론

　합당한 다원주의 사회에서는 다양하면서도 합당한 포괄적 교설들이 존중받고 공존하는 정의관이 적합하다. 롤즈는 합당한 다원주의에서의 정의론을 모색하기 위한 방법론으로 공적 이성public reason의 중첩적 합의overlapping consensus 방법을 제시하는데, 이 방법으로 합의된 정치적 정의관은 합당하지만 양립 불가능한 포괄적 교설들이 공존하고 협력하게 한다. 이러한 방법론에서 중요한 역할을 하는 공적 이성은 합당한 다원주의 사회에서의 정의 구현 전략을 잘 보여 준다. 공적 이성은 정치적 정의관이 관여하는 정치적 문제에만 국한하고 배경적 문화와 비공적 정치문화를 허용한다(Rawls 1993:134). 롤즈는 교회와 모든 종류의 협회 및 모든 수준의 교육 제도 — 특히 대학교, 전문학교, 과학 및 다른 연구단체 따위 — 등을 포함하는 시민 사회의 문화들을 배경적 문화로, 공적 정치문화와 배경적 문화를 매개하는 역할을 담당하는 모든 종류의 대중 매체 — 신문, 비평, 잡지, 텔레비전, 라디오 따위 — 등을 비공적 정치문화로 분류한다. 롤즈 분류법에 따르면, 배경적 문화와 비공적 정치문화는 공적 이성이 아닌 많은 비공적 이성nonpublic reason이 작동하는 영역들이다. 공적 이성이 작동하는 유일한 영역은 롤즈적 의미의 공론장이다. 공적 이성은 모든 정치적 문제에 적용되는 것이 아니라 입헌적 요체와 기본적 정의 문제와 관련된 사항에만 적용된다. 또한 공적 이성의 내용은 합당한 정치관으로 주어지는데, 이 합당한 정치관이 다양한 포괄적 교설들의 공존을 도모하는 토대가 된다. 합당한 정치관은 특정한 기본적 권리, 자유, 기회를 구체적인 목록으로 가지고, 이러한 기본적 권리, 자유, 기회에 대한 특별한 우선성을 부여하며, 모든 시민이 그들의 자유를 효과적으로 향유할 수 있도록 전 목적적 수단을 적절히 보장하는 방법을 갖는다는 특징을 갖고 있다(Rawls 1999b:141). 따라서 국내 사회의 합당한 정치관은 이상, 원칙, 기준, 탐구 지침 등을 갖춘 다양한 형태가 가능하다.

공적 이성의 중첩적 합의로 제시된 정치적 정의관은 합당한 다원주의 사회의 공적 정의관이 된다. 중첩적 합의 과정으로 이러한 정의관이 사회 구성원에게 공지되고 수용되었다는 점에서, 정치적 정의관이 작동하는 합당한 다원주의 사회는 사회 협력체계뿐만 아니라 질서 정연한 사회가 된다.

=== 단일한 포괄적 교설에서의 정의

합당한 다원주의 사회에서의 정치적 정의관이 실제 구현된다면 그 자체로 이상적인 사회라고 볼 수 있다. 그러나 다른 한편으로는 이러한 정치적 정의관으로 합당하지만 양립 불가능한 포괄적 교설들이 공존하다가 하나의 포괄적 교설로 통일되는 현상 또한 가능하다. 이렇게 이루어지는 사회 변화가 발전이라고 단정할 수는 없지만, 이론적으로 볼 때 단일한 포괄적 교설의 사회와 정의관이 제시될 수 있다. 이와 같은 사회의 사회관과 인간관, 정의관을 잘 보여 주는 논의가 『정의론』이다.

1. 『정의론』의 인간관

『정의론』의 인간관은 출판 이후에 있었던 논쟁과 이에 대한 롤즈의 대응으로 볼 때 특정 자유주의 포괄적 교설에 근거한다고 볼 수 있다. 루크Steven Lukes는 롤즈의 정의론이 "근대 서구의 자유주의적 개인주의 인간"을 편파적으로 반영하고 있다고 비판하는데, 롤즈가 이를 인정하는 것으로 보이기 때문이다(Lukes 1977:189). 롤즈는 『정의론』 40절에서도 칸트적 영향력을 언급하는데, 1980년 듀이 강좌에서 발표한 「도덕론에 있어서 칸트적 구성주의」를 통해 자신의 정의론의 토대가 칸트적임을 명시한다. 롤즈는 자신의 정의관이 시대와 장소와 무관하게 적용되는 보편적 정의관이 아닌 특수한 역사적 상황에 따른 특수한 정의관으로 특수한 상황에서의 도덕적 인간관, 특히 칸트적 인간관에 토대를 두고 있음을 밝힌다(Rawls 1980:517-519). 롤즈가 정의관의 토대가 되는 자유주의 사회에서는 칸트적 인간관이 자유민주주의적 전통의 갈등 해결에 효과적이라고 보기 때문이다. 이러한 입장에서 볼 때, 롤즈가 두 가지 도덕적 능력이라고 말하는 부분은 『정의론』에서 칸트적 자율성, 즉 도덕 법칙에 근거한 정의감이 현상계의 가치관보다 우선하는 자율성 아래 이해될 수 있다.

　　롤즈는 인간에게 두 가지 능력, 즉 가치관과 합당성 특히 정의감이 있다고 보았다.* 가치관에 해당하는 합리성은 어떤 것이 자신의 삶에 더 부합하는지를 숙고하고 판단하는 방식으로 나타난다. 이러한 합리성의 능력은 사회 제도를 통해서 더 많은 정보를 습득하고 더 많은 경험을 통해서 점차 증진된다. 정의감 자체는 적어도 두 가지 방식으로 나타난다. 첫째로 정의감은 우리에게 적용되고 우리와 우리의 동료가 이득을 보게 되는 정의로운 체제를 우리가 받아들이게끔 해준다. 따라서 비록 특정한 유대감으로 우리가 이득을 보게 되는 사람

---

* 　합당성과 정의감 사이의 관계는 합당성의 내용인 도덕감moral sentiments 가운데 가장 중요한 요소가 정의감sense of justice이라는 점에서 전체와 부분의 관계로 볼 수 있다(Rawls 1999a:420).

8장: 인간관과 사회관 - 어떻게 합당한 다원주의 사회를 이룰 것인가?

들과 결속되어 있지 않더라도 의무와 책무를 이행하지 못하면 죄책감을 느끼게 된다. 둘째로 정의감은 현 제도를 개혁하여 정의로운 체제를 세우거나 혹은 적어도 반대하지는 않을 각오가 생겨나게 한다. 이러한 정의감은 정의로운 사회 제도와 개인의 도덕성의 긴밀한 상호 작용을 전제하는 도덕 심리학을 통해 발달한다. 롤즈는 나이가 어린 사회 구성원들이 자라나면서 정의감을 점차 습득한다고 여기기 때문이다. 개인은 먼저 가정에서 권위에 의한 도덕을 습득하고 이후에 공동체에 의한 도덕을, 그리고 원리에 의한 도덕을 습득해 나간다. 사회 제도의 원리가 우리의 가치관을 증진한다는 것을 인식하면 그 사회 제도의 원리를 받아들이고 그에 따라 행동하려는 욕구를 가지며, 그로 인해 정의감이 성장하기 때문이다.

　　이상의 논의에서 살펴본 것처럼, 『정의론』과 『정치적 자유주의』에 드러난 인간관의 차이는 자유주의 인간관 내에서의 정도 차이로 볼 수 있다. 『정의론』의 인간관은 롤즈가 제시하는 두 가지 능력이라는 측면에서는 『정치적 자유주의』의 인간관과 유사하지만, 두 가지 능력 가운데 합당성의 내용이 특정 자유주의의 포괄적 교설, 즉 칸트적 인간관에 근거한다는 점에서 구분되기 때문이다.

2. 『정의론』의 사회관

　　앞에서 검토한 인간관의 차이는 인간의 본성 차이라기보다는 배경이 되는 사회와의 관계에서 이해하는 것이 합리적이다. 황경식은 마르크스Karl Marx 이후 등장한 인간에 대한 이해는 보편적인 인간관이 강조하는 고정적 성격을 부인하고 인간의 가소성plasticity을 인정하며, 인간은 해당 사회의 도덕적 신념, 규칙과 관행뿐만 아니라 그 사회의 고유한 문화와 정치, 경제, 언어, 문화 등의 사회 제도에 의존하여 다양함을 전제한다고 분석했다(황경식 2013:443). 예를 들어, 『정의론』의 인간관은 인간을 합리적이며 합당한 존재로 보는데, 이러한 존재는 사회와의 관계를 통해 이러한 도덕적 능력이 배양되기도 하고 감소하기도 한다. 롤즈의 인간관이 전제하는 두 가지 도덕적 능력은 그러한 존재가 구성한 사회가 공정하게 운영되어 사회적 협력으로서의 성격을 발전시켜 나간다면 증대되지만, 부정의가 만연한 사회가 된다면 도덕적 능력은 감소하게 된다(Rawls 1999a:17). 따라서 양자는 상호 지지하는 정합적 관계로 볼 수 있다.

롤즈의 『정의론』은 단일한 포괄적 교설을 전제한다. 즉 『정의론』은 밀과 칸트에서 나타나는 자유주의 교설을 수용하는 사회 구성원들 사이에서만 제시될 수 있는 정의론을 다룬다. 롤즈가 전제하는 직관들, 소수의 자유가 사회 전체의 복리에 의해 유보될 수 없으며 자유가 우선한다는 직관 등은 자유주의 사회에서만 통용되는 전제이기 때문이다. 『정의론』의 토대가 되는 사회관은 사회 협력체계로서의 사회 개념이다. 롤즈는 자신의 정의론인 공정으로서의 정의 justice as fairness에서 상호성에 입각한 사회인 사회 협력체계로서의 사회 개념이 중요한 전제임을 밝히고 있다. 롤즈는 사회 협력체계social cooperation에서 "모든 사회 구성원이 기꺼이 일하려고 하며 사회적 삶의 부담을 공유하는 데 각자의 역할을 기꺼이 하려 한다"라고 분석한

8장: 인간관과 사회관 - 어떻게 합당한 다원주의 사회를 이룰 것인가?

다(Rawls 2001:179). 이러한 사회 협력체계는 사회 구성원들 사이의 상호성을 전제로 한다. 롤즈는 인간을 서로 결속하는 상호성을 인간이 갖는 심층적인 심리적 사실a deep psychological fact로 규정한다(Rawls 1999a:433). 또한 롤즈는 『정의론』 79절 사회적 연합의 관념에서 인간의 사회성sociability을 사소한 것으로 이해해서는 안 된다고 강조한다(Rawls 1999a:458). 롤즈는 사회성을 단지 사회가 인간 생활에 필요하다거나 권장하는 방식으로 보지 않는다. 롤즈는 인간에게는 공동의 궁극적 목적이 있고, 인간은 공동의 제도와 그 자체로서 좋은 활동을 귀중하게 여긴다고 본다. 또한 인간은 자기 자신을 위한 삶을 살면서도 타인의 성공과 즐거움이 곧 자신의 즐거움이 되기 때문에, 상대방을 동반자로서 필요하고 상보적인 존재라고 이해한다. 이 같은 입장에서 롤즈는 인간 공동체community of humankind 개념에 이르며, 이러한 공동체는 세대 간의 공동 기여로도 확장된다(Rawls 1999a:459). 롤즈는 기존 논의 가운데 훔볼트Wilhelm von Humboldt, 칸트, 마르크스, 밀 등의 논의에서 발견되는 인간의 사회성을 제시하면서 자신의 사회성 논의를 전개한다(Rawls 1999a:459-460). 물론 롤즈가 이들 학자의 기존 논의를 그대로 수용하는 것은 아니지만, 사실상 그 일부를 수용한 것으로 볼 수 있다. 따라서 롤즈는 인간에게는 상대방이 필요하며, 자신의 능력을 완전히 발휘하는 것, 즉 완성하는 것은 타인들과의 적극적인 협동 속에서만 가능하다고 주장한다(Rawls 1999a:460). 제2장에서도 분석했던 것처럼, 이러한 협동이 꼭 임금 노동이나 일일 필요는 없다. 만약 그렇지 않다면 임금 노동에서 배제되는 사람들, 예

정의론과 대화하기

를 들면 가정주부나 가족을 돌보는 사람, 환자 등은 인간으로서의 사회성 자체가 결여된 자기실현을 할 수 없는 존재로 전락할 것이기 때문이다. 만약 사회성이 인간이 갖는 기본 특성임에도 불구하고 언급되지 않았다면, 롤즈의 논의는 현실성이 결여되어 있어 안정성을 확보하기 어려울 것이다. 인간의 본성에 부합하지 않는 인위적 인간관을 현실의 인간이 수용하고 따를 만한 이유가 없기 때문이다. 따라서 롤즈는 공정으로서의 정의가 안정성을 확보하도록 사회성 논의를 자신의 이론에 담지할 필요가 있다.

제7장에서 검토했던 것처럼, 사회 협력체계로서의 사회는 롤즈의 자존감 논의에 기반한다. 롤즈는 사회적 연합체들의 사회적 연합으로서의 사회society as a social union of social unions에 대한 논의가 갖는 문제를 해결하기 위해 자존감의 사회적 토대를 도입했다고 주장한다(Rawls 1999a:xix). 이러한 사회는 롤즈의 논의가 합의 과정에서 두드러지게 나타난 개인주의적 특성뿐만 아니라, 공동체주의적 특성인 사회성에도 근거함을 보여 주는 장치이다. 사회성 논의가 비록 형이상학적 논의이기는 하지만, 사회성을 보여 주는 사회적 연합체인 결사체들을 통해 자존감이 고양되고 이러한 자존감이 원초적 입장의 사회적 기본재화인 자존감의 사회적 토대를 제공한다는 점에서 원초적 입장의 인간관과 질서 정연한 사회의 인간관 사이의 내적 연결을 보여 준다. 이러한 관계는 좋음에 대한 전체 이론과 기초 이론 사이의 관계에서 롤즈의 자존감과 자존감의 사회적 토대가 보여 준 관계에서도 잘 나타난다. 자존감의 사회적 토대를 통해 내적 통일성을

갖추게 된 사회적 연합체들의 사회적 연합으로서의 사회 개념은 롤즈 논의가 갖는 평등으로의 경향성과도 긴밀한 관계가 있다. 경제적 불평등이 심화되면 사회적 연합 자체가 불가능하기 때문이다.* 롤즈는 박애 정신을 포함한 차등 원칙이 사회 목표를 근본부터 변형한다고 주장한다. 그리고 이러한 변형은 자존감의 사회적 토대와 질서 정연한 사회가 사회적 결사체들의 사회적 연합이라는 사실에 주목한다면 더욱 명백해진다고 본다(Rawls 1999a:91-92). 롤즈의 논의가 사회성이라는 인간의 특성을 사회적 연합체로서의 사회적 연합, 즉 질서 정연한 사회라는 개념 속에 담지되어 있으므로 박애 정신이 담고 있는 시민적 우애와 사회적 연대감을 가질 수 있기 때문이다(Rawls 1999a:90).

롤즈 『정의론』의 사회관을 설명하면서 제시되는 연대성 개념을 간단히 정리해 보자. 황경식은 『정의론』의 사회관을 "사회 연대주의"라고 명명한다(황경식 2018:20-25). 사회 연대주의는 자유방임주의의 토대가 된 사회진화론과 대비되는 개념으로, 신체의 각 부분 간에 나타나는 생리적 연대부터 개체들 사이의 상호 의존과 협조의 관계로 나아간 유기적 전체를 의미한다. 이러한 황경식의 사회 연대주의 해석은 오해의 소지가 있다. 따라서 여기서 말하는 연대성은 페팃

---

* 2001년 노벨 경제학상을 받은 스티글리츠Joseph Eugene Stiglitz는 『불평등의 대가』 (2013)라는 저서에서 빈부 격차는 교육 기회의 격차와 건강 격차, 사회적 이동성의 축소로 이어지며, 결국에는 사회적 통합을 붕괴한다고 설명한다.

Philip Petiit이 해석하는 제3의 정치적 존재론인 시민성에 해당함을 규명할 필요가 있다. 페팃은 롤즈가 공리주의와 관련된 정치적 연대주의political solidarism와 자유지상주의의 바탕인 정치적 개별주의political singularism 모두를 거부하고 개인의 개체성이 역동적 과정 속에서 사회라는 연대성을 산출하는 정치적 존재론을 지향한다고 해석한다(Pettit 2005:157-158). 정치적 연대주의라고 말하는 페팃의 관점은 공리주의에서 공평한 관망자가 전체의 공익을 조망하고 계산하고 판단하는 과정에서 볼 수 있는 것처럼, 개인 자체에 대해서는 주목하지 않고 전체만을 중시하는 관점으로 사회를 하나의 행위주체agent로 이해한다. 정치적 연대주의에서 정치 사회를 구성하는 개인들은 서로 하나의 믿음과 욕망 체계를 확립하는 전체를 구성한다는 점에서 서로 관계를 맺는다(Pettit 2005:162). 정치적 연대주의를 거부하는 대안으로 제시되는 정치적 개별주의는 개인의 권리 행사와 주장 각각을 중시하며, 이러한 개인들의 단순한 집합aggregate에 불과한 사회는 개인들에게 아무런 영향력을 행사하지 못한다. 따라서 사회 협력체계로서의 사회를 전제하는 롤즈는 정치적 개별주의를 거부한다. 페팃은 롤즈가 시민성civility 개념을 통해 양자의 장점을 수용하면서 문제점을 거부하는 제3의 정치적 존재론으로서의 사회를 제시한다고 해석한다. 제3의 정치적 존재로서의 사회에서 개인들은 공동 목표를 정립하는 과정에서 자유롭게 토론하고 적극적으로 참여하면서 개별성을 드러내고, 공동 목표를 추구하는 연대성을 통해 사회 협력체계를 형성한다(Pettit 2005:166-168). 페팃은 이러한 과정을 끌어내는 정치적 존재론을 시민성이라고 해석한다. 시민성은 민주적인 공적 정치 문화가 내재한 사회의 구성원들이 갖는 것으로서, 개별성을 가진 개인들이 사회 협력체계를 만들어 나가고 형성하는 동력에 해당하기 때문이다.

3. 『정의론』의 정의관

『정의론』에서 롤즈는 원초적 입장에서의 만장일치로 공정으로서의 정의가 합의된다고 분석한다. 공정으로서의 정의는 제1원칙으로 자유의 원칙, 제2원칙으로 공정한 기회균등의 원칙과 차등의 원칙을 제시한다. 롤즈의 인간관 자체가 특정 자유주의를 전제하므로 사회 협력체계로서의 사회에서 이와 같은 특정 자유주의의 정의관이 합의되는 것은 당연해 보인다. 샌델Michael Sandel은 이러한 롤즈의 정의론이 비현실적이고, 비일관적이며, 비효율적이라고 지적한다. 그는 롤즈의 원초적 입장이 어떤 특정한 인간상, 즉 "목표와 목적에 우선하는, 그리고 그것에 독립적인 것으로 이해되는 자아인 무연고적 자아 the unencumbered self"를 전제한다고 비판한다(Sandel 1984:86). 샌델에 따르면, 우리는 환경, 역사, 사회 등 모든 부문에서 독립적인 존재라기보다는 이러한 여건에서 자리를 잡고 관계하는 현실적 자아이기에 무연고적 자아와 같이 비현실적인 롤즈의 인간관은 허구적이다. 그런데 롤즈가 비현실적 인간관을 전제한다는 비판은, 롤즈가 존재하지 않는 인간관을 전제한다기보다는 특정 포괄적 교설에 입각한 인간관, 즉 칸트적 자유주의 인간관에 토대를 둔다는 사실에 대한 비판으로 보는 것이 합리적일 것이다.

샌델은 롤즈 정의론의 대안으로 특정한 포괄적 교설인 도덕적 좋음에 입각한 정의관을 제안한다(Sandel 1982:xi). 그는 단일한 포괄적 교설에 토대를 둔 좋은 삶, 즉 개인의 정체성을 형성하기 위해 필수적인 방향 감각처럼 두터운 수준에서의 좋은 삶을 사회에서 규정하고 이를 토대로 정의관을 추구해야 한다고 주장한다. 다원주의 사회가 아닌 소규모의 단일한 포괄적 교설만이 존재하는 사회를 전제한다면, 롤즈의 논의는 형식적 차원에서 샌델의 대안에 대해 우호적일 수도 있을 것이다. 롤즈의 논의는 배경이 되는 사회가 갖는 공적 정치 문화를 토대로 정의관이 형성된다는 입장인데, 배경이 되는 사회가 단일한 포괄적 교설의 사회라면 그러한 사회의 단일한 포괄적 교설에 입각한 정의관을 거부할 이유가 없기 때문이다. 이렇게 해석해 본다면, 샌델은 정의론의 추구 방식이 아니라 그 내용이 특정 자유주의를 토대로 했다는 점을 비판한다고 보는 게 합리적이다.

정리하자면, 정의관은 단일한 포괄적 교설을 전제하는 사회관과 인간관을 바탕으로 해당 포괄적 교설에 내재된 정의의 가치를 드러내는 방식이다. 이 방식은 앞에서 살펴본 합당한 다원주의 사회나 단순 다원주의 사회에서는 정당화될 수도 없고, 현실성도 가질 수 없다. 이러한 한계는 롤즈가 샌델이 지지하는 목적론적인 완전주의 논의가 해당 목적론적 완전주의를 포괄적 교설로 전제하는 사회에서는 가능하지만, 합당하지만 양립 불가능할 정도의 다양한 포괄적 교설들이 공존하는 현대 다원주의 사회에서는 목적론적 완전주의의 정의 기준인 탁월성이 공적으로 적용되기 어려워 현실성을 갖기 어렵다고 비판한 부분에 잘 나타나 있다(Rawls 1999a:290-291). 현대 다원주의 사회에서는 종교적, 철학적, 도덕적 교리로서 인간 삶의 전반에 영향을 미치는 포괄적 교설에 해당하는 두터운 수준의 좋은 삶을 윤리적 방법으로 사회에서 먼저 결정하는 것이 현실적으로 어려우며 오히려 포괄적 교설의 공존을 도모하는 것이 실현 가능하기 때문이다.

=== 사회 협력체계, 그리고 정의 실현의 여정으로 나아가며

지금까지 롤즈의 정의론 3부작에서 나타난 인간관, 사회관, 정의관을 비교함으로써 다원성이 감소하고 사회 안정성이 높아지는 통시적 방향성에서 이를 재정리했다. 앞에서 검토한 것처럼 롤즈는 사회관의 변화에 따라 정의관을 달리 제시하고 있어 각 사회 발달 단계별로 다른 정의관을 모색해야 한다. 롤즈『만민법』처럼 다원성 수준이 높은 단순 다원주의 사회에서 정의관을 모색하는 방법은 두 가지로 나뉜다. 첫째는『만민법』에서 언급한 것으로, 다원성 수준이 높은 단순 다원주의 사회에서는 구성원들의 협력 자체가 이루어지기 어려우므로 협력하려는 개인들이 먼저 정의관을 확립한 후 다른 사회 구성원에게 확장하는 것이다. 둘째는 비교적 정의관처럼 단순 다원주의 사회에서 나타나는 부정의를 제거한 후 사회 협력 조건을 만들어 나가는 것이다. 여기서는 두 번째 방식이 현재의 상황과 비교해 볼 때 한층 정당하고 현실성 있다고 보았다. 이러한 과정을 통해 사회 협력

조건이 형성된 합당한 다원주의 사회는 다양한 포괄적 교설을 가진 사회 구성원들이 공존과 평화를 모색하기 위해 정치적 정의관을 정립하는 질서 정연한 사회를 도모한다. 그리고 이러한 다원성이 더욱 감소하여 단일한 포괄적 교설에 모든 사회 구성원이 동조할 때는 『정의론』에서처럼 단일한 포괄적 교설에 입각한 사회 협력체계를 구축하고 합의를 통해 만장일치로 정의관을 정립할 수 있다.

이 장의 논의에 따라 롤즈의 정의론 3부작의 역할을 재규정해 본다면, 『만민법』은 공공의 정의관을 도모하기 위한 토대를 만드는 과정이고, 『정의론』과 『정치적 자유주의』는 이렇게 해서 마련된 사회 협력체계로서의 사회관과 인간관을 바탕으로 정의관을 모색하는 논의이다. 이상의 정리는, 합당한 다원주의 사회이든 단일한 포괄적 교설의 사회이든 사회 협력체계로서의 사회가 전제되어야만 정의관이 작동하는 질서 정연한 사회가 가능함을 잘 보여 준다. 그렇지 않다면, 정의관을 모색하고 정립할 것이 아니라 사회 협력체계로서의 사회를 구축하기 위한 조건을 만드는 작업, 즉 부정의를 제거하고 상호 협력의 기회와 경험을 축적해 나가는 것이 필요하기 때문이다. 그렇다면 한국 사회는 어떤 단계의 사회이고, 어떤 정의관이 필요한가? 한국 사회는 롤즈 논의를 바탕으로 조망해 볼 때, 순수한 의미의 단순 다원주의 사회나 단일한 포괄적 교설의 사회로 보기도 어렵다. 그렇다면 합당한 다원주의 사회를 고려할 수 있지만, 그 경우에도 사회 협력체계로서의 사회관을 갖춘 사회로 볼 수 있을지는 의문이다. 롤즈는 사회 협력체계를 "모든 사회 구성원이 **기꺼이** 일하려고 하며 사회적 삶의 부담을 공유하는 데 각자의 역할을 **기꺼이** 하려 한다"라고 규정하고 있기 때문이다(Rawls 2001:179 필자 강조). 그렇다면 우리 사회는 단순 다원주의와 합당한 다원주의 사회 사이에 있다고 할 수 있다. 이에 우리 사회는 비교적 정의관을 통해 사회 부정의를 제거하는 경험을 축적하여 정의감을 고양하는 과정, 즉 공동의 사회 협력 경험을 쌓아야 한다. 이러한 경험을 통해 "기꺼이" 협력하고 부담을 나눌 수 있는 사회 협력체계의 토대를 마련하는 것이 시급하다. 이러한 토대가 마련되어 합당한 다원주의 사회로 이행한다면, 공적 이성의 중첩적 합의를 통해 한국 사회에 적합한 정의관을 구축할 수 있을 것이다. 부정의를 제거하는 것부터 시작하는 정의 실현의 여정은 한국 사회를 정의로운 사회로 인도할 것이다.

『정의론』과의 새로운 대화로 초대합니다

『정의론』 출판 50주년을 기념하는 대화를 마치며

　　롤즈John Bordley Rawls의 『정의론』(1971/1999a)은 여타 서양 철학 저서들에 비해 상당히 신속히 국내에 소개되고 연구되었다. 『정의론』이 1971년에 미국에서 출판되고 반년쯤 지났을 때, 서울대학교 철학과의 윤리학 전공 교수로 계시던 김태길 교수님이 미국 유학 당시 박사과정 지도교수이셨던 맨델바움Maurice Mandelbaum 교수님을 통해 『정의론』이 "20세기에 들어서고 나서 쓰인 윤리학적 저술 가운데 가장 높이 평가될 역작"이라는 평가를 듣고 한국에서 독해 모임을 시작했다고 한다. 한국철학회에서는 이러한 독해 모임의 성과를 토대로 1975년에 〈롤즈 정의론 심포지엄〉을 개최하였으며, 당시 김태길 교수님의 지도 아래 박사 학위 논문을 준비하고 있던 황경식 교수님을 통해 1977년에 『정의론』 1부가 번역되고 1979년에 나머지 부분이 완역되면서 온전히 한국어로 읽히게 되었다. 이러한 기록으로 볼 때 한국에서 『정의론』이 연구된 지도 50년 가까운 시간이 흘렀다.

　　고전古典은 시대와 공간을 초월하여 독자와 대화를 하곤 한다. 20세기 정치철학과 윤리학의 고전으로 일컬어지는 롤즈의 『정의론』은 21세기 한국 사회에 어떤 이야기를 건넬까? 이 책의 목적은 현대 한국 사회의 문제들에 대한 윤리적 대안을 롤즈 『정의론』과의 대화를 통해 모색하는 것이다. 이 책은 롤즈 『정의론』을 단순히 소개하는 글이라기보다는 『정의론』의 내용에 대한 심층 연구를 토대로 롤즈 정의론을 재해석하고 확장하려는 글이다. 역사적 특수성으로 말미암아 정의에 대한 갈망이 남달랐던 한국 사회에서 『정의론』은 번역본이 나오면서부터 큰 관심을 받았다. 중고등학교 교과서에서 롤즈 정의론이 소개되고 지금도 대학 입시와 각종 공무원 시험에 단골 문제로 출제될 정도이다. 그런데 이런 관심만큼 롤즈 정의론이 한국 학계에서 깊이 있게 연구되었는지, 진지한 대화의 상대였는지에 대해서는 의문이다. 한국 학계에서는 롤즈 정의론 연구에 대해 '이미 충분히 연구되었는데 또 롤즈 타령이냐'라는 비아냥이 적지 않다. 그런데 서구 학계에서는 지금도 롤즈 정의론에 대한 다각도의 연구가 활발하게 이루어지고 있으며, 이러한 사실은 인터넷 검색을 잠시만 해봐도 쉽게 알 수 있다. 서구의 활발한 연구 현실은 아직도 롤즈 『정의론』에는 연구할 거리가 적지 않으며 한국 사회에 시사하는 바가 많을 것이라는 기대를 품게 한다. 이것이 한국 사회의 문제를 해결하기 위해 새로운 이론을 찾기보다는 『정의론』과의 진지한 대화를 해야 할 이유이다. 한신대학교 철학과의 윤평중 선생님이 2002년경 다산철학강좌 준비 모임 이후의 식사 자리에서 '롤즈 『정의론』은 (서양 철학을 빠르게 도입하는 국가로 유명한) 일본보다도 국내에 일찍 들어왔는데 우리 학계에서 너무 일찍 꽃이 진 것 같아 아쉽다'라고 하셨던 말씀이 필자의 뇌리에 강하게 남아 있다. 지금이라도 『정의론』과의 진솔하고 진중한 대화의 꽃이 피어나길 기대한다.

이 책은 『정의론』의 '안'과 '밖'을 두루 살피면서 '입체적 독해'를 토대로 이론과 현실 사이의 대화를 이어 주고, 독자들과 우리 사회의 정의를 위해 대화하고픈 필자의 바람을 담고 있다. 그리고 독자가 『정의론』과의 새로운 인연을 맺게 하고픈 소망도 담고 있다. 이 책은 필자가 시급하다고 생각하는 한국 사회의 몇몇 문제를 『정의론』과의 대화를 통해 대응하고 있다. 그러나 이러한 대응이 구체적이고 현실적인 정책으로 구현되지는 않는다. 이 책은, 『정의론』이 정의로운 사회로 나아갈 등대 역할을 했던 것처럼, 한국 사회의 정의로운 정책 실현을 위한 이론적 토대이기 때문이다. 이런 이론적 토대가 피부에 닿는 구체적인 정책으로 열매를 맺기 위해서는 경험적 통계와 수치 등을 통한 단계적 논의가 필요하며, 향후 타 영역의 학자나 실무자 등이 후속연구로 정밀한 경험적 정책 논의를 이어 나가야 할 것이다. 이 책이 구체적인 정책 대안을 제시하지 않는다는 한계에도 불구하고, 제4장에서 봤던 것처럼 이론적 방향성이 없는 현실적이고 구체적인 정책이 의도와 달리 부정의를 산출할 수 있다는 점에서 이 책의 논의는 정의로운 사회로 나아가는 여정을 제시한다는 의의가 있다.

필자는 이 책이 한국 사회에서 롤즈에 대한 논의를 다시금 끌어내는 촉매제 역할을 해 주길 기대한다. 이 책의 초고를 먼저 읽은 몇몇 연구자의 자문 과정에서도 논쟁의 여지가 있는 주제가 적지 않고 한국 사회에 기여할 수 있는 논의가 많다는 사실이 확인되었다. 그러므로 더 많은 사람이 『정의론』과의 대화에 참여하고 더 많은 주제를 발굴하여 나누길 기대한다. 이 책에서 다룬 주제들에 대해서도 후속 연구를 통해 정교화할 필요가 있기에 롤즈와 마찬가지로 필자 또한 『정의론』과의 대화를 계속 이어 나갈 것이다.

『정의론』과의 새로운 대화를 권하며

이 책을 통해 독자들이 『정의론』과의 대화를 이어 나가길 소망한다. 21세기를 살아가는 우리에게, 특히 한국이라는 특수한 장소를 살아가는 우리에게 『정의론』은 어떤 대화를 건네는가? 이 책을 통해 시작된 『정의론』과의 대화에 독자가 새로운 대화의 여정을 시작하길 권한다. 이 책은 지면의 제약으로 8개의 주제만 다루었지만, 더 많은 주제가 『정의론』과의 심도 있는 대화를 통해 다뤄지고 나눠지길 소망한다. 이 책을 마무리하면서 필자는 독자 각자의 대화 여정에 도움이 되고자 나침반과 같은 생각할 거리 몇 가지를 나누고자 한다.

먼저 『정의론』은 우리 사회가 추구할 정의가 무엇인지 생각해 보라고 대화를 건넨다. 효율성이 높은 사회를 추구하라는 신자유주의 사회 분위기에 걸맞은 정의를 추구할 것인지, 아니면 개인의 권리와 자유를 중시하는 정의를 추구할 것인지, 아니면 다른 어떤 방식의 정의를 추구할 것인지를 고민해 보라고 한다. 특히 2015년부터 회자하는 금수저, 은수저, 흙수저 등의 수저 계급론에 대해 『정의론』은 자연적 우연성과 사회적 우연성 개념을 통해 우리 사회가 어떻게 이러한 논의에 대처해야 할지를 정의라는 이름으로 고민해 보라고 말한다. 시대적 화두가 되어 버린 '공정'에 대해 진지하게 고민하고 우리가 추구할 공정이 무엇인지, 이와 관련해 실력주의를 어떻게 볼지를 곰곰이 따져 보라고 말한다.

둘째, 『정의론』은 우리에게 사회, 다시 말해 공동체가 무엇인지 생각해 보라고 말을 건다. 1997년 IMF라는 사회적 고통을 경험한 한국 사회는 물질주의에 대한 관심이 사회적으로 높아지면서 개인화되고 파편화되어 가는 모습이 곳곳에서 발견된다. 빈부 격차가 극심해지고, 청년실업이 급증하면서, 2015년엔 급기야 "헬조선"이라는 신조어가 대중화되기 시작했다. 2020년에 시작된 코로나19 팬데믹은 이러한 사회적 균열이 야기한 한국 사회의 민낯을 고스란히 드러낸다. 죄수의 딜레마라는 게임 이론이 보여 주는 것처럼 우리 사회가 최선의 이익을 추구할 수 있는 사회적 협력이 존재함에도 서로를 신뢰하지 못하고 자신의 이익 극대화만을 추구하다 보니 서로에게 이익이 되지 않는 결과를 낳게 된 것은 아닌지 생각하게 한다. 개인의 권리와 자유를 옹호하면서도 협력과 신뢰를 쌓는 데 필요한 것이 무엇인지 『정의론』은 우리에게 고민해 보라고 말한다.

셋째, 『정의론』은 우리에게 사회적 재화를 어떻게 분배하는 것이 바람직한지 생각해 보라고 말한다. 빈부 격차가 갈수록 커지는 한국 사회에서 사회 구성원들이 협력을 유지하고 자존감을 유지하려면 사회적 재화를 어떻게 분배하는 것이 바람직한지 고민해 보라고 권한다. 『정의론』의 사회적 기본재화 가운데 자존감의 사회적 토대가 있다는 것은, 롤즈의 정의론이 단순한 물질적 분배만을 강조하는

『정의론』과의 새로운 대화에 초대하며

논의가 아님을 알게 한다. 2000년 전후에 서구 사회에서 있었던 인정-재분배 논쟁에 대한 해결책의 하나가 롤즈『정의론』에 담겨 있다고 생각해 볼 수도 있다. 보편 복지냐 선별 복지냐 등의 논쟁이 최근 선거철만 되면 불거지지만 정작 실질적인 정책과 제도로 정착되지 못하는 우리 사회에 『정의론』은 이 문제를 진지하게 고민하라고 조언한다.

롤즈『정의론』이 한국 사회에 건네는 말은 여기에서 언급한 것 외에도 많은 것이 있을 것이다. 이 글을 쓰는 2021년에는 1년 이상 지속된 코로나19 팬데믹과 관련된 다양한 사안에 대해『정의론』은 우리에게 말을 걸고 있다. 정의로운 사회를 모색하기 위해, 사람 냄새 나는 세상을 꿈꾸기 위해, 지속 가능한 삶을 영위하기 위해 이제는 담담히 『정의론』과 대화할 시간이다. 많은 고전이 그런 것처럼, 『정의론』을 통해 우리 사회에 당면한 과제들에 대한 혜안과 통찰력을 얻을 수 있기를 바란다. 그리고 우리 각자의 삶 가운데 필요한 가치를 깨닫고 지혜를 얻기를 기대한다.

감사의 마음을 담아

존경하는 대학자 롤즈 탄생 100주년과 여전히 세상에 많은 가르침을 주는『정의론』출간 50주년을 기념하고자 준비한 이 저서는 많은 분들의 도움을 받아 나오게 되었다. 일면식도 없지만 논문과 저서를 통해 후학인 필자에게 가르침을 주신 수많은 국내외 연구자들,

함께 토론하고 공부할 기회를 가졌던 한국윤리학회의 동학들, 그리고 『정의론』의 원서를 함께 읽고 토론했던 경상국립대학교와 서울시립대학교의 학생들께 진심으로 고마움을 표한다. 특별히 롤즈 『정의론』의 매력을 처음으로 알게 해 주신 황경식 은사님과 『정의론』의 철학적 깊이를 경험하게 해 주신 에스퀴스Stephen Esquith 은사님께도 감사드린다.

이 책은 '서울시립대 기초·보호학문 및 융복합 분야 R&D 기반조성사업'의 연구과제 중 하나로 지원을 받아 집필되었다. 지원해 주신 서울시립대학교와 좋은 연구 환경을 만들어 주신 서울시립대학교 철학과 선생님들께도 감사드린다. 그리고 연구 기간에 학생들과의 브라운백 미팅에 와서 발표와 토론에 참여해 주신 선생님들, 원고의 초고를 함께 읽고 토론해 준 대학원생들, 완성된 초고에 자문을 아끼지 않으신 선생님들께 감사드린다. 이 책의 출간을 맡아 멋진 책으로 만들어 주신 텍스트CUBE의 김무영 대표님과 편집자님들께도 감사드린다.

마지막으로 사랑하는 아내 배민정과 세 아이(은혜, 정진, 정훈)에게도 고맙다는 말을 하고 싶다. 이 책의 집필을 열렬히 응원하며 지지해 준 가족 덕분에 나의 첫 번째 저서는 때맞춰 나올 수 있었다. 이 모든 길을 인도하시며 함께 걸어가시는 '그'분께 다시금 감사한다.

2021년 8월 배봉산 자락에서
목광수

『정의론』과의 새로운 대화에 초대하며

참고문헌

강영안 (2018). 『일상의 철학』. 새창출판사.

강준호 (2004). 「극대화와 공리주의적 평등 개념」. 『대동철학』 제27집.

강준호 (2012). 「칸트의 행복 개념에 대한 고찰」. 『대동철학』 제58집.

강준호 (2019). 『제러미 벤덤과 현대』. 성균관대학교 출판부.

곽노완 (2013). 「분배정의와 지속가능한 최대의 기본소득: 게으른 자에게도 지급되는 기본소득은 정의로운가?」. 『시대와 철학』 제24권 제2호.

곽준혁 (2005). 「심의 민주주의와 비지배적 상호성」. 『국가전략』 제11권 제2호.

권정임 (2016). 「공유사회의 기본소득과 롤스의 정의의 두 원칙」. 『시대와 철학』 제27권 제4호.

김건우 (2014). 「생명공학적 인간향상의 시대에 인간은 얼마나 자유로울 수 있는가: 하버마스의 자율성 논변의 분석」. 『법학논집』 제18권 제3호.

김기호 (2017). 「존 롤즈(John Rawls)의 정치철학의 형성에서 기독교적 유산에 대한 연구: 후기 롤즈의 『만민법』과 청년 롤즈의 "죄와 믿음의 의미에 대한 짧은 탐구"의 비교」. 『신학과 선교』 제50집.

김명식 (2004). 「롤즈의 공적 이성과 심의 민주주의」. 『철학연구』 제65집.

김명식 (2012). 「기후변화의 윤리적 쟁점」. 『환경철학』 제14집.

김용환 (2012). 「관용의 윤리: 철학적 기초와 적용 영역들」. 『정의론과 사회윤리』(황경식 등 지음). 철학과현실사.

김은희 (2010). 「롤즈의 공적 이성 개념의 한계와 중첩적 합의 개념의 재조명」. 『철학』 제103집.

김한승 (2009).「파핏의 사적인 원리와 비사적인 원리: 파핏이 잠자는 미녀에게 배울 수 있는 것」.『철학적 분석』제19호.

김현섭 (2013).「세대 간 정의의 의무는 무엇인가?」.『처음 읽는 윤리학』(서울대 철학사상연구소 엮음). 동녘.

김효빈 (2011).「롤즈의 정의론을 통해 본 교육기회균등에 관한 연구」.『윤리문화연구』제7호.

김희경 (2017).『이상한 정상 가족: 자율적 개인과 열린 공동체를 그리며』. 동아시아.

남기업 (2014).「롤스의 정의론을 통한 지대기본소득 정당화 연구」.『공간과 사회』제24권 제1호.

다니엘 라벤토스 (2016).『기본소득이란 무엇인가』(이한주, 이재명 옮김). 책담.

다니엘 헤니, 필립 코브체 (2016).『기본소득, 자유와 정의가 만나다: 스위스 기본소득 운동의 논리와 실천』(원성철 옮김). 오롯.

데이비드 베너타 (2019).『태어나지 않는 것이 낫다』(이한 옮김). 서광사.

로버트 구딘 (2005).「공리와 선」.『규범윤리의 전통』(피터 싱어 엮음, 김성한 등 옮김). 철학과현실사.

마이클 영 (2000).『능력주의』(유강은 옮김). 이매진.

목굉수 (2002).「지구촌 정의관: 합의 공론장의 조건과 방법론을 중심으로」.『철학논구』제30집.

목광수 (2010a).「윤리적인 동물 실험의 철학적 옹호 가능성 검토」.『철학연구』제90집.

목광수 (2010b).「존 롤즈의 관용 개념 고찰: 지구촌 사회에서의 정당성을 중심으로」, 『철학논총』 제61집.

목광수 (2011a). 「아마티아 센의 정의론에 대한 비판적 고찰: 민주주의 논의를 중심으로」, 『철학연구』 제93집.

목광수 (2011b). 「이상론과 비이상론의 관계에 대한 고찰: 존 롤즈의 정의론을 중심으로」, 『철학논총』 제65집.

목광수 (2012). 「장애(인)와 정의의 철학적 기초」, 『사회와 철학』 제23호.

목광수 (2013a). 「민주주의적 덕성과 공론장」, 『사회와 철학』 제25호.

목광수 (2013b). 「정의와 공동체: 존 롤즈의 정의론을 중심으로」, 『GNU 인성』(목광수 등 지음). 경상대학교출판부.

목광수 (2014a). 「비첨과 칠드리스의 생명의료윤리학 논의에서의 넓은 반성적 평형에 대한 비판적 고찰」, 『철학』 제119집.

목광수 (2014b). 「역량 중심 접근법에 입각한 의료 정의론 연구: 노만 대니얼즈의 논의를 넘어서」, 『사회와철학』 제27호.

목광수 (2016). 「기후변화와 롤즈의 세대 간 정의: 파핏의 비동일성 문제를 중심으로」, 『환경철학』 제22집.

목광수 (2017a). 「롤즈의 자존감과 자존감의 사회적 토대의 역할과 의미에 대한 비판적 고찰」, 『철학논총』 제87집.

목광수 (2017b). 「자존감의 사회적 토대에 대한 비판적 고찰: 롤즈 『정의론』의 분배 대상과 원칙 논의를 중심으로」, 『철학』 제130집.

목광수 (2017c). 「20세기의 고전인 존 롤즈의 정의론」, 『우리 시대의 책 읽기』. 도서출판 영한.

목광수 (2017d). 「좋음에 대한 철학적 이해: 옳음과 좋음의 관계를 중심으로」, 『윤리학』 제6권 제1호.

목광수 (2018). 「아마티아 센의 전지구적 정의관: 롤즈적 제도 중심주의를 넘어서」. 『철학논총』 제94집.

목광수 (2019a). 「롤즈의 정의론과 기본소득」. 『철학연구』 제59집.

목광수 (2019b). 「도덕의 구조: 인공지능 시대 도덕 논의의 출발점」. 『철학사상』 제73호.

목광수 (2020). 「롤즈의 정의론과 교육: 민주주의적 평등을 중심으로」. 『윤리학』 제9권 제1호.

박구용 (2003). 「도덕의 원천으로서의 '좋음'과 '옳음'」. 『철학』 제74집.

박상혁 (2012). 「롤즈(Rawls)의 정의론에서 시민들의 자존감 보장과 결사체 민주주의적 발전」. 『철학연구』 제97집.

박정순 (2009). 「자유주의 정의론의 철학적 오디세이: 롤즈 정의론의 변모와 그 해석 논쟁」. 『롤즈의 정의론과 그 이후』(황경식 등 지음). 철학과현실사.

선대인 (2013). 「서문」. 『불평등의 대가』(조지프 스티글리츠 지음, 이순희 옮김). 열린책들.

셰이머스 라만 칸 (2019). 『특권: 명문 사립 고등학교의 새로운 엘리트 만들기』(강예은 옮김, 엄기호 해제). 후마니타스.

손진희, 김안국 (2006). 「가정환경, 자아개념, 자기학습량과 학업성취의 관계」. 『아시아교육연구』 제7권 제1호.

양해림 (2009). 「기후변화와 책임의 윤리」. 『환경철학』 제8집.

양해림 (2015). 「21세기 기후변화와 윤리적 정의」. 『21세기 글로벌 기후변화와 윤리적 정의』(양해림 등 지음). 충남대학교출판문화원.

양해림 (2016). 『기후변화, 에코(ECO) 철학으로 응답하다』. 충남대학교출판문화원.

오병선 (2003). 「세대간 정의의 자유공동체주의적 접근」. 『법철학연구』 제 6권 제2호.

유길한 (2017). 「고교 평준화 정책과 특목고 정책의 논증적 고찰: Rawls의 정의 실현을 위한 내재적 준거를 중심으로」. 『교육행정학연구』 제35 권 제1호.

이광현, 안선회, 이수정 (2019). 「학생부종합전형 쟁점 분석: 학종 입학생들의 소득 수준 분석」. 『한국교육사회학회 2019년 연차학술대회』.

이사야 벌린 (2006). 『자유론』(박동천 옮김). 아카넷.

이양수 (2009). 「중첩합의, 정의의 우위? 선의 우위?」. 『롤즈의 정의론과 그 이후』(황경식, 박정순 등 지음). 철학과현실사.

이양수 (2015). 「기회균등과 실력주의 사회」. 『시민인문학』 제28호.

장은주 (2011). 「한국 사회에서 '메리토크라시의 발흥'과 교육 문제: '민주주의적 정의'를 모색하며」. 『사회와 철학』. 제21호.

정원규 (2009). 「롤즈 정의론의 형이상학적 문제들」. 『롤즈의 정의론과 그 이후』(황경식, 박정순 등 지음). 철학과현실사.

정원섭 (2008). 『롤즈의 공적 이성과 입헌민주주의』. 철학과현실사.

정태욱 (2016). 「존 롤즈의 정의론과 '재산소유 민주주의'론」. 『법학연구』 제 27권 제3호.

정태창 (2020). 「반성적 평형과 이성의 공적 사용」. 『철학연구』 제128집.

제레미 벤담 (2011). 『도덕과 입법의 원리 서설』(고정식 옮김). 나남.

제임스 퍼거슨 (2017). 『분배정치의 시대』(조문영 옮김). 여문책.

조경원 (1991). 「롤즈의 정의론에 입각한 교육기회균등의 문제에 대한 고찰」.『교육철학연구』제9권.

조한혜정, 엄기호 등 (2016).『노오력의 배신』. 창비.

조현진 (2015).「호혜성에 근거한 기본소득 비판에 대한 반론과 한국 사회에서의 그 함축」.『통일인문학』제62집.

주동률 (2008).「가장 합당한 자유주의를 위하여: 롤즈 정의론의 배경, 내용, 특징과 논점들」.『철학과 현실』제77호.

주동률 (2009).「롤즈의 분배정의론의 특징들과 현대 평등주의: 롤즈는 어떤 점에서, 혹은 과연, 평등주의자인가」.『롤즈의 정의론과 그 이후』(황경식, 박정순 등 지음). 철학과현실사.

주동률 (2012).「평등과 응분의 유기적 관계에 대한 변호」.『정의론과 사회윤리』(황경식 등 지음). 철학과현실사.

찰스 테일러 (2015).『자아의 원천들』(권기돈, 하주영 옮김). 새물결.

토마 피케티 (2020).『자본과 이데올로기』(안준범 옮김). 문학동네.

폴 콜리어 (2020).『자본주의의 미래』(김홍식 옮김). 까치.

플라톤 (2009).『플라톤의 법률』(박종현 옮김). 서광사.

하완 (2018).『하마터면 열심히 살 뻔했다』. 웅진지식하우스.

하주영 (2009).「롤즈의 보편주의적 정의론과 여성주의: 차이의 문제」.『롤즈의 정의론과 그 이후』(황경식 등 지음). 철학과현실사.

허병기 (2014).「롤스(J. Rawls)의 정의론에 기초한 교육정의 탐구」.『도덕교육연구』제26권 제3호.

홍성우 (2011).「롤즈의 자존감 이론」.『범학철학』제61집.

홍성우 (2013).「재산 소유적 민주주의의 이념: 미드와 롤즈의 비교」.『범한철학』제70집.

황경식 (2012).『덕윤리의 현대적 의의』. 아카넷.

황경식 (2013).『사회정의의 철학적 기초』. 철학과현실사.

황경식, 박정순 등 (2009).『롤즈의 정의론과 그 이후』. 철학과현실사.

Abbey, Ruth (2013). "Biography of a Bibliography: Three Decades of Feminist Response to Rawls." In Ruth Abbey (Ed.), *Feminist Interpretations of John Rawls*. The Pennsylvania State University Press.

Adams, Robert (1979). "Existence, Self-Interest, and the Problem of Evil." *Noûs* Vol.13.

Ahlberg, Jamie (2015). "The Priority of the Right over the Good," In Jon Mandle and David A. Reidy (Eds.), *The Cambridge Rawls Lexicon*. Cambridge University Press.

Alexander, Larry A. (1985). "Fair Equality Of Opportunity: John Rawls' (Best) Forgotten Principle." *Philosophy Research Archives* Vol.11.

Alexander, Sidney S. (1974). "Social Evaluation through National Choice." *The Quarterly Journal of Economics* Vol.88, No.4.

Arneson, Richard J. (1999). "Against Rawlsian Equality of Opportunity." *Philosophical Studies* Vol.93, No.1.

Bailey, Tom and Valentina Gentile (Eds.). (2015). *Rawls and Religion*. Columbia University Press.

Barry, Brian (1973). "John Rawls and the Priority of Liberty." *Philosophy & Public Affairs* Vol.3.

Barry, Brian (1989). *Democracy, Power, and Justice.* Oxford University Press.

Bayles, Michael. (Ed.) (1976). *Ethics and Population.* Transaction.

Bercuson, Jeffrey (2014). *John Rawls and the History of Political Thought: The Rousseauvian and Hegelian Heritage of Justice as Fairness.* Routledge.

Bird, Colin (2010). "Self-Respect and the Respect of Others." *European Journal of Philosophy* Vol.18, No.1.

Bok, Hilary (2009). "When Rawls Meet Jesus: How the Philosopher's Early Religious Guided His Secular Thinking." *Democracy: A Journal of Ideas* Vol.14.

Brake, Elizabeth (2013). "Rereading Rawls on Self-Respect." In Ruth Abbey (Ed.), *Feminist Interpretations of John Rawls.* The Pennsylvania State University of Press.

Brighouse, Harry and Adam Swift (2006). "Parents' Rights and the Value of the Family." *Ethics* Vol.117, No.1.

Buchanan, Allen (2008). *Justice, Legitimacy, and Self-Determination.* Oxford University Press.

Casal, Paula (1997), "Why Sufficiency Is Not Enough." *Ethics* Vol.117(2).

Chambers, Clare (2013). "'The Family as a Basic Institution': A Feminist Analysis of the Basic Structure as Subject." In Ruth Abbey (Ed.), *Feminist Interpretations of John Rawls.* The Pennsylvania State University Press.

Cohen, Joshua (1989). "Democratic Equality." *Ethics* Vol.99, No.4.

Cohen, Joshua (1996). "Procedure and Substance in Deliberative Democracy."
In James Bohman and William Rehg (Eds.), *Deliberative Democracy*. The MIT Press.

Cohen, G. A. (2003). "Facts and Principles." *Philosophy & Public Affairs* Vol.31.

Cohen, G. A. (2008). *Rescuing Justice and Equality*. Harvard University Press.

Costa, Victoria (2015). "Care." In Jon Mandle and David A. Reidy (Eds.),
The Cambridge Rawls Lexicon. Cambridge University Press.

Crocker, David (2008). *Ethics of Global Development: Agent, Capability, and Deliberative Democracy*. Cambridge University Press.

Crocker, David and Ingrid Robeyns (2009). "Capability and Agency." In
Christopher Morris (Ed.), *Amartya Sen*. Cambridge University Press.

D'Amato, Anthony (1990). "Do We Owe a Duty to Future Generations to Preserve the Global Environment." *The American Journal of International Law* Vol.84.

Daniels, Norman (1979). "Equal Liberty and Unequal Worth of Liberty." In
Norman Daniels (Ed.), *Reading Rawls*. Stanford University Press.

Daniels, Norman (1985). *Just Health Care*. Cambridge University Press.

Daniels, Norman (1989). "Equal Liberty and Unequal Worth of Liberty." In
Norman Daniels (Ed.), *Reading Rawls*. Stanford University Press.

Daniels, Norman (1996). *Justice and Justification: Reflective Equilibrium in Theory and Practice.* Cambridge University Press.

Daniels, Norman (2003). "Democratic Equality: Rawls's Complex Egalitarianism." In Samuel Freeman (Ed.), *The Cambridge Companion to Rawls.* Cambridge University Press.

Daniels, Norman (2003). "Rawls's Complex Egalitarianism." In Samuel Freeman (Ed.), *The Companion of Rawls.* Cambridge University Press.

Daniels, Norman (2007). *Just Health.* Cambridge University Press.

Darwall, Stephen (1977). "Two Kinds of Respect." *Ethics* Vol.88, No.1.

Dombrowski, Daniel A. (2001). *Rawls and Religion.* State University of New York Press.

Dombrowski, Daniel A. (2015). "Religion." In Samuel Freeman (Ed.), *The Cambridge Companion to Rawls.* Cambridge University Press.

Doppelt, Gerald (1981). "Rawls' System: A Critique from the Left." *NOÛS* Vol.15, No.3.

Doppelt, Gerald (2009). "The Place of Self-Respect in a Theory of Justice." *Inquiry* Vol.52, No.2.

Edmundson, Williams A. (2017). *John Rawls: Reticent Socialist.* Cambridge University Press.

English, Jane (1977). "Justice between Generations." *Philosophical Studies* Vol.31.

Eyal, Nir (2005). "'Perhaps the Most Important Primary Good': Self-Respect and Rawls's Principles of Justice." *Politics. Philosophy & Economics*

Vol.4, No.2.

Fanon, Frantz (1999). "Except from "Concerning Violence": The Wretched of the Earth." In Manfred B. Steger and Nancy S. Lind (Eds.), *Violence and Its Alternatives.* St. Martin's Press.

Farrelly, Colin (2007). "Justice in ideal theory: A refutation." *Political Studies* Vol.55.

Fearon, James (1998). "Deliberation as Discussion." In John Elster (Ed.), *Deliberative Democracy.* Cambridge University Press.

Feinberg, Joel (1973). "Duty and Obligation in the Non-Ideal Theory." *The Journal of Philosophy* Vol.70, No.9.

Fotion, Nick and Gerard Elfstorm (1992). *Toleration.* The University of Alabama Press.

Francisco, Adnrés De (2006). "A Republican Interpretation of the Late Rawls." *The Journal of Political Philosophy* Vol.14, No.1.

Fraser, Nancy and Axel Honneth (2003). *Redistribution or Recognition?: A Political-Philosophical Exchange.* Verso.

Freeman, Samuel (1994). "Utilitarianism, Deontology, and the Priority of Right." *Philosophy & Public Affairs* Vol.23.

Freeman, Samuel (2006). *Justice and the Social Contract.* Oxford University Press.

Freeman, Samuel (2007). *Rawls.* Routledge.

Freeman, Samuel (2013). "Property-Owning Democracy and the Difference Principle." *Analyse & Kritik* Vol.1.

Freeman, Samuel (Ed.). (2003), *The Cambridge Companion to Rawls*. Cambridge University Press.

Friedman, Marilyn (2000). "John Rawls and the Political Coercion of Unreasonable People." In Victoria Davion and Clark Wolf (Eds.), *The Idea of a Political Liberalism*. Rowman & Littlefield.

Gambetta, Diego (1998). "Claro!: An Essay on Discursive Machismo." In John Elster (Ed.), *Deliberative Democracy*. Cambridge University Press.

Galston, William A. (1991). *Liberal Purposes: Good, Virtues and Diversity in the Liberal State*. Cambridge University Press.

Gaspart, Frédéric and Axel Gosseries (2007). "Are Generational Savings Unjust?" *Politics, Philosophy and Economics* Vol.6.

Graeber, David (2018). *Bullshit Jobs*. Simon & Schuster.

Greetis, Edward Andrew (2015). "The Priority of Liberty: Rawls Versus Pogge." *Philosophy & Public Affairs* Vol.46, No.2.

Gutmann, Amy (1987). *Democratic Education*. Princeton University Press.

Gutmann, Amy and Dennis Thompson (1996). *Democracy and Disagreement*. Harvard University Press.

Habermas, Jürgen (1996). "Three Normative Moodels of Democracy." In Seyla Benhabib (Ed.), *Democracy and Difference*. Princeton University Press.

Hampton, Jean (1989). "Should Political Philosophy Be Done without Metaphysics?." *Ethics* Vol.99.

Hart, H.L.A. (1973). "Rawls on Liberty and Its Priority." *University of Chicago Law Review* Vol.40.

Hayta, Tarek (2004). "The Idea of Public Justification in Rawls's Law of Peoples." *Res Publica* Vol.10.

Hill, Thomas (2014). "Stability, A Sense of Justice and Self-Respect," In Jon Mandle (Ed.), *A Companion to Rawls.* Blackwell.

Hirshman, Linda R. (1994). "Is the Original Position Inherently Male-Superior?" *Columbia Law Review* Vol.94, No.6.

Honneth, Axel (1996). *The Struggle for Recognition.* (Joel Anderson trans.). The MIT Press. (original work published 1995)

Hosein, Adam (2015). "Higher-Order Interests." In Jon Mandle and David A. Reidy (Eds.), *The Cambridge Rawls Lexicon.* Cambridge University Press.

Hsieh, Nien-hê (2009). "Justice at Work: Arguing for Property-Owning Democracy." *Journal of Social Philosophy* Vol.40, No.3.

Hsieh, Nien-hê (2012). "Work, Ownership, and Productive Enfranchisement." In Martin O'Neill and Thad Williamson (Eds.), *Property-Owning Democracy: Rawls and Beyond.* Wiley-Blackwell.

Hubin, Clayton (1976). "Justice and Future Generations." *Philosophy and Public Affairs* Vol.6, No.1.

Ingram, Attracta (1996). "Rawlsians, Pluralists, and Cosmopolitans." In D. Archard (Ed.), *Philosophy and Pluralism.* Cambridge University Press.

Jackson, Ben (2012). "Property-Owning Democracy: A Short Story." In Martin O'Neill and Thad Williamson (Eds.), *Property-Owning Democracy: Rawls and Beyond.* Wiley-Blackwell.

Kaufman, Alexander (2014). "Political Authority, Civil Disobedience, Revolution." In Jon Mandle and David A. Reidy (Eds.), *A Companion to Rawls.* Weily.

Kavka, Gregory (1982). "The Paradox of Future Individuals." *Philosophy and Public Affairs* Vol.115.

Kearns, Deborah (1983). "A Theory of Justice and Love: Rawls on the Family." *Politics: Australian Journal of Political Science* Vol.18, No.2.

Kerr, Gavin (2012). "Property-Owning Democracy and the Idea of Highest-Order Interests." *Social Theory and Practice* Vol.38, No.3.

Kerr, Gavin (2013). "Property-Owning Democracy and the Priority of Liberty." *Analyse & Kritik* Vol.35, No.1.

Kim, Hyunseop (2012). *What We Owe to Our Descendants* (PhD. Dissertation). New York University.

Kim, Hyunseop (2015). "A Stability Interpretation of Rawls's The Law of Peoples." *Political Theory* Vol.43, No.4.

Kim, Hyunseop (2019). "An Extension of Rawls's Theory of Justice for Climate Change." *International Theory* Vol.11, No.2.

Laitinen, Arto (2012). "Social Bases of Self-Esteem: Rawls Honneth and Beyond." *Nordicum-Mediterraneum* Vol.7, No.2.

Larmore, Charles (2003). "Public Reason." In Samuel Freeman (Ed.), *The*

Cambridge Companion to Rawls. Cambridge University Press.

Lee, James (2018). "Asset Building and Property Owing Democracy: Singapore Housing Policy as a Model of Social Investment and Social Justice." *Journal of Sociology & Social Welfare* Vol.XLV.

Lindblom, Lars (2018). "In Defense of Rawlsian Fair Equality of Opportunity." *Philosophical Papers* Vol.47, No.2.

Lloyd, Sharon. (1994). "Family Justice and Social Justice." *Pacific Philosophical Quarterly* Vol.75, No.3/4.

Lloyd, Sharon. (2015). "Family." In Mandle and Reidy (Eds.), *The Cambridge Rawls Lexicon.* Cambridge University Press.

Lovett, Frank (2011). *Rawls's "A Theory of Justice": A Reader's Guide.* Continumm. (김요한 옮김. 2013. 『롤즈의『정의론』입문』. 서광사.)

Lukes, Steven (1977). *Essays in Social Theory.* Columbia University Press.

MacIntyre, Alasdair (1984). *After Virtue* (2nd ed.). University of Notre Dame Press.

Macleod, Alistair M. (2006). "Rawls' Narrow Doctrine of Human Rights." In Rex Martin and David A. Reidy (Eds.), *Rawls' Law of Peoples.* Blackwell.

Macleod, Colin M. (2014). "Applying Justice as Fairness to Institutions." In Jon Mandle and David A. Reidy (Eds.), *A Companion to Rawls.* Weily.

Madle, Jon (2014). "The Choice from the Original Position." In Jon Mandle and David A. Reidy (Eds.), *A Companion to Rawls.* Weily.

Mandle, Jon (2015). "Desert." In Jon Mandle & David A. Reidy (Eds.), *The Cambridge Rawls Lexicon*. Cambridge University Press.

Mallon, Ron (1999). "Political Liberalism, Cultural Membership, and the Family." *Social Theory and Practice* Vol.25, No.2.

Margalit, Avishai (1996). *The Decent Society*. Harvard University Press.

Markovits, Danie (2019). *The Meritocracy Trap*. Penguin Press. (서정아 옮김. 2020.『엘리트 세습』. 세종서적.)

Marneffe, Peter De (2015). "Basic Liberties." In Jon Mandle and David A. Reidy (Eds.), *The Cambridge Rawls Lexicon*. Cambridge University Press.

Martin, Rex (2014). "Overlapping Consensus." In Jon Mandle and David A. Reidy (Eds.), *A Companion of Rawls*. Blackwell.

Massey, Stephen J. (1995). "Is Self-Respect a Moral or a Psychological Concept?" In Robin S. Dillon (Ed.), *Dignity, Character, and Self-Respect*. Routledge.

McKinnon, Catriona (2000). "Exclusion Rules and Self-Respect." *The Journal of Value Inquiry* Vol.34, No.4.

McKinnon, Catriona (2003). "Basic Income, Self-Respect and Reciprocity." *Journal of Applied Philosophy* Vol.20, No.2.

McKinnon, Catriona (2012). *Climate Change and Future Justice*. Routledge.

Michelman, Frank (1989). "Constitutional Welfare Rights and a Theory of Justice." In Norman Daniels (Ed.), *Reading Rawls*. Stanford University Press.

Mill, John Stuart (1998). *The Subjection of Women* (Susan Moller Okin Ed.). Hackett.

Miller, David (1978). "Democracy and Social Justice." *British Journal of Political Science* Vol.8.

Moellendorf, Darrel (2009). "Justice and the Assignment of Intergenerational Costs of Climate Change." *Journal of Social Philosophy* Vol.40, No.2.

Moriarty, Jeffrey (2009). "Rawls, Self-Respect, and the Opportunity for Meaningful Work." *Social Theory and Practice* Vol.35, No.3.

Mouffe, Chantal (2005). "The Limits of John Rawls's Pluralism." *Politics, Philosophy & Economics* Vol.4, No.2.

Mulgan, Tim (2002). "Neutrality, Rebirth and Intergenerational Justice." *Journal of Applied Philosophy* Vol.19, No.1.

Mullin, Amy (2010). "Filial Responsibilities of Dependent Children." *Hypatia* Vol.25, No.1.

Murphy, Andrew R. (1998). "Rawls and a Shrinking Liberty of Conscience." *The Review of Politics* Vol.60, No.2.

Murphy, Liam (1998). "Institutions and the Demands of Justice." *Philosophy & Public Affairs* Vol.27.

Musgrave, R. A. (1974). "Maximin, Uncertainty, and the Leisure Trade-Off." *The Quarterly Journal of Economics* Vol.88, No.4.

Nagel, Thomas (2002). *Concealment and Exposure*. Oxford University Press.

Nagel, Thomas (2003). "Rawls and Liberalism." In Samuel Freeman (Ed.), *The Cambridge Companion to Rawls.* Cambridge University Press.

Noddings, Nel (1984). *Caring: A Feminine Approach to Ethics and Moral Education.* University of California Press.

Nozick, Robert (1974). *Anarchy, State and Utopia.* Basic Books. (남경희 옮김. 1997. 『아나키에서 유토피아로』. 문학과지성사.)

Nussbaum, Martha (2001). "Symposium on Amartya Sen's Philosophy: 5 Adaptive Preferences and Women's Options." *Economics and Philosophy* Vol.17.

Nussbaum, Martha (2003). "Rawls and Feminism." In Samuel Freeman (Ed.), *The Cambridge Companion to Rawls.* Cambridge University Press.

Nussbaum, Martha (2006). *Frontiers of Justice.* Harvard University Press.

O'Neill, Martin (2012). "Free (and Fair) Markets without Capitalism: Political Values, Principles of Justice, and Property-Owning Democracy." In Martin O'Neill and Thad Williamson (Eds.), *Property-Owning Democracy: Rawls and Beyond.* Blackwell.

Okin, Susan Moller (1989). *Justice, Gender, and the Family.* Basic Books.

Okin, Susan Moller (1994). "Political Liberalism, Justice and Gender." *Ethics* Vol.105, No.1.

Okin, Susan Moller (2005). "'Forty Acres and a Mule' for Women: Rawls and Feminism." *Politics. Philosophy & Economics* Vol.4, No.2.

Olson, Kristi A. (2015). "Leisure." In Jon Mandle and David A. Reidy (Eds.), *The Cambridge Rawls Lexicon.* Cambridge University Press.

O'Neill, Onora (2000). *Bounds of Justice.* Cambridge University Press.

Osmani, S. R. (2010). "Theory of Justice for an Imperfect World: Exploring Amartya Sen's Idea of Justice." *Journal of Human Development and Capabilities* Vol.11, No.4.

Paden, Roger (1997). "Rawls's Just Saving Principle and the Sense of Justice." *Social Theory and Practice* Vol.23.

Page, Edward (2006). *Climate Change, Justice and Future Generations.* Edward Elgar.

Parfit, Derek (1984). *Reasons and Persons.* Oxford University Press.

Penny, Richard (2013). "Incentives, Inequality and Self-Respect." *Res Publica* Vol.19, No.4.

Pettit, Philip (2005). "Rawls's Political Ontology." *Politics, Philosophy & Economics* Vol.4, No.2.

Philips, Michael (1985). "Reflections on the Transition from Ideal to Non-Ideal Theory." *Noûs* Vol.19, No.4.

Pogge, Thomas (1989). *Realizing Rawls.* Cornell University Press.

Pogge, Thomas (2002a). *World Poverty and Human Rights.* Polity.

Pogge, Thomas (2002b). *Global Justice.* Blackwell.

Pogge, Thomas (2007). *Rawls: His Life and Theory of Justice.* Oxford University Press.

Posner, Eric A. and David Weisbach (2010). *Climate Change Justice.* Princeton University Press.

Rawls, John (1971). *A Theory of Justice.* Harvard University Press.

Rawls, John (1974). "Reply to Alexander and Musgrave." *The Quarterly Journal of Economics* Vol.88, No.4.

Rawls, John (1980). "Kantian Constructivism in Moral Theory: The Dewey Lectures." *Journal of Philosophy* Vol.77.

Rawls, John (1987). "The Idea of an Overlapping Consensus." *Oxford Journal of Legal Studies* Vol.7.

Rawls, John (1991). "John Rawls: For the Record." (Interview by Samuel R. Aybar, Joshua D. Harlan, and Won J. Lee). The Harvard Review of Philosophy.

Rawls, John (1993). *Political Liberalism*. Columbia University Press. (장동진 옮김. 1998.『정치적 자유주의』. 동명사.)

Rawls, John (1999a). *A Theory of Justice.* Harvard University Press. (황경식 옮김. 2003.『정의론』. 이학사.)

Rawls, John (1999b). *The Law of Peoples.* Harvard University Press. (장동진, 김만권, 김기호 옮김. 2017.『만민법』. 동명사.)

Rawls, John (1999c). *Collected Papers.* Harvard University Press.

Rawls, John (2000). *Lectures on the History of Moral Philosophy.* Harvard University Press. (김은희 옮김. 2019.『도덕철학사 강의』. 이학사.)

Rawls, John (2001). *Justice as Fairness: Restatement.* Harvard University Press. (김주휘 옮김. 2016.『공정으로서의 정의: 재서술』. 이학사.)

Rawls, John (2009). *A Brief Inquiry into the Meaning of Sin & Faith with "On My Religion."* (Thomas Nagel Ed.). Harvard University Press. (장동진, 김기호, 강명신 옮김. 2016.『죄와 믿음의 의미에 대한 짧은

탐구』. 동명사.)

Reiman, Jeffrey (2007). "Being Fair to Future People: The Non-Identity Problem in the Original Position." *Philosophy and Public Affairs* Vol.35.

Robeyns, Ingrid (2008). "Ideal Theory in Theory and Practice." *Social Theory and Practice* Vol.34, No.3.

Robeyns, Ingrid (2012a). "Care, Gender and Property-Owning Democracy." In Martin O'Neill and Thad Williamson (Eds.), *Property-Owning Democracy: Rawls and Beyond*. Wiley-Blackwell.

Robeyns, Ingrid (2012b). "Are Transcendental Theories of Justice Redundant?." *The Journal of Economic Methodology* Vol.19, No.2.

Ron, Amit (2008). "Visions of Democracy in 'Property-Owning Democracy': Skeleton to Rawls and Beyond." *History of Political Thought* Vol.29, No.1.

Russell, Daniel (2005). "Aristotle on the Moral Relevance of Self-Respect." In Stephen M. Gardiner (Ed.), *Virtue Ethics: Old and New*. Cornell University.

Sachs, Benjamin (2012). "The Limits of Fair Equality of Opportunity." *Philosophical Studies* Vol.160, No.2.

Sander-Staudt, Maureen (2006). "The Unhappy Marriage of Care Ethics and Virtue Ethics." *Hypatia* Vol.21, No.4.

Sandel, Michael (1984). "Procedural Republican and the Unencumbered Self." *Political Theory* Vol.12, No.1.

Sandel, Michael (1982). *Liberalism and the Limits of Justice.* Cambridge University Press. (이양수 옮김. 2012. 『정의의 한계』. 멜론.)

Sandel, Michael (2005). *Public Philosophy.* Harvard University Press.

Sandel, Michael (2012). "Political Liberalism by Rawls." *Harvard Law Review* Vol.107, No.7.

Sandel, Michael (2020). *The Tyranny of Merit.* Penguin Books. (함규진 옮김. 2020. 『공정하다는 착각』. 와이즈베리.)

Scanlon, Thomas (2003). "Rawls on Justification." In Samuel Freeman (Ed.), *The Cambridge Companion to Rawls.* Cambridge University Press.

Schaller, Walter E. (1998), "Rawls the Difference Principle, and Economic Inequality." *Pacific Philosophical Quarterly* Vol.79, No.4.

Scheffler, Samuel (1979). "Moral Independence and the Original Position." *Philosophical Studies: An International Journal for Philosophy in the Analytic Tradition* Vol.35, No.4.

Scheffler, Samuel (2003). "Rawls and Utilitarianism." In Samuel Freeman (Ed.), *The Cambridge Companion to Rawls.* Cambridge University Press.

Sen, Amartya (1985a). *Commodities and Capabilities.* North Holland.

Sen, Amartya (1985b). *The Standard of Living: The Tanner Lectures.* Cambridge University Press.

Sen, Amartya (1992). *Inequality Re-Examined.* Clarendon Press.

Sen, Amartya (1993). "Capability and Well-Being." In M. Nussbaum and A. Sen (Eds.), *The Quality of Life.* Clarendon Press.

Sen, Amartya (1999a). *Development as Freedom*. Knopf.

Sen, Amartya (1999b). "Democracy as a Universal Value." *Journal of Democracy* Vol.10, No.3.

Sen, Amartya (2009). *The Idea of Justice*. Harvard University Press.

Sher, George (1997). *Approximate Justice: Studies in Non-Ideal Theory*. Rowman & Littlefield.

Shue, Henry (1975). "Liberty and Self-Respect." *Ethics* Vol.8, No.3.

Simmons, John (2010). "Ideal and Nonideal Theory." *Philosophy & Public Affairs* Vol.38, No.1.

Smith, Adam (1759). *The Theory of Moral Sentiments*.

Srinivasan, Sharath (2007). "No Democracy without Justice: Amartya Sen's Unfinished Business with the Capability Approach." *Journal of Human Development* Vol.8, No.3.

Stemplowska, Zofia and Adam Swift (2014). "Rawls on Ideal and Nonideal Theory." In Jon Mandle and David A. Reidy (Eds.), *A Companion to Rawls*. Weily.

Stewart, F. and S. Deneulin (2002). "Amartya Sen's Contribution to Development Thinking." *Studies in Comparative International Development* Vol.37, No.2.

Tan, Kok-Chor (2006). "The Problem of Decent Peoples." In Rex Martin and David A. Reidy (Eds.), *Rawls's Law of Peoples*. Blackwell.

Tan, Kok-Chor (2012). *Justice, Institutions, and Luck*. Oxford University Press.

Taylor, Charles (1992). *Multiculturalism and the Politics of Recognition.* Princeton University Press.

Taylor, Charles (1995). *Philosophical Arguments.* Harvard University Press.

Taylor, Robert (2003). "Rawls's Defense of the Priority of Liberty: A Kantian Reconstruction." *Philosophy and Public Affairs* Vol.31, No.3.

Teson, Fernando R. (1995). "The Rawlsian Theory of International Law." *Ethics & International Affairs* Vol.9.

Thigpen, Robert B. & Lyle A. Downing (1998). "Rawls and the Challenge of Theocracy." *Journal of Church & State* Vol.40.

Thomas, Larry L. (1978). "Morality and Our Self-Concept." *The Journal of Value Inquiry* Vol.12, No.4.

Tomasi, John (2012). *Free Market Fairness.* Princeton University Press.

Tremmel, Joerg Chet (2013). "The Convention of Representatives of All Generations under the 'Veil of Ignorance.'" *Constellations* Vol.20, No.3.

Van Parijs, Philippe (1988). "Why Surfers Should Be Fed: The Liberal Case for an Unconditional Basic Income." *Philosophy & Public Affairs* Vol.20.

Van Parijs, Philippe (1995). *Real Freedom for All.* Oxford University Press.

Van Parijs, Philippe (2003). "Difference Principles." In Samuel Freeman (Ed.), *The Cambridge Companion to Rawls.* Cambridge University Press.

Van Parijs, Philippe (2009). "Basic Income and Social Justice, Why Philosophers Disagree." Joint Joseph Rowntree Foundation/University of York Annual Lecture.

Waldon, Jeremy (2011). "Persons, Community, and the Image of God in Rawls's Brief Inquiry." New York University Public Law and Legal Theory Working papers, Paper 254(New York University School of Law).

Wall, Steven (2003). "Just Saving and the Difference Principle." *Philosophical Studies* Vol.116.

Walsh, Mary Barbara (2012). "Private and Public Dilemmas: Rawls on the Family." *Polity* Vol.44, No.3.

Walzer, Michael (1984). *Spheres of Justice.* Basic Books.

Walzer, Michael (1999). *On Toleration.* Yale University Press.

Weinstock, Danel (2015). "Toleration." In Jon Mandle and David A. Reidy (Eds.), *The Cambridge Rawls Lexicon.* Cambridge University Press.

Weithman, Paul (2010). *Why Political Liberalism?: On John Rawls's Political Turn.* Oxford University Press.

Weithman, Paul (2015). "The Thin Theory of the Good and the Full Theory of the Good." In Jon Mandle and David A. Reidy (Eds.), *The Cambridge Rawls Lexicon.* Cambridge University Press.

Weithman, Paul (2016). "Does Justice as Fairness Have a Religious Aspect." *Rawls Political Liberalism, and Reasonable Faith.* Cambridge University Press.

Welburn, Dominic (2013). "Rawls the Well-Ordered Society and Intergenerational Justice." *Politics* Vol.33, No.1.

Wells, Katy (2016). "The Right to Personal Property." *Politics, Philosophy & Economics* Vol.15, No.4.

White, Stuart (2012). "Property-Owning Democracy and Republican Citizenship." In Martin O'Neill and Thad Williamson (Eds.), *Property-Owning Democracy: Rawls and Beyond.* Wiley-Blackwell.

Williamson, Thad (2012). "Realizing Property-Owning Democracy." In Martin O'Neill and Thad Williamson (Eds.), *Property-Owning Democracy: Rawls and Beyond.* Wiley-Blackwell.

Williamson, Thad and Martin O'Neill (2009). "Property-Owning Democracy and the Demands of Justice." *Living Reviews in Democracy* Vol.1.

Wolff, Robert Paul (1977). *Understanding Rawls.* Princeton University Press.

Wolterstorff, Nicholas (2013). "Miroslav Volf on Living One's Faith." *Political Theology* Vol.14, No.1.

Young, Michael (1958). *The Rise of the Meritocracy.* Transaction.

Yuracko, Kimberly (1995). "Towards Feminist Perfectionism: A Radical Critique of Rawlsian Liberalism." *UCLA Women's Law Journal* Vol.6.

Zaino, Jeanne (1998). "Self-Respect and Rawlsian Justice." *The Journal of Politics* Vol.60, No.3.

Zelleke, Almaz (2005). "Distributive Justice and the Argument for an Unconditional Basic Income." *The Journal of Socio-Economics* Vol.34.

찾아보기